Se il nero fosse bianco e il bianco fosse nero

avresti sempre una foto in bianco e nero

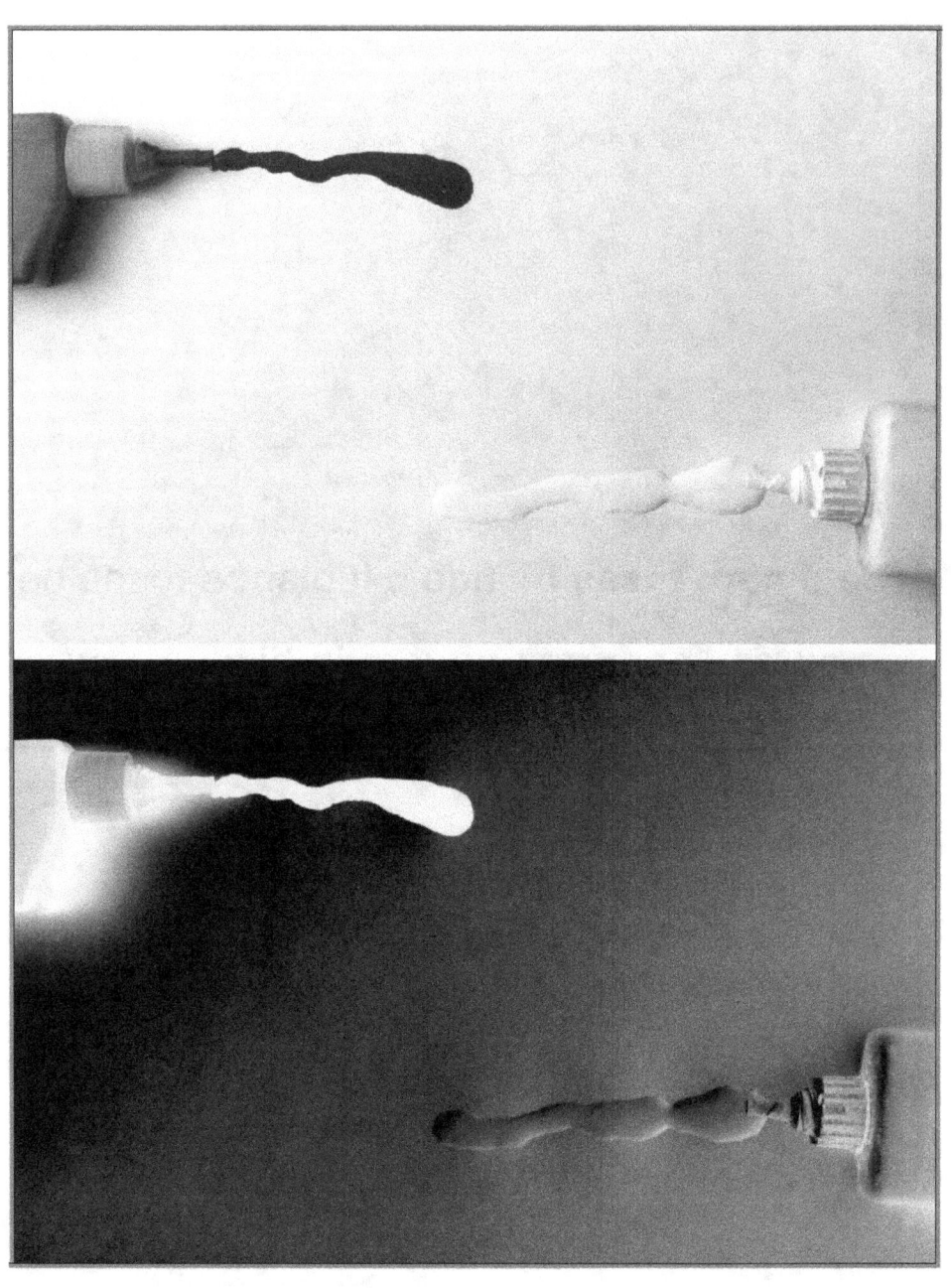

Indice

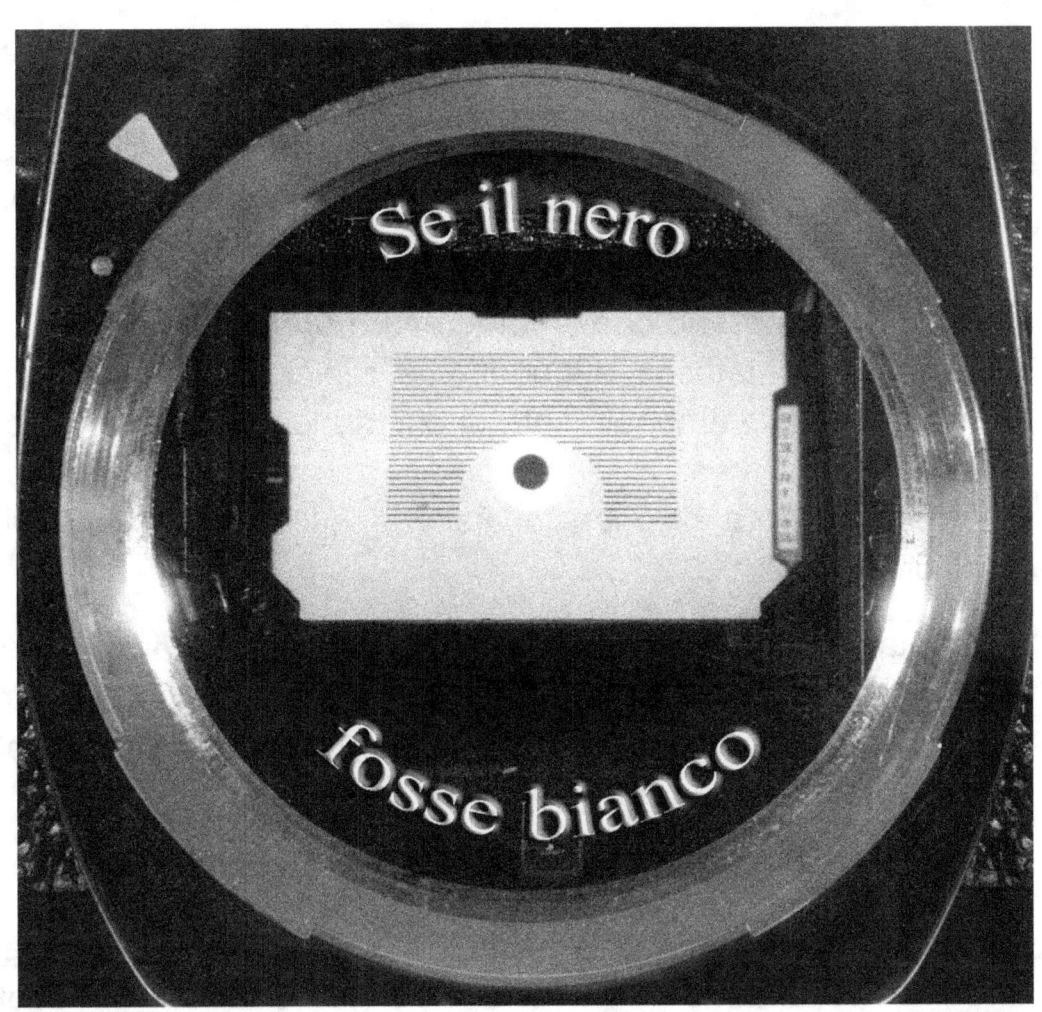

Dentro la fotografia

Tutti sanno o credono di sapere che cosa è una fotografia e quando, a bruciapelo, lo chiedi si perdono in elucubrazioni cerebrali oppure si scherniscono sorridendo come per rispondere: "... ma che domande fai? Tutti sanno che cos'è una fotografia... "

Quasi tutti ignorano che la fotografia è un linguaggio visivo le cui regole sintattiche affondano le radici nei primordi della civiltà umana. Personalmente, a chi me lo chiede, rispondo in maniera oggettiva: " La fotografia è una rappresentazione apparentemente bidimensionale che evoca una realtà tri o quadrimensionale".

Questa definizione asettica ben chiarisce la funzione della fotografia e dissipa l'equivoco che, dalla sua affermazione nei primi decenni dell'ottocento, l'ha accompagnata: credere che la fotografia sia una riproduzione oggettiva della realtà.

No, non lo è.

La fotografia, al pari della scrittura, è un'interpretazione della realtà, soprattutto oggi che l'era digitale ha introdotto un'infinità di strumenti che consentono la manomissione del semplice risultato ottico - chimico.

La fotografia diventa arte quando si eleva, così come quando la scrittura diventa letteratura e come questa è sospesa tra l'abisso del mero fatto tecnico e la narrazione o descrizione di una parte della realtà.

Molti obiettano: " Come non è una riproduzione oggettiva? !

Guarda la fotografia! Non ti riconosci? Sei tu!"

Beh, a dire il vero non sono venuto così bene e a stento mi ci riconosco, ma se anche fosse, è questa la prova che la fotografia è una riproduzione oggettiva della realtà?

Nel periodo in cui c'era soltanto la fotografia chimica-fisica-ottica, detta oggi analogica, la prima cosa che insegnavo a un'aspirante fotografo era come certi parametri tecnici cambiassero totalmente la percezione dell'immagine quando erano variati o sostituiti.

Variare l'inquadratura sia in fase di ripresa o di stampa, il tipo di obiettivo, il valore del diaframma o dell'otturatore sono alcuni esempi di come modificare l'immagine che rappresenta sempre la stessa realtà. Innumerevoli erano già allora i sistemi per produrre più rappresentazioni fotografiche diverse della stessa scena, attualmente i confini si sono così allargati che davvero non ci sono limiti alla possibilità di esprimersi.

Le foto presentate in questo libro rientrano tutte nella categoria del bianco e nero cioè di quelle foto che sono monocromatiche quindi hanno una variazione dal bianco al nero assoluto. Questo perché è il genere di fotografia che si avvicina di più a un linguaggio. Infatti, un sistema di comunicazione è tanto più linguaggio, tanto più la sua fisicità non costituisce quella della realtà che rappresenta.

Ad esempio, dire che nella stanza c'erano due mele sul tavolo portando il tavolo e le mele e mettendocele sopra non è una forma di comunicazione linguistica mentre le parole che state leggendo in questo momento lo sono in quanto la loro fisicità, l'inchiostro, è completamente diversa dalle informazioni che state assimilando.

Quindi con l'eliminazione dei colori che tanto avvicinano la fotografia alla percezione visiva della realtà, ci si svincola da quel legame che ci fa sembrare di avere tra le mani un pezzetto di universo racchiuso in un pezzo di carta.

In questo modo l'attenzione del cervello, dopo il riconoscimento e l'integrale delle forme significative si concentra sul significato della lettura appena fatta.

Ovviamente non esiste una bibbia della fotografia che spiega tutte le regole sintattiche che regolano la composizione dell'immagine, ma esiste, soprattutto per la mia generazione, la pratica di decenni, la produzione di milioni di fotografie e l'esperienza in ogni settore della fotografia.

Per far questo però è necessario che abbiate un quadro chiaro dei metodi e delle tecnologie, ancor oggi valide, con cui si realizzavano le fotografie in bianco e nero, soprattutto adesso che l'avvento del digitale ha fatto scomparire a livello commerciale queste conoscenze che cominciano a essere relegate in quel piccolo rione, frequentato da artisti e amanti del genere, nell'immensa città della fotografia. Se siete completamente a digiuno, vi consiglio prima di proseguire nella prossima sezione di andare alla fine del libro alla sezione *Documentazioni tecniche integrative* che vi aiuteranno a farvi un quadro più chiaro della questione.

Passo, passo, vi spiegherò, nella maniera più semplice e chiara, le tecniche, i metodi che all'epoca s'imparavano soltanto con un lungo apprendistato e con un pizzico di genialità e tanta passione.

Altrimenti se credete di avere abbastanza conoscenze da poter affrontare un discorso di sintassi e composizione proseguite tranquillamente e iniziate a scoprire, se già non lo conoscete, le regole di base che regolano l'accostamento degli elementi riconoscibili dal cervello come significativi.

Tenete conto che, alcune di queste regole di composizione, sono introdotte per la prima volta da me come l'applicazione della sezione aurea o le variazioni sulla regola dei terzi.

Tenete conto che una fotografia si legge a una determinata distanza in base alla sua grandezza.

Questa distanza sperimentalmente è circa una volta e mezzo la lunghezza della diagonale della fotografia. Così un'immagine di grandezza 18X24 cm si legge a una distanza di circa 45 cm.

Se vi allontanate o vi avvicinate troppo alla fotografia ciò che percepirete potrebbe essere discordante con l'intenzione del fotografo che l'ha realizzata. Quindi anche le foto di questo libro devono essere lette a una certa distanza. Faccio un esempio.

La prima fotografia della sezione Essenziale ha una dimensione di circa 10,47X15,7 cm. La distanza d'osservazione ottimale è quindi circa di 28 cm. Ovviamente questa regola non è assoluta perché dipende dal proprio sistema visivo e dalla struttura cerebrale del sistema d'analisi. E' comunque una valida indicazione per non eccedere in lontananza o vicinanza.

Essenziale

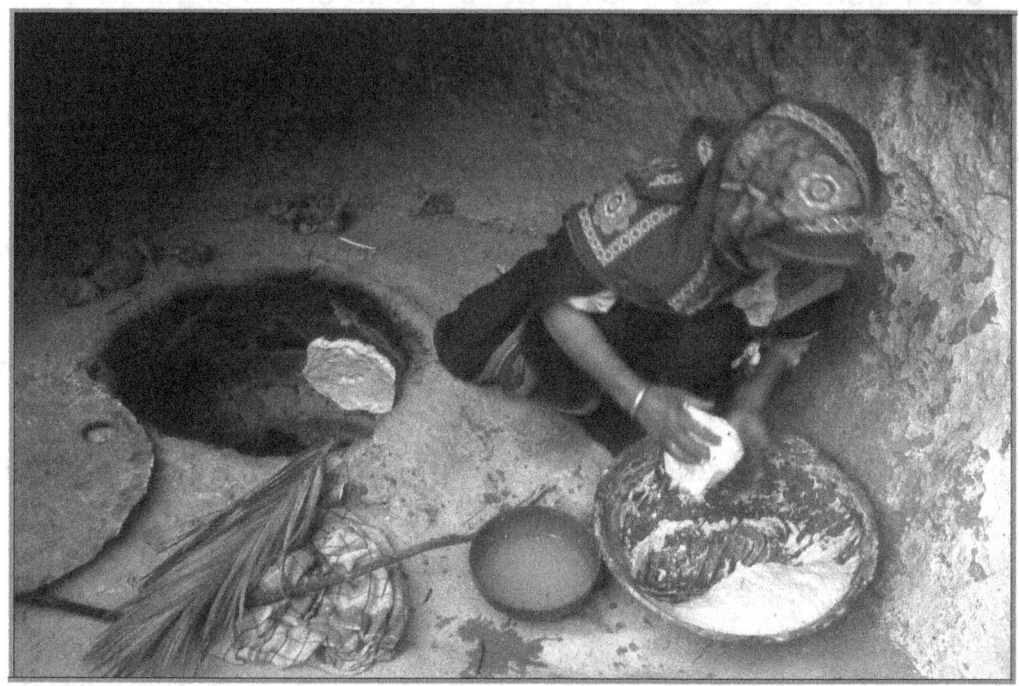

La prima buona regola da osservare nella composizione di una fotografia è la presenza di soli elementi essenziali. Essere prolisso, in fotografia come in altri tipi di comunicazione, può determinare ridondanza o dispersione del nostro messaggio invece di arricchire d'informazioni la comunicazione. L'osservanza di questa regola però non deve condurre l'utente a una staticità della percezione.

È stato accertato che quando leggiamo una fotografia non lo facciamo in una sola volta, ma i nostri occhi continuano a muoversi con movimenti impercettibili (detti saccadici) con cui il cervello scansiona l'immagine.

Questo significa che ognuno di noi automaticamente segue dei percorsi di lettura all'interno dell'immagine.

L'introduzione quindi di eccessivi elementi, non utili ai fini del nostro messaggio, costringe il cervello a seguire percorsi e assimilare contenuti che rendono dispersivo o alterato il messaggio che c'eravamo proposti di realizzare.

La fotografia che avete visto, scattata in un'abitazione troglodita nel deserto Chott el Jerid nella zona di Matmata, risponde appieno a questa regola. Infatti, l'immagine, sintatticamente parlando, è divisa in due parti: quella di sinistra, completamente statica, che fa da complemento e integrazione di quella di destra che contiene l'azione che ha portato alla collocazione dell'elemento pane in quella di sinistra. A volte, come in questo caso, elementi statici ben inseriti evocano azioni precedenti o posteriori rispetto a quella portante. La bacinella colma d'acqua e le foglie raccontano che è stato fatto un impasto, quello presente nell'azione; che ancor prima un fuoco è stato acceso e le cui braci sono state sicuramente utilizzate per scaldare la pietra di cottura.

Ovviamente il risultato della decodifica dei simboli grafici dell'immagine varia da persona a persona, in funzione del loro bagaglio culturale, della memoria, dell'ambiente in cui sono cresciute, delle influenze culturali ... e soprattutto dipende dal loro sistema visivo.

Il proliferare di elementi inutili in una fotografia riduce anche l'impatto visivo che l'immagine ha sul fruitore. La prima immagine che segue, nelle mie intenzioni, doveva rendere la sensazione di oppressione che si ha quando si percorre un lungo corridoio popolato da centinaia di persone strette a gomito a gomito.

Notate subito che guardandola questa sensazione è mitigata dal fatto che il punto di vista è più alto del livello della folla e quindi è come se fossimo un poco fuori dalla mischia. Inoltre si vede che al di sopra non c'è il soffitto e questa offre dal punto di vista psicologico una via di fuga alla situazione opprimente.

La seconda immagine è la stessa, ma sono stati eliminati proprio questi due elementi che mitigavano la sensazione e cambiando le proporzioni dei lati cioè portandoli a panoramici, il senso di costrizione aumenta anche perché adesso il punto di vista sembra più basso, adesso siamo persone alte, ma in mezzo alla folla. Il formato lungo e più stretto schiaccia tutte le letture che procedono in senso verticale, in alto o in basso, costringendole a muoversi quasi linearmente lungo la zona centrale laddove è presente la folla e le costrizioni laterali.

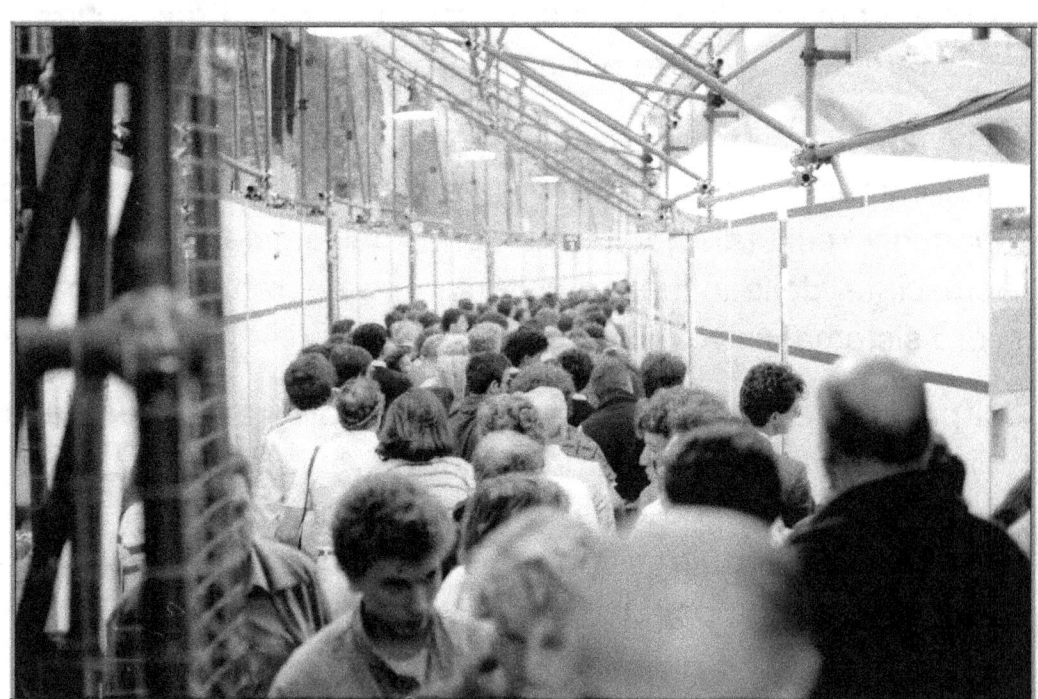

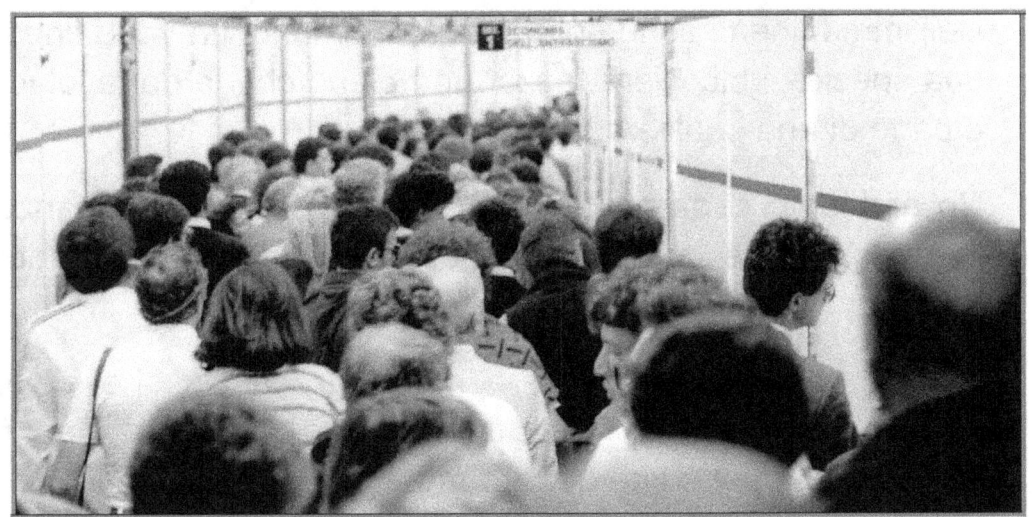

Diviene visibile, anche se un po' sfuocato, il cartello con scritto "Economia dell'antifascismo" che è percepito in seconda battuta e provoca un certo senso di disagio perché il fruitore non riesce a classificare la situazione che è prospettata. Che significa quella scritta? Dove siamo? Perché tutta quella gente procede in un'unica direzione? Dove è mai l'uscita?

Nella nuova inquadratura inoltre è stato eliminato l'unico spazio tra un pannello e l'altro che sembrava uno spazio sufficiente per uscire dalla calca (sul lato destro) e l'unica persona che procedeva in senso di marcia contrario e che poteva suggerirci che alle nostre spalle ci fosse un'uscita (quasi al centro in basso). La seconda fotografia che contiene solo elementi essenziali per il nostro messaggio è certamente quella da preferire.

Se è vero che rendere una fotografia essenziale non significa impoverirla degli elementi utili è altrettanto certo che il numero degli elementi può essere talmente ridotto come nell'esempio che segue.

Nell'immagine ci sono solo quattro elementi: un vano finestra, una specie di bicchiere-tazza, un ripiano che fa da tavolaccio, e parte di una spalliera di una sedia.

Un ambiente certamente povero dove la totale mancanza di lettura, laddove la luce non tocca, aumenta la drammaticità della sensazione e il senso di totale miseria.

Non si riesce a immaginare nulla oltre a ciò che si vede perché lo stipite del vano finestra e il misero ripiano non suggeriscono altro che quattro mura decrepite e spoglie.

Far vedere qualcosa in più, ad esempio il resto della sedia o cosa ci sia nel locale avrebbe aumentato il numero d'informazioni, ma avrebbe sicuramente risposto in maniera non precisa alla domanda cui questa fotografia doveva rispondere.

Com'era una cella di prigione di fine ottocento?

Ricordate che l'alto contrasto (mancanza di toni intermedi tra il bianco e il nero assoluto) aumenta l'effetto drammatico.

La misura dell'esposizione non deve essere fatta sul fondo buio o sulle alte luci provenienti dalla finestra, ma sui toni intermedi del tavolo dove non batte la luce incidente.

Non abusate però della tecnica perché una totale eliminazione dei grigi riduce la fotografia a un disegno schematico oppure a una silhouette su fondo bianco.

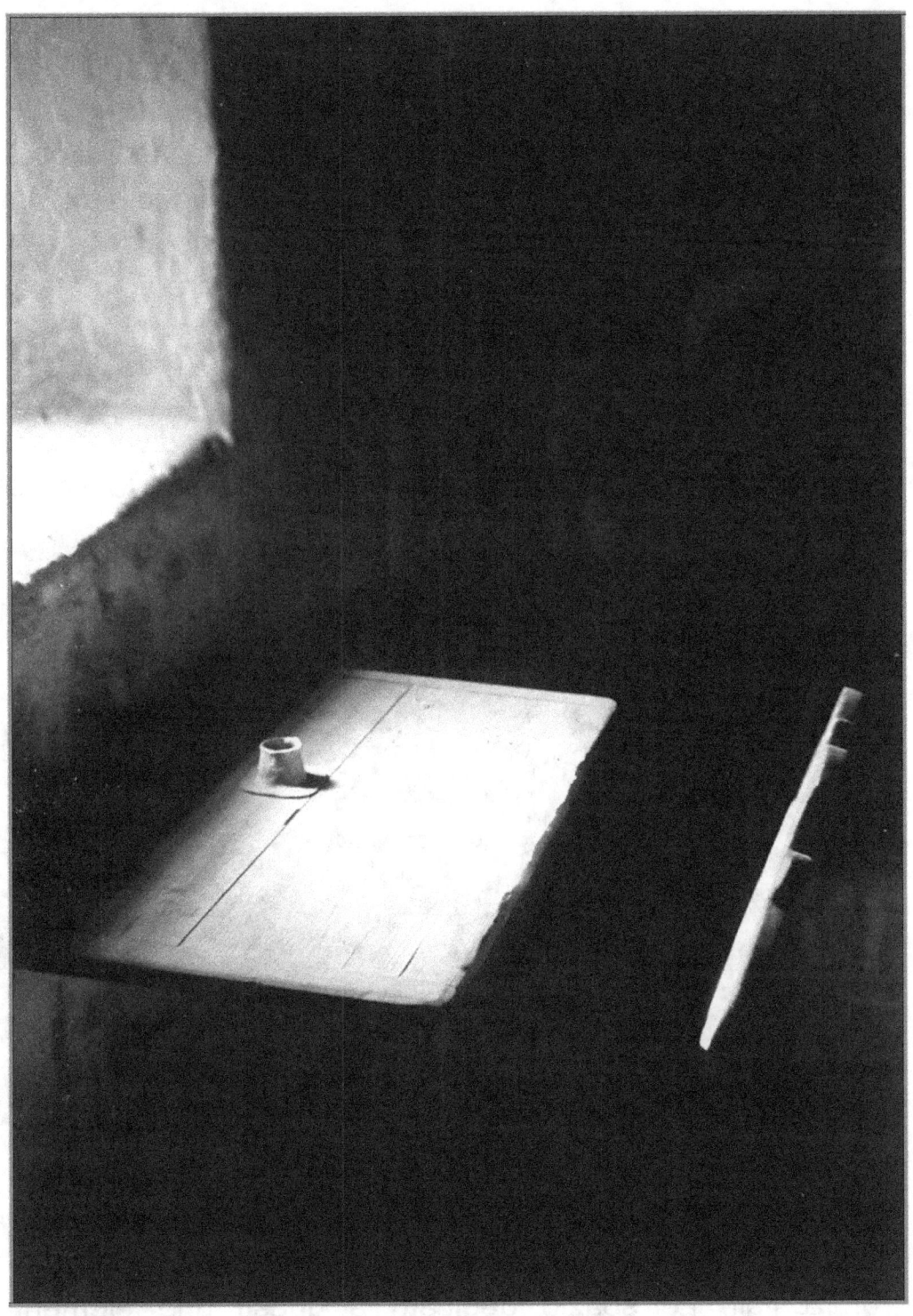

La concordanza

Due o più elementi di un'immagine si dicono concordi quando la loro lettura determina una sensazione uguale o simile, altresì si dicono discordi quando le sensazioni suscitate sono opposte o diverse. Le fotografie possono avere solo elementi concordi o discordi oppure una miscela di entrambi.

Nella foto seguente volevo rendere il senso di stanchezza di due persone che avevano svolto compiti diversi, senza svelare alcunché di ciò che avevano fatto durante la giornata.

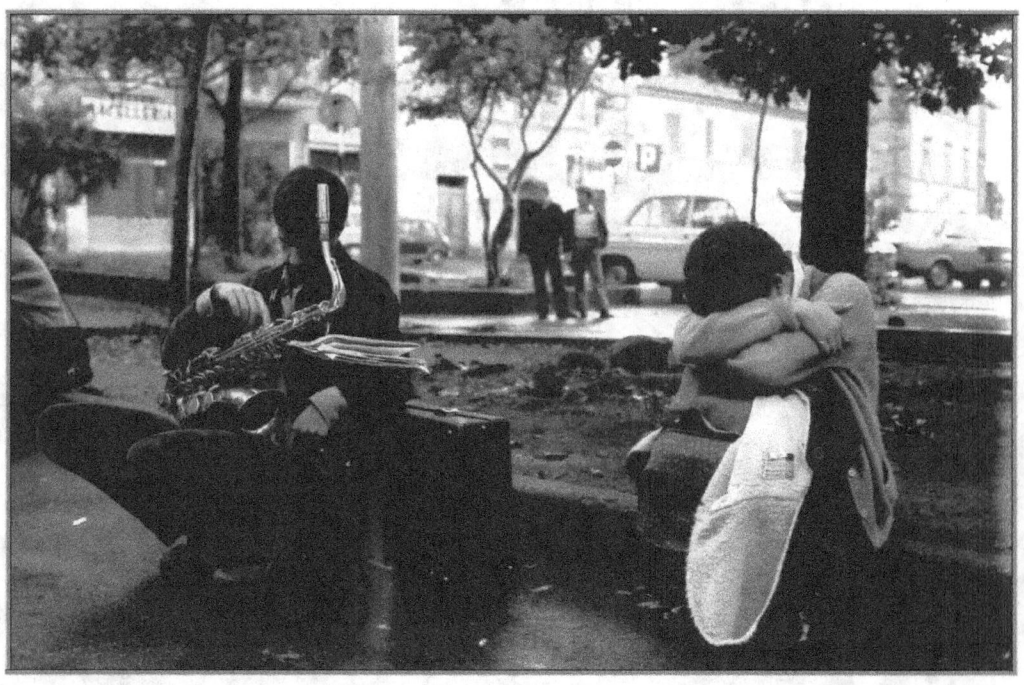

La fotografia è del tipo concordanza perfetta in quanto gli elementi che trasmettano la sensazione, sono uno a sinistra e una destra della linea ideale che passa per i centri dei lati orizzontali. Lo spazio dedicato a questi due elementi, il musicista e la giovane, sono quasi uguali.

Al centro dell'area di lettura è posto un elemento leggermente discordante, ma poiché è sfuocato, piccolo e dal punto di vista dell'azione determina quella precedente a quella dei due soggetti principali, non disturba e diventa il punto di partenza della lettura.

Le due parti che concordano possono anche essere divise da un percorso di lettura che per la sua forma svolge la funzione di guida per il cervello. Ovviamente la forma deve avere significato per il cervello affinché la esplori e quindi segua il percorso.

Nella foto seguente questa funzione è svolta dal braccio dell'angelo di pietra prono che occupando il centro del campo conduce lo sguardo o verso l'ala o verso le tombe in lontananza.

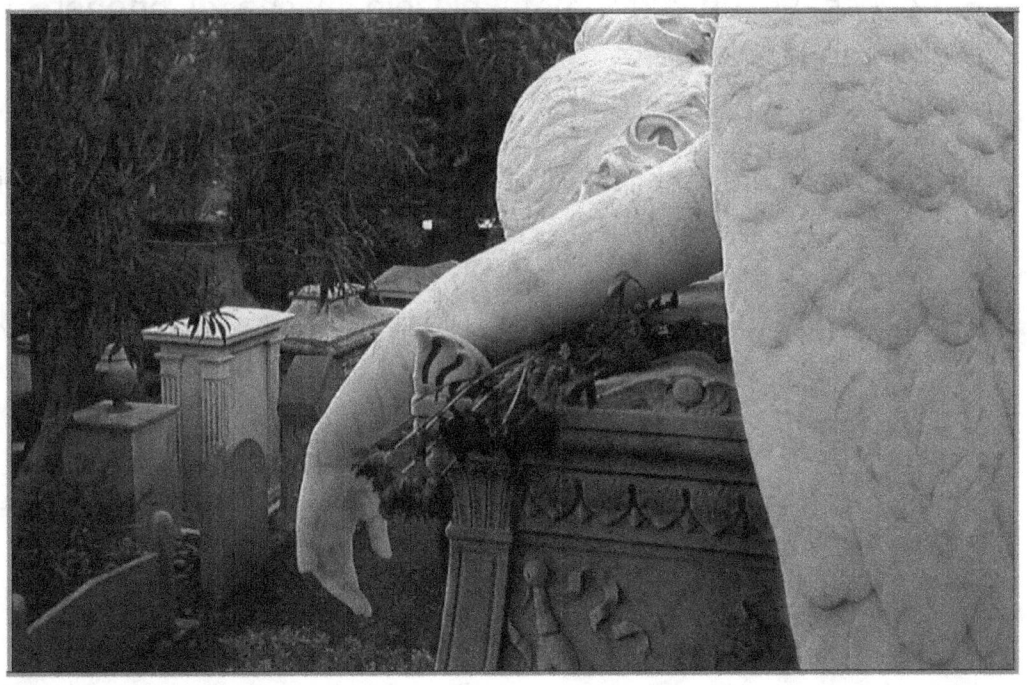

Ho scattato questa immagine perché volevo trasmettere la sensazione di sconfitta, di morte, di abbandono. L'angelo prono è il simbolo della sconfitta, della vittoria della morte sulla vita, le tombe in secondo piano l'abbandono e rimarcano la sconfitta subita dall'angelo.

La chiusura delle ombre che rendono quasi illeggibile la zona di alberi dietro le tombe e la tomba stessa su cui è riverso l'angelo, serve a concentrare la lettura e l'attenzione sui due elementi concordi presenti: le tombe e l'angelo.

La concordanza, in fotografia, è in pratica il rimarcare con altre parole un concetto già espresso.

La concordanza funziona se non diviene ridondanza e serve ad aumentare il coefficiente di penetrazione del concetto.

È necessario un diaframma piccolo al fine di ottenere una profondità di campo che ci consenta di ottenere a fuoco sia l'angelo in primo piano che le tombe sullo sfondo.

La misura dell'esposizione è bene prenderla sul corpo dell'angelo, ma è necessario che poi in fase di realizzazione si sottoesponga almeno di ½ stop in maniera tale che le ombre presenti nelle zone degli alberi si chiudano verso il nero e non siano ben leggibili.

Per la ripresa si può usare un medio grandangolo o un normale stando ben attenti a non creare eccessive deformazioni delle linee verticali rispetto al piano di terra.

La composizione aurea

La sezione aurea è una proporzione che si trova in natura. Per secoli gli artisti hanno cercato nelle loro opere di realizzare gli elementi che le costituivano secondo le proporzioni della sezione aurea.

In un segmento, quando la parte più corta sta a quella più lunga come questa sta all'intero segmento, si parla di sezione aurea.

In fotografia raramente si parla della sezione aurea e quando si fa, si rimane nel vago senza una netta definizione di come si possa applicare.

Vediamo insieme di chiarire la questione.

Le dimensioni della fotografia che scegliamo sono proporzionali alle dimensioni di un fotogramma del formato 135 (vale a dire 24X36 mm) nel rapporto 10:1, quindi 24X36 cm. In questo modo tutte le deduzioni che faremo per la fotografia valgono anche per la maggior parte dei negativi.

Nella figura vedete il rettangolo che rappresenta la nostra fotografia con il lato maggiore PR = 36 cm e il lato minore EP =24 cm.

La fotografia è scomposta in 4 aree rettangolari che sono state costruite secondo canoni ben precisi. Ho determinato il punto Q sul lato PR secondo la definizione della sezione aurea.

In pratica il rapporto tra i segmenti della retta deve essere secondo la regola della sezione aurea. Quindi QR sta a PQ come PR sta a QR che scritto in forma analitica è QR:PQ=PR:QR.

PQ=13,5 cm e QR=22,5 cm, quindi se svolgiamo la relazione, avremo che QR:PQ vale 1,6 e PR:QR ha lo stesso valore. Quindi per un lato di 36 cm la relazione della sezione aurea è soddisfatta da questi valori.

In modo simile ho determinato il punto F e tracciato il segmento FQ (EG=PR). Ho poi dedotto il punto H che è parte della relazione aurea vista in verticale che nel caso specifico dice: HP sta a EH come EP sta a HP cioè HP:EH = EP:HP. EH vale 9 cm e HP 15 cm, quindi se svolgiamo la relazione avremo HP:EP vale 1,6 EP:HP ha lo stesso valore. In modo simile ho determinato il punto N e tracciato il segmento HN (EP=GR). Le relazioni che sussistono a questo punto sono:

FG:EF=EG:FG (=1,6) ------ MN:MH=HN:MN (=1,6) -----
QR:PQ=PR:QR (=1,6)

HP:EH=EP:HP (=1,6) ----- MQ:FM=QF:MQ (=1,6) -----
NR:GN=GR:NR (=1,6)

La prima sorpresa è che tutte queste relazioni sono uguali al valore 1,6 qui scritto approssimato per comodità. I calcoli svolti per intero con precisione all'ottava cifra decimale danno ugualmente valori esattamente uguali.

La seconda sorpresa arriva quando calcoliamo le aree dei rettangoli. Chiamiamo, per comodità di lettura, settore A il rettangolo EFMH in alto a sinistra, settore B il rettangolo FGNM in alto a destra, settore C il rettangolo HMQP in basso a sinistra, settore D il rettangolo MNRQ in basso a destra.

L'area del settore C risulta uguale a quella del settore B (202,5). Il rapporto tra l'area del settore D e quello B è uguale al rapporto tra quella del settore C e quella del settore A (=1,6). Il rapporto tra l'area del settore D e quello C è uguale al rapporto tra quella del settore B e quella del settore A (=1,6). Il rapporto tra l'area del settore B e quello A è uguale al rapporto tra quella del settore C e quella del settore A (=1,6).

Vedete come il numero magico 1,6 ritorna in tutte le relazioni. In un rettangolo poiché l'area è uguale al prodotto dei lati e alcuni di questi stanno in comune, sono veri alcuni rapporti tra le aree e un lato.

Nello specifico abbiamo che il rapporto dell'area del settore A e il suo lato più corto è uguale a quello tra l'area del settore C e il suo lato più lungo.

Il rapporto dell'area del settore B e il suo lato più corto è uguale a quello tra l'area del settore D e il suo lato più corto. Esistono anche relazioni tra i rapporti dei lati di ciascun rettangolo. Per il settore A il rapporto tra i lati vale 1,5, per il settore B 2,5 per il settore C 1,1 e per il settore D 1,5 quindi il rapporto tra i lati del settore A è uguale a quello del settore D. Questo fatto è molto importante perché significa che il settore A è in proporzione con D cioè questo ultimo è un ingrandimento di A.

Sorprendente poi che il rapporto dei lati di tutta la fotografia è sempre 1,5 (36/24) e quindi la fotografia è un ulteriore ingrandimento di D.

Ovviamente questa suddivisione aurea si può usare sia in senso verticale sia orizzontale così come possiamo usare l'immagine a specchio della griglia cioè con i lati invertiti. Inoltre possiamo limitare la costruzione solo alle proporzioni orizzontali o verticali e ottenere una divisione a due.

Nelle pagine seguenti vedete i vari tipi possibili e nella prossima pagina uno schematico riassunto delle proprietà della suddivisione.

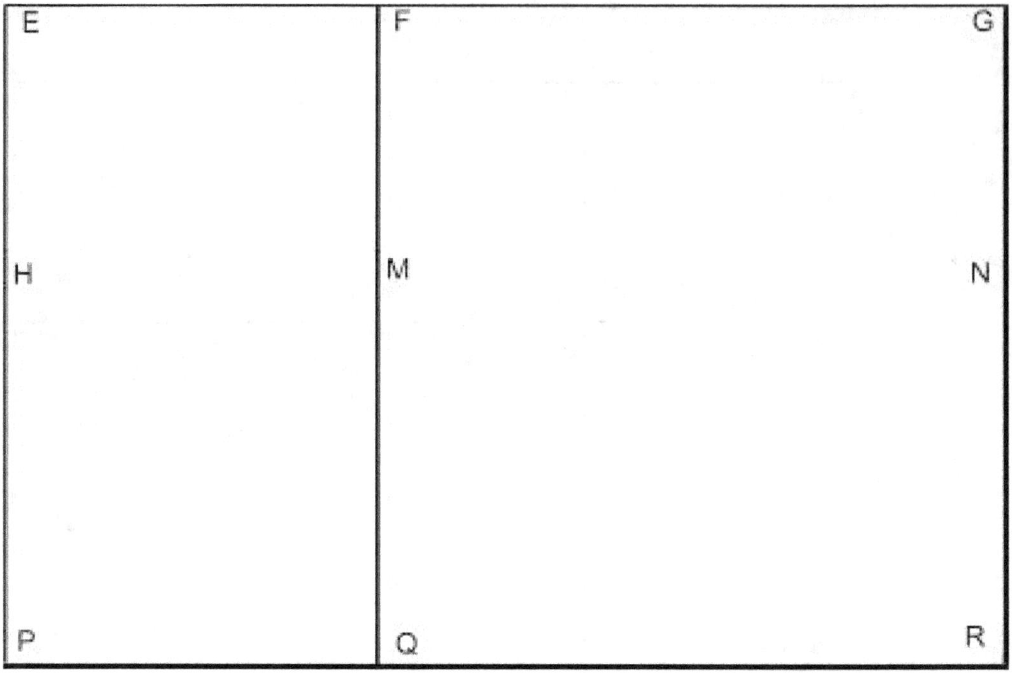

E F G

H M N

P Q R

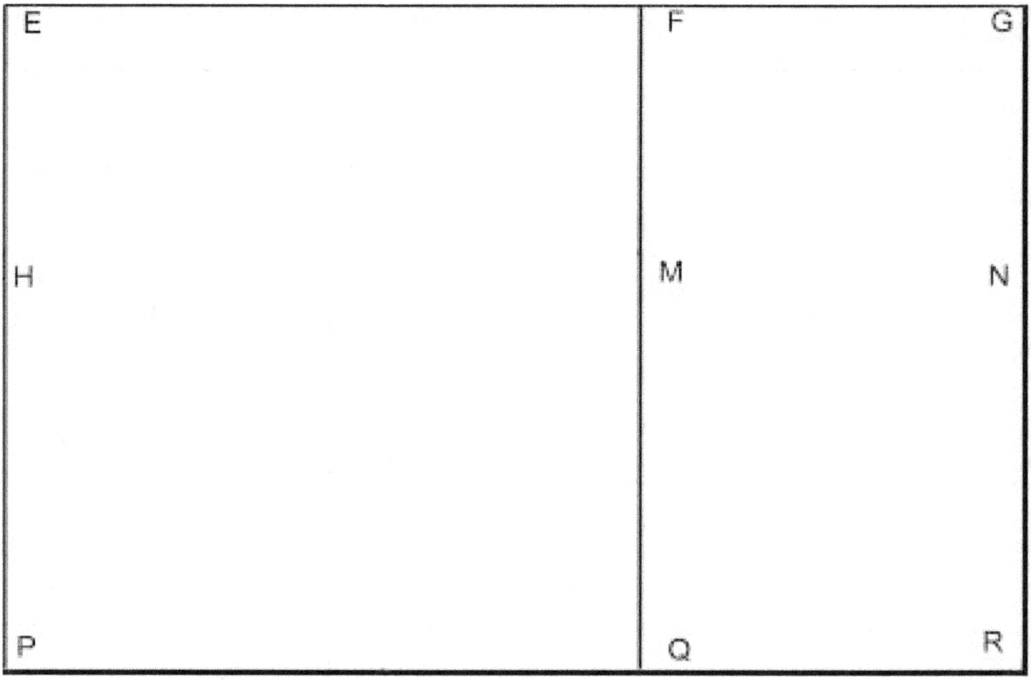

E F G

H M N

P Q R

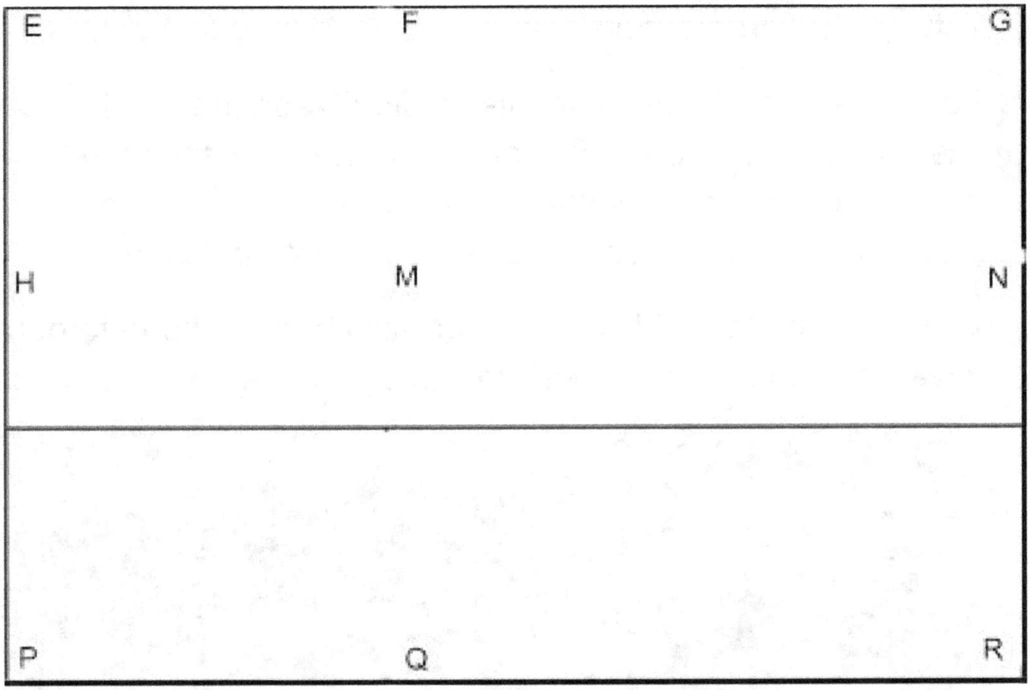

E   F   G

H   M   N

P   Q   R

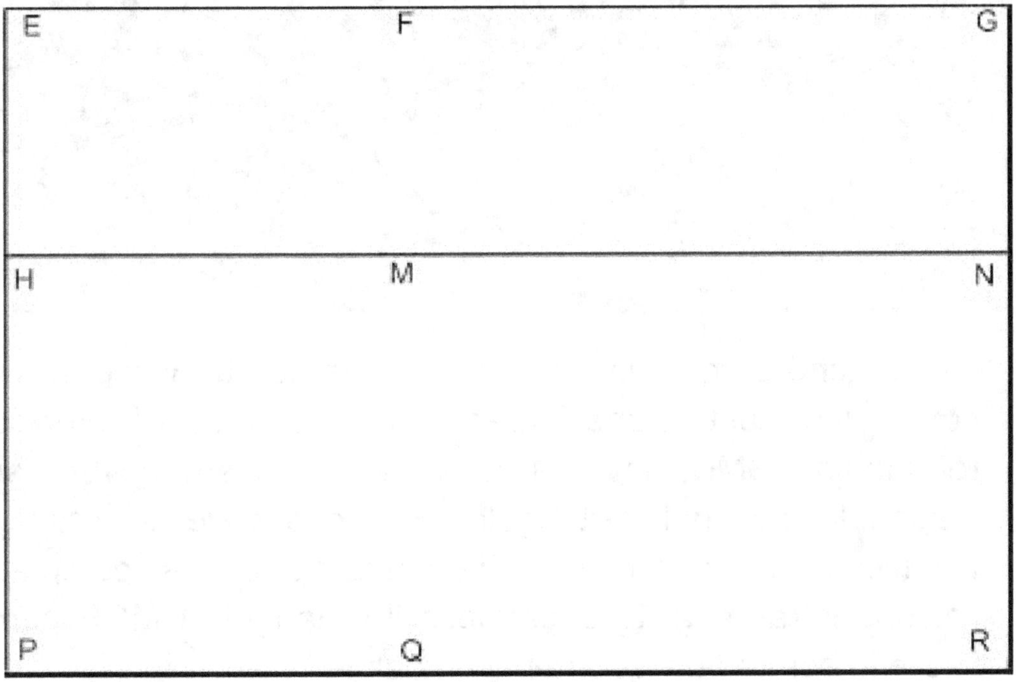

E   F   G

H   M   N

P   Q   R

Tutto molto interessante, ma come si utilizzano queste aree?

Per evitare di perderci in discussioni teoriche, vediamo dei casi concreti per ogni tipo di partizione. Per far questo, uso delle foto di tipo comune vale a dire che chiunque, dal professionista al fotoamatore, avrebbe potuto scattare.

Vedete come la suddivisione a quattro ben contiene fotografie dove un gruppo di soggetti animati agisce.

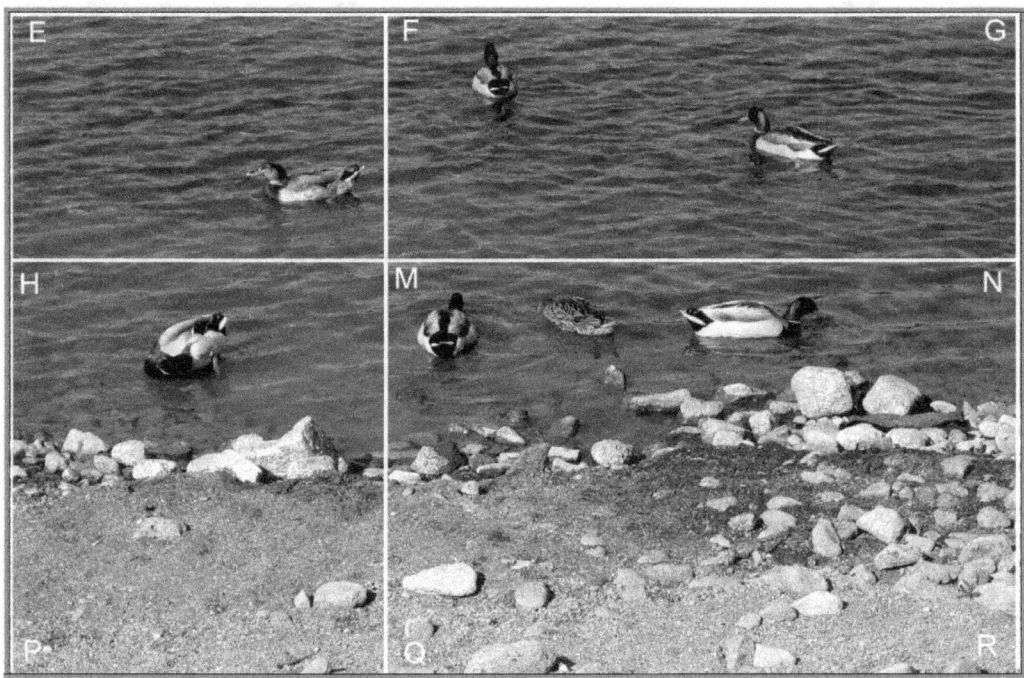

Quella che sembrava una costruzione libera invece si rivela come una costruzione aurea quasi precisa. E' preciso il rettangolo FGMN, dove gli uccelli acquatici si muovono sulla diagonale FN del rettangolo. E' accettabile il rettangolo EFMH, dove l'uccello ha abbastanza spazio per completare l'azione intrapresa. E' accettabile il rettangolo HMQP perché l'uccello compie un'azione in verticale.

E' un po' troppo risicato lo spazio acquatico per gli uccelli nel rettangolo MNRQ. In realtà se la costruzione aurea è precisa, consente di prendere un paio di forbici e tagliare le fotografie lungo i lati FQ e HN ottenendo quattro distinte immagini. Vediamole separate.

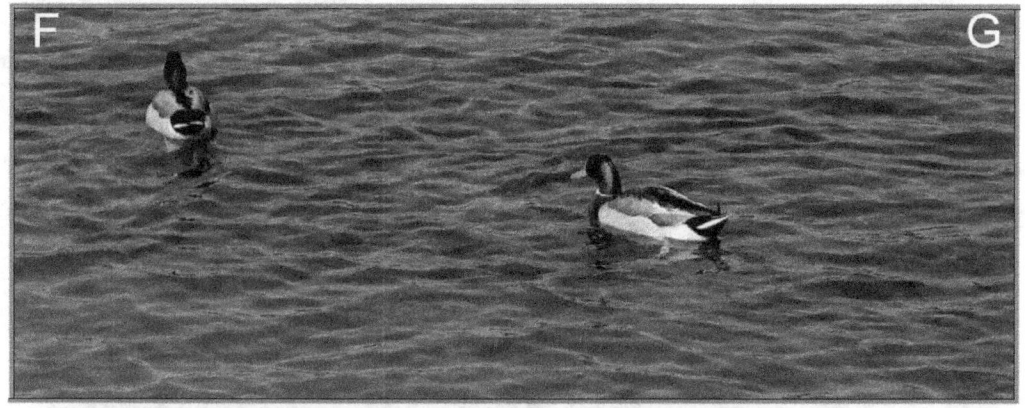

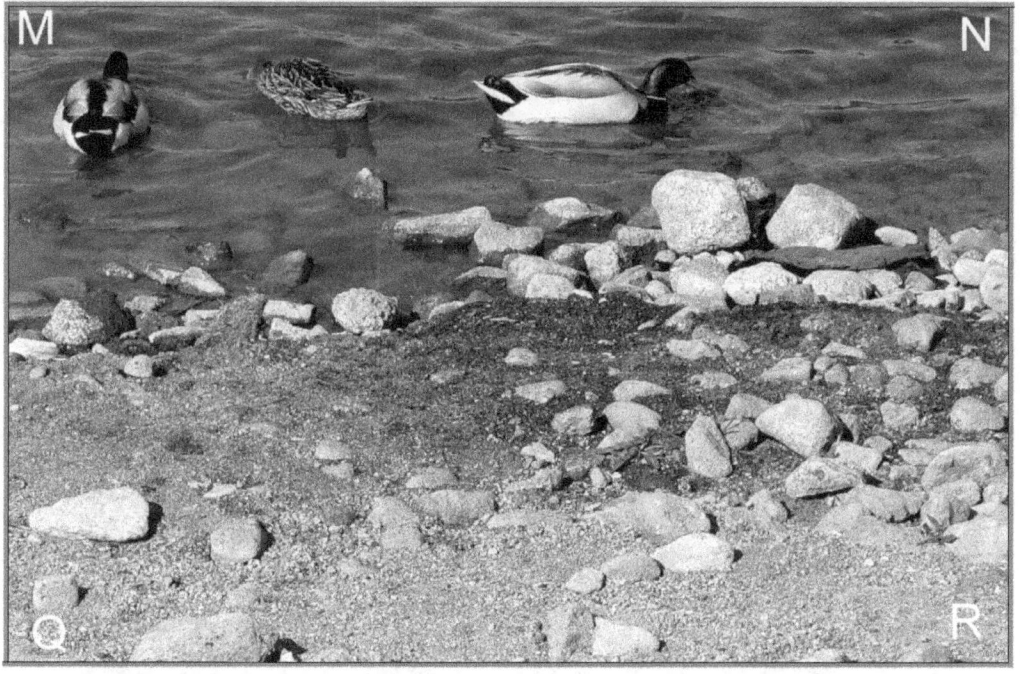

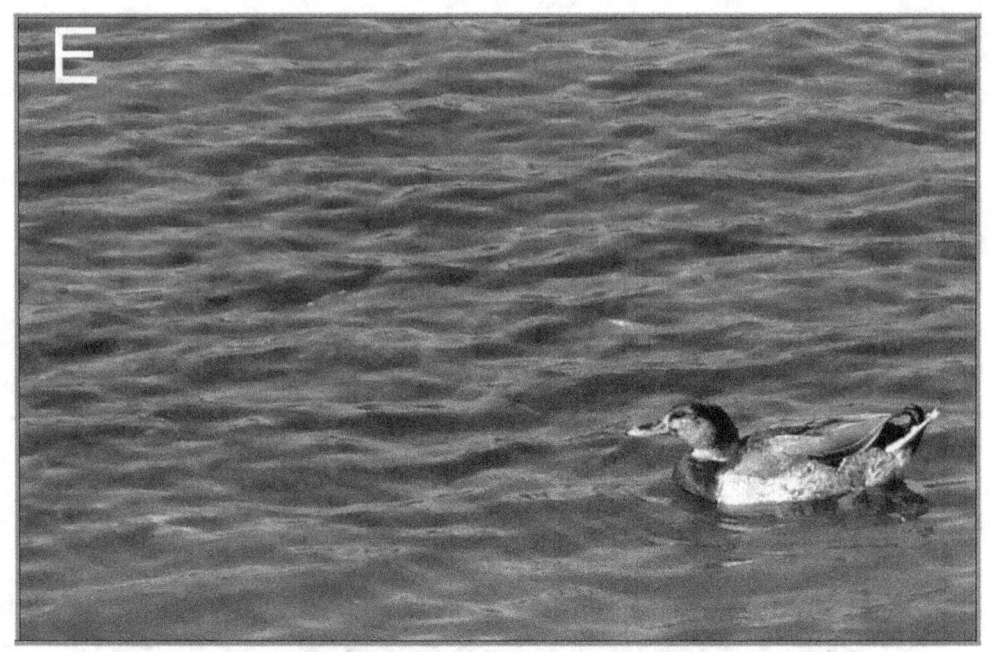

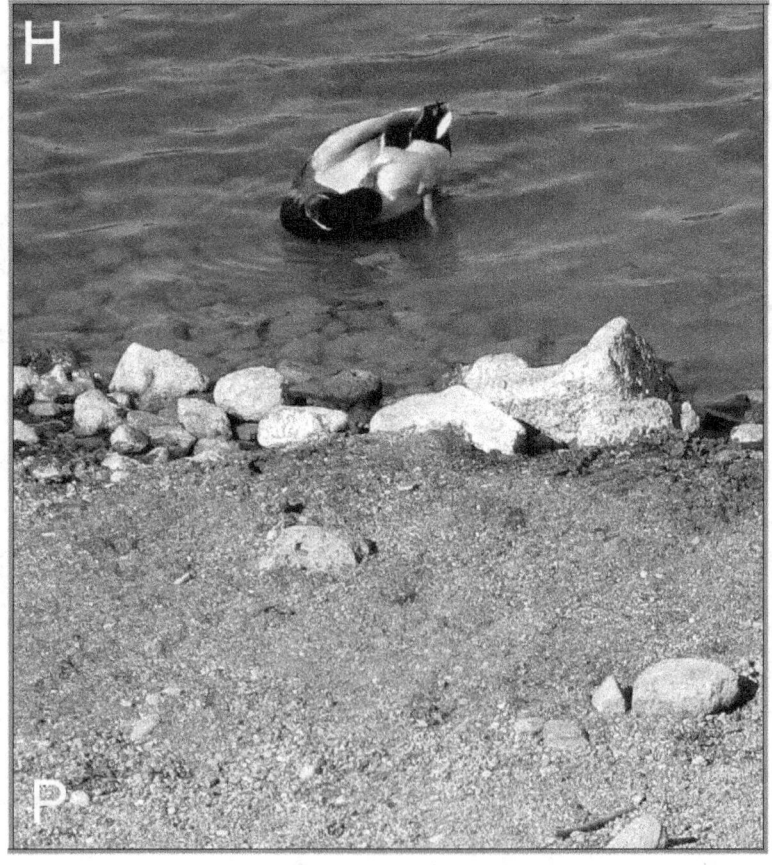

Quindi la regola sintattica che sorregge tutta la struttura aurea è: se è presente più di un soggetto e più di un elemento, questi devono essere distribuiti opportunamente nelle varie aree, altresì qualora fosse presente un soggetto e degli elementi, questi ultimi per forma e struttura devono essere collocati e il soggetto deve avere un'area quasi autonoma dagli elementi.

Questa regola crea delle aree coerenti e se lo sono, lo è anche l'immagine totale, dove le quattro letture creano una piccola sequenza narrativa.

Certo in fase di ripresa non è semplice realizzare un'immagine strutturata in questa maniera, ma con molta pratica poi diventa quasi istintivo e istantaneo inquadrare in un certo modo piuttosto che in un altro.

Fino a quale livello di errore ancora la lettura risponde alle regole della sezione aurea?

Quello che spacca la sezione aurea è l'occupazione da parte dello stesso soggetto o dello stesso elemento di altre aree oltre a quella di partenza.

Ad esempio se il settore A è occupato dal soggetto S1, il settore B dall'elemento E1, il settore C dal soggetto S2 e il settore D dall'elemento E2 e gli elementi E1 E2 invadono i settori A e C non si può parlare di costruzione aurea.

C'è però una certa tolleranza come spiegato con la foto della prossima pagina.

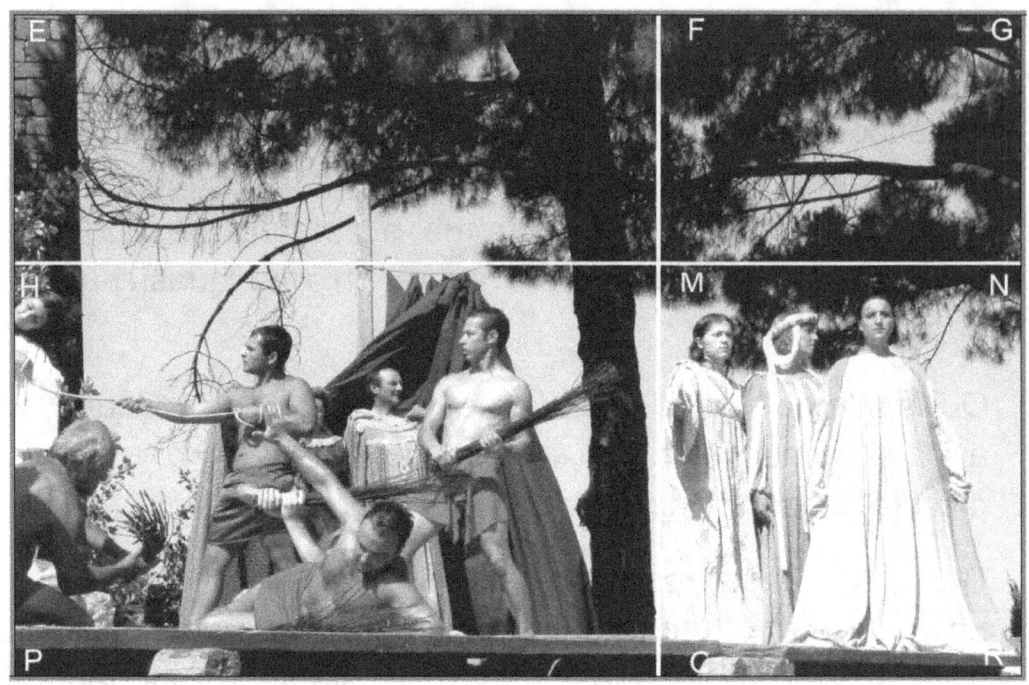

Poiché la sezione aurea a quattro aree è frutto di due bilanciamenti di sezione (orizzontale e verticale) qualora soggetti o elementi non fossero racchiusi in un'area, ma sbordassero nell'adiacente sarebbero tollerati se questa tracimazione avviene secondo la suddivisione a due aree. Questo significa, nell'esempio qui sopra, che l'albero di sfondo sarebbe inserito nella costruzione in maniera giusta se non sbordasse anche nei rettangoli HMCP e in MNRC. Infatti, se separiamo le quattro aree, abbiamo che i rettangoli HMCP e MNRC forniscono due immagini, anche se discutibili, inquadrate in maniera coerente, mentre i rettangoli EFMH e FGNM forniscono dei parziali dell'albero non accettabile.

In realtà questa fotografia risponde a una sezione aurea a due aree, dove HN è la zona di separazione dei soggetti dagli elementi. La separazione a due si riscontra in innumerevoli casi, anche nella fotografia amatoriale.

Classici casi sono quelli dove nella rappresentazione c'è un orizzonte, sia questo la separazione del mare dal cielo oppure la linea che raccorda le cime dei monti e li separa dal cielo. Quasi tutti quando riprendono questi tipi di scena, pongono l'orizzonte poco sopra o poco sotto o perfettamente coincidente con la linea di costruzione della sezione aurea.

Di seguito vedete che anch'io senza fare calcoli laboriosi prima di scattare la foto ho posto la zona di separazione cielo-monti proprio sopra la linea di costruzione della sezione aurea.

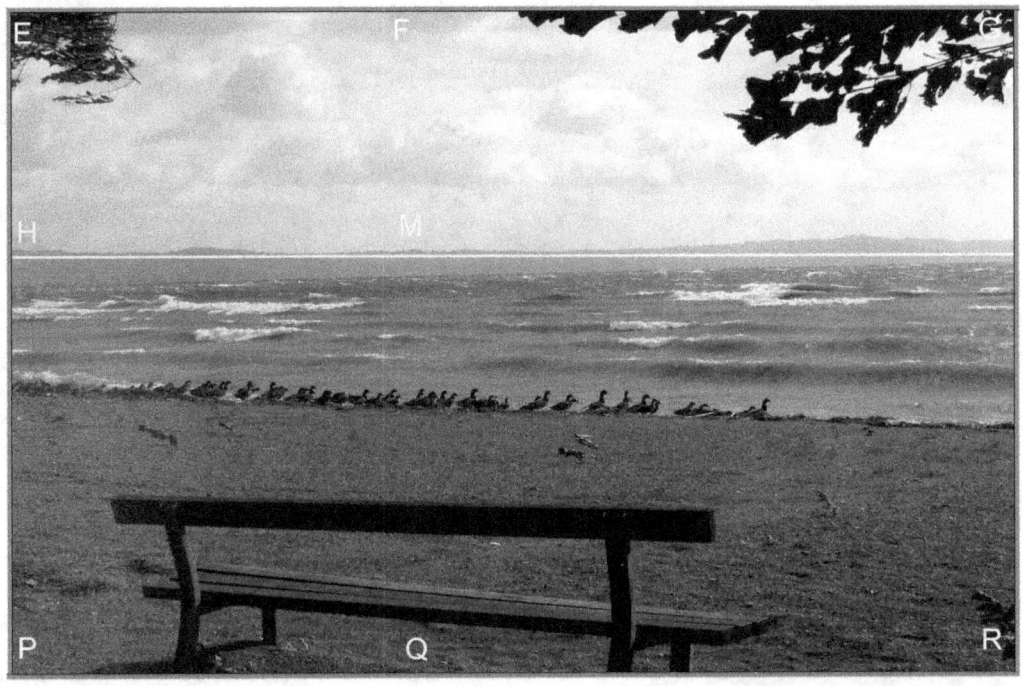

A prescindere dalla disposizione e da ulteriori legami dei soggetti e degli elementi, questo genere di fotografie ha una struttura solidissima e inattaccabile.

Tenete conto nel realizzarle che è meglio porre i soggetti principali nell'area inferiore perché il centro del campo cade poco sotto la linea di separazione HN. Quindi è preferibile far agganciare al lettore subito azioni e soggetti e porre l'attenzione sull'area inferiore questo perché una costruzione bilanciata secondo questi canoni è letta come due immagini separate e legate dal tempo di lettura. Qui sotto vedete un esempio di orizzonte marino.

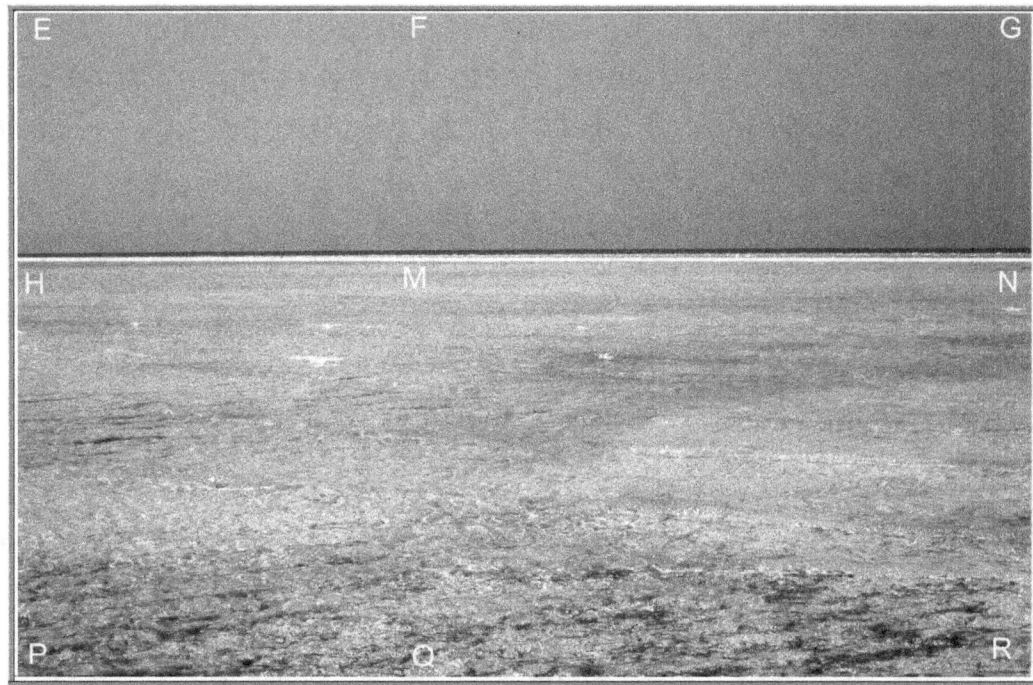

Qui di seguito sono riportati altri esempi per l'altro caso di composizione con due aree. La suddivisione sul lato orizzontale è facilmente applicabile alle strutture architettoniche o alle descrizioni delle diramazioni di percorso.

Questo tipo di costruzione ben supporta anche azioni o soggetti soprattutto quando questi si svolgono su piani focali diversi sviluppandosi in profondità come nell'esempio che vedete di seguito.

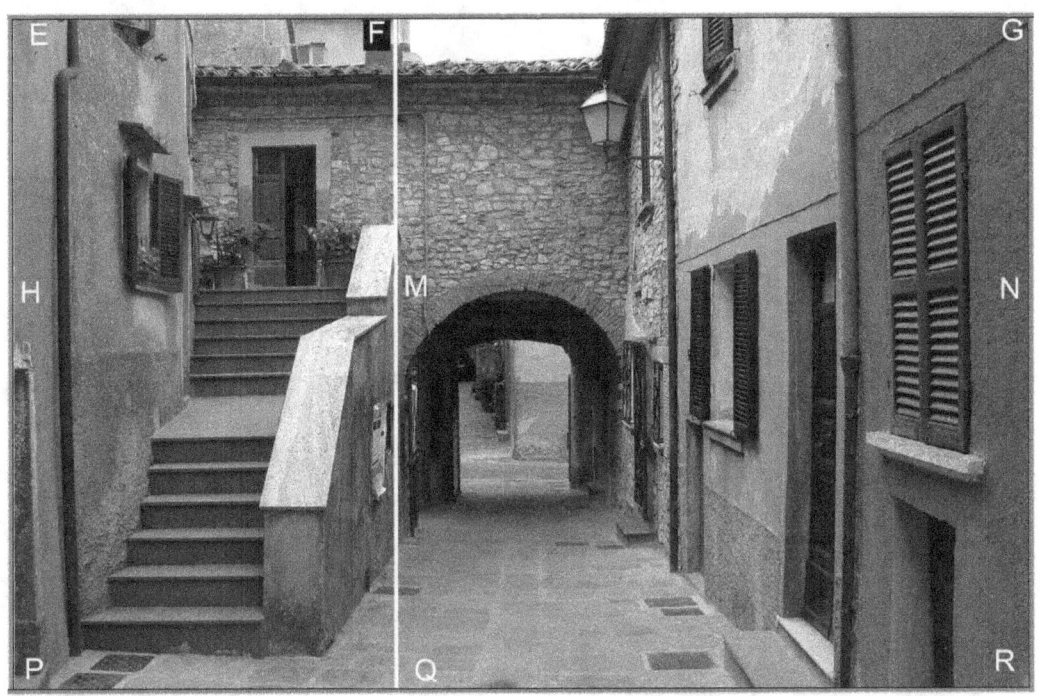

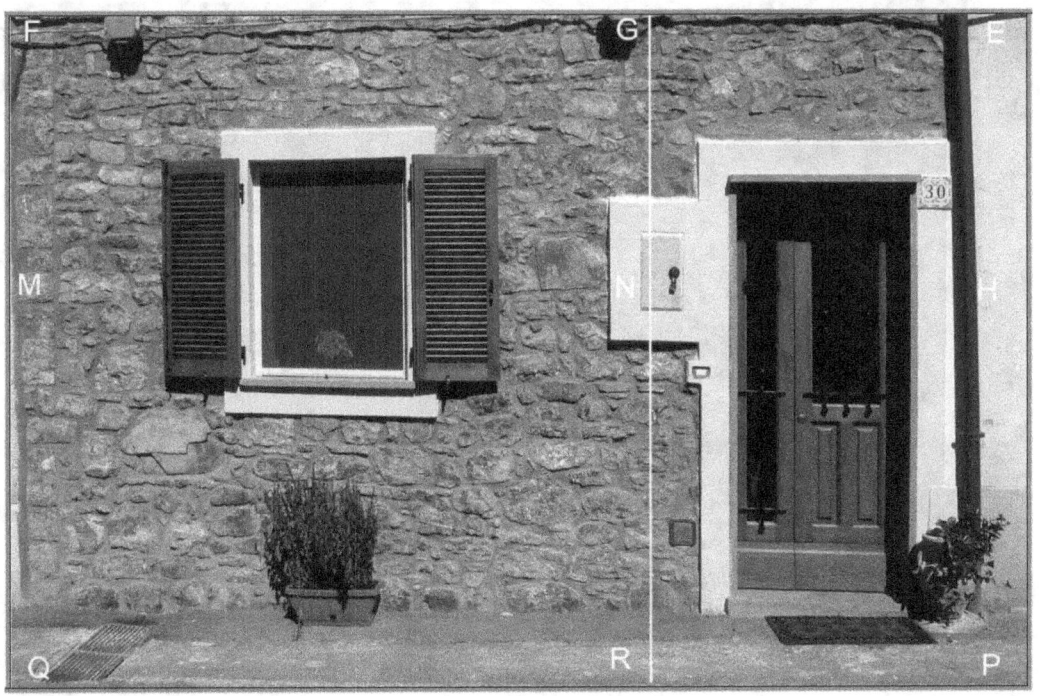

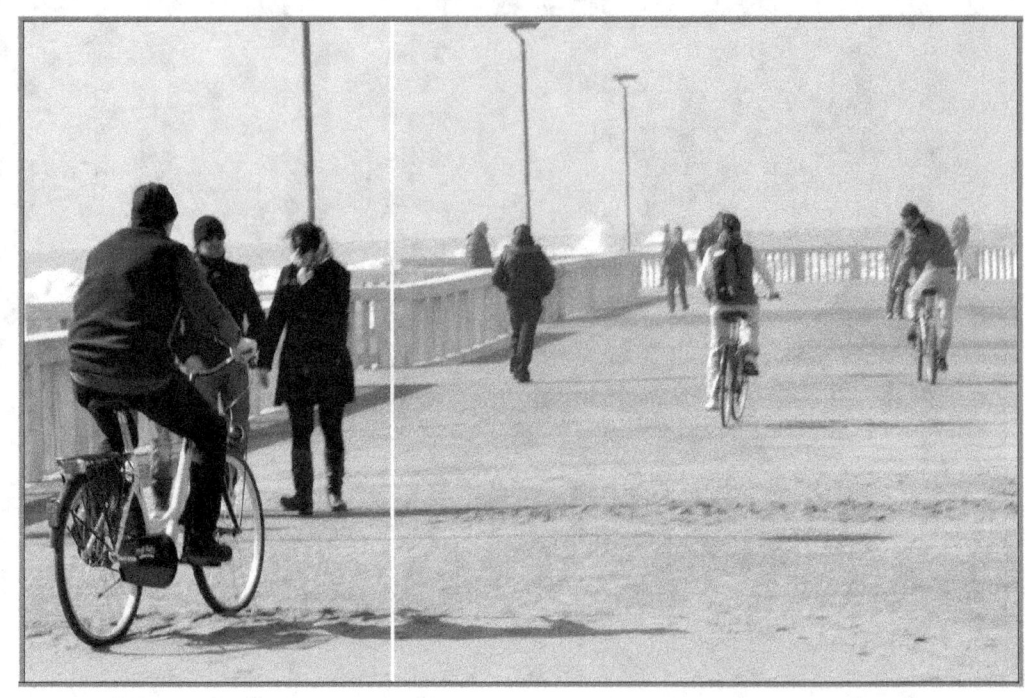

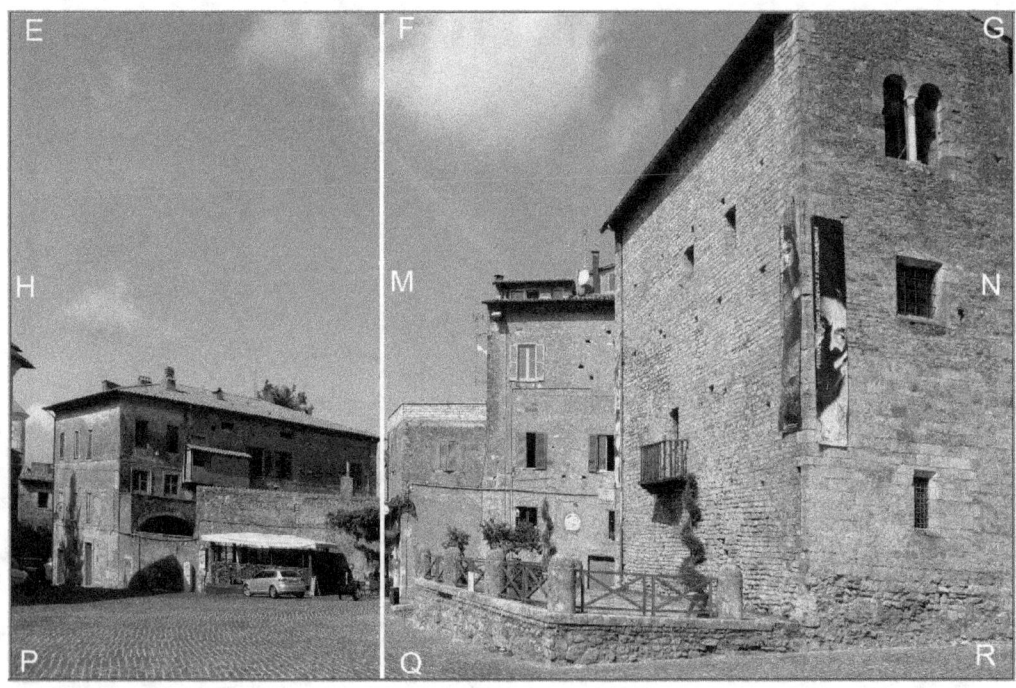

A questo punto siete certamente convinti che soltanto il caso possa farvi realizzare una costruzione aurea direttamente in ripresa.

Sono d'accordo con voi che è difficile, con soggetti in movimento, scattare nel momento preciso affinché si realizzi una suddivisione aurea, ma credetemi l'esperienza, la pratica continua nel tempo, lo scattare migliaia di foto, alla fine porta a un'individuazione rapidissima del momento più opportuno.

Ci sono molte persone che ci sono riuscite e molte che non ci riusciranno mai, ma per questi ultimi c'è un modo di riuscirci ugualmente.

Ovviamente dopo.

Nel caso della fotografia analogica, in fase di stampa sotto l'ingranditore inquadrando opportunamente. Nel caso della fotografia digitale, editando con un programma opportuno l'immagine e ritagliando in maniera tale da realizzare l'inquadratura aurea.

Infine c'è da dire che questi schemi di costruzione possono essere utilizzati anche per foto verticali.

Nelle prossime pagine, sono riportati gli schemi equivalenti in verticale.

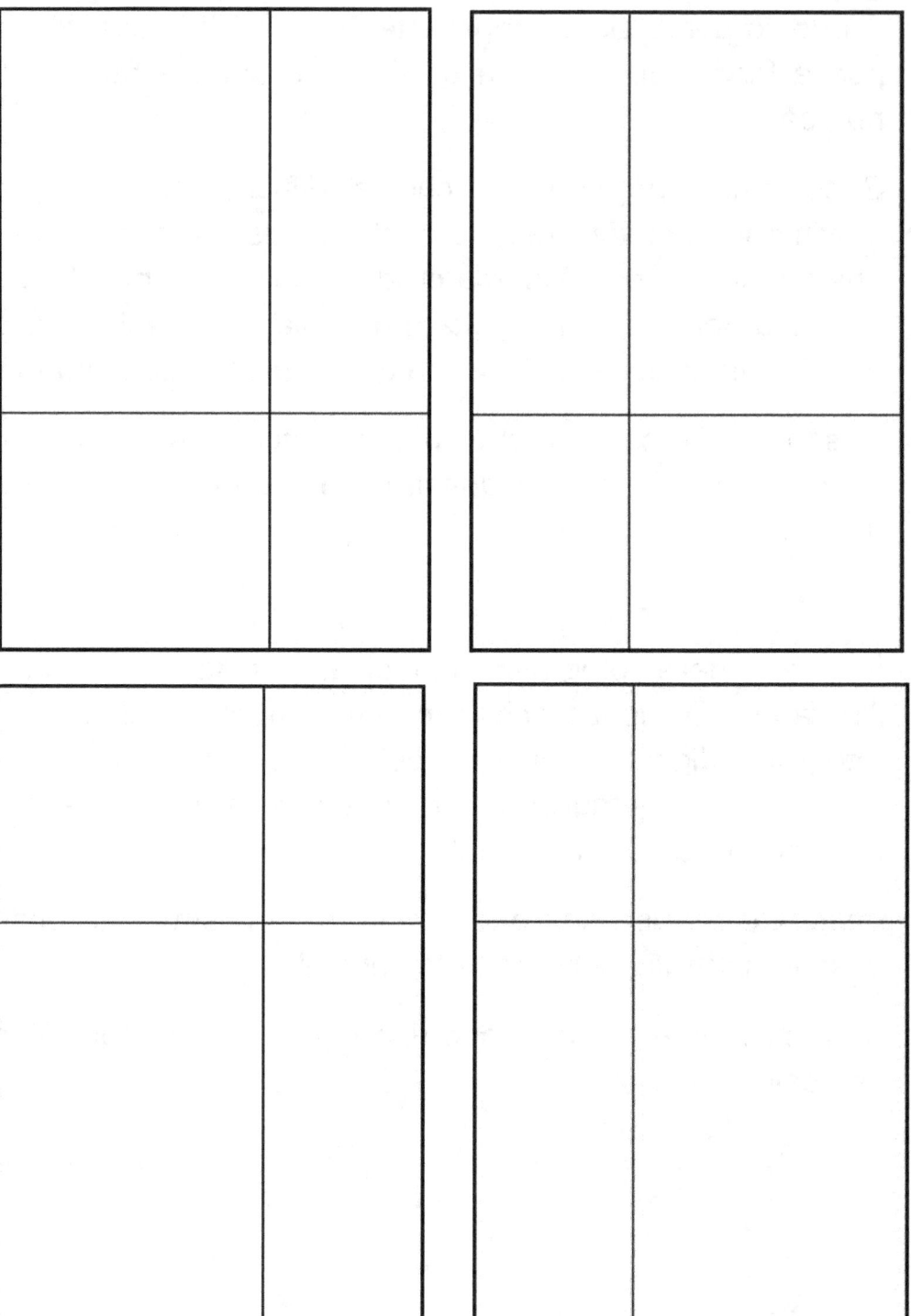

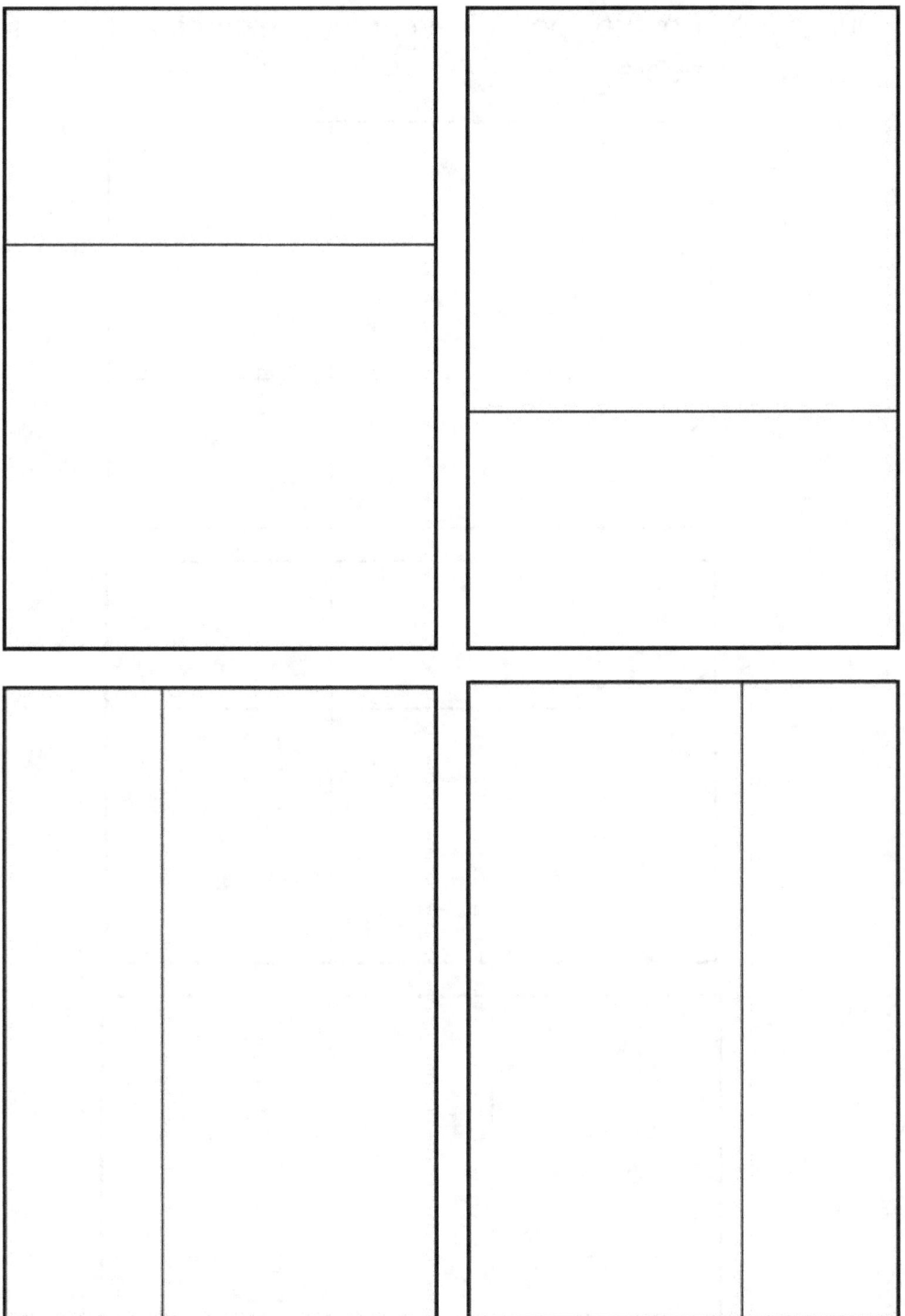

Qui sotto trovate poi gli schemi orizzontali non trattati precedentemente.

Il centro del campo

La fovea e la retina

Per capire l'importanza che hanno gli elementi collocati al centro del campo fotografico, bisogna aprire una parentesi sulla fisiologia dell'occhio umano. Il sistema visivo umano è sensibile alle radiazioni elettromagnetiche (luce) che hanno lunghezza compresa circa tra 380 e 780 nm. La luce penetra nell'occhio attraverso la pupilla. La cornea e il cristallino la convergono sulla retina che è situata sulla parete posteriore. Un'iride pigmentata circonda la pupilla che allargandosi o restringendosi, regola la quantità di luce che entra nell'occhio. Il sistema cornea-cristallino si può paragonare al gruppo di lenti delle fotocamere denominato obiettivo. La retina si può paragonare alla pellicola o al sensore elettronico nelle fotocamere e l'iride al diaframma delle macchine fotografiche.

Il comportamento del sistema di formazione dell'immagine nell'occhio, per semplicità d'analisi, si paragona a una lente semplice convergente e quindi si può definire una lunghezza focale.

La cifra però non è sempre la stessa, in quanto le dimensioni degli occhi non sono tutti uguali.

Si definisce quindi una dimensione media che corrisponde (paragonata al formato fotografico 35 mm) di 17,5 mm. Interessante è sapere qual è la dimensione dell'immagine che si forma sulla retina.

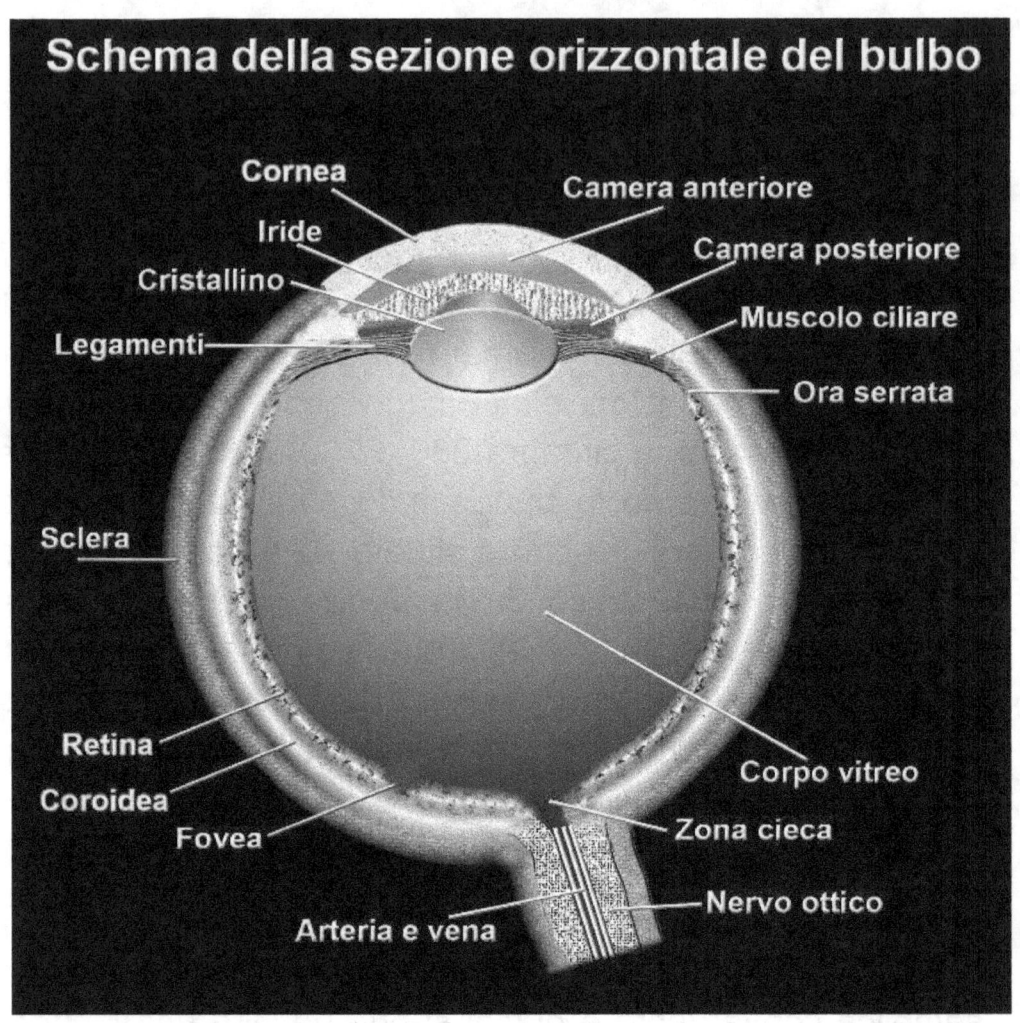

Schema della sezione orizzontale del bulbo

Cornea · Camera anteriore · Iride · Camera posteriore · Cristallino · Muscolo ciliare · Legamenti · Ora serrata · Sclera · Retina · Corpo vitreo · Coroidea · Zona cieca · Fovea · Nervo ottico · Arteria e vena

Il meccanismo biologico trasforma queste radiazioni in una serie di prodotti chimici in modo tale che possano essere utilizzati ed elaborati dal cervello.

I recettori che svolgono quest'azione sono collocati sulla parte posteriore dell'occhio su quella membrana chiamata retina. Ci sono due tipi di recettori: i coni e i bastoncelli e ognuno di questi, quando è colpito dalla luce, produce un particolare pigmento che innesca una serie di reazioni chimiche che portano alla percezione della luce e dei colori.

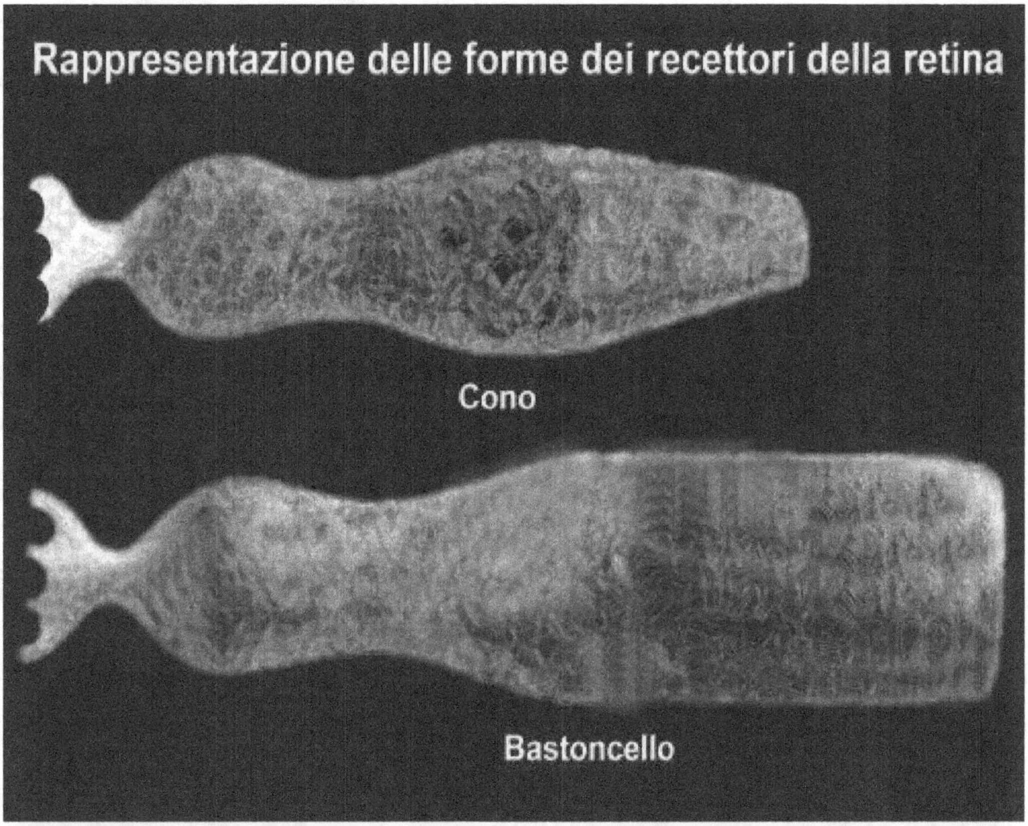

Rappresentazione delle forme dei recettori della retina

Cono

Bastoncello

Formazione dell'immagine sulla retina

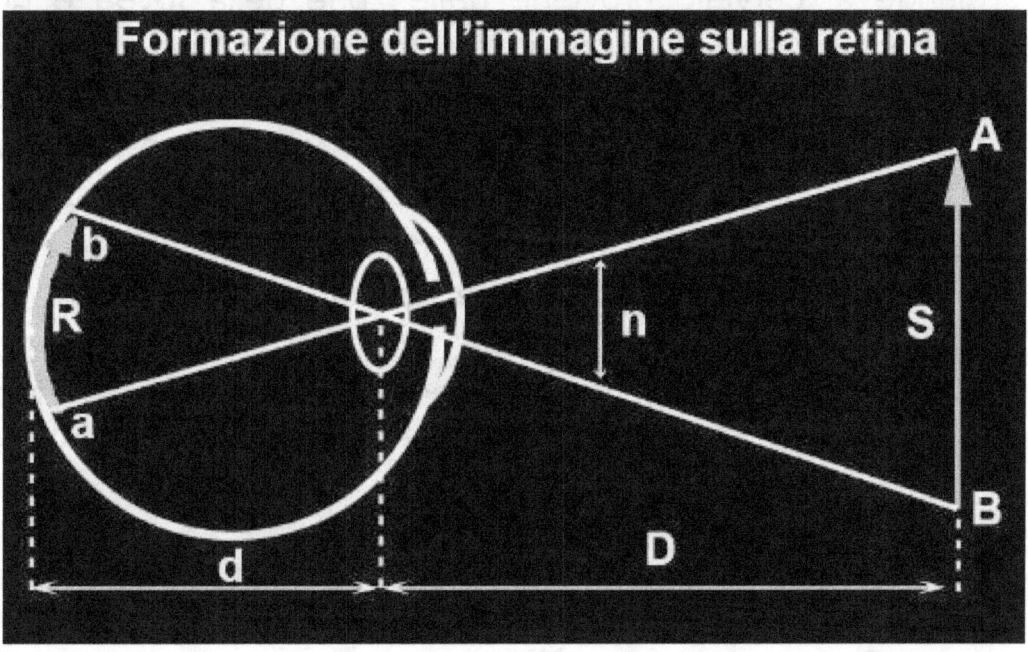

In ogni occhio ci sono circa 120 milioni di bastoncelli e 6 milioni di coni. I bastoncelli sono molto più sensibili alla luce e sono collegati a gruppi alla cellula nervosa che trasmette l'impulso al cervello, quindi la percezione visiva è più confusa. Ogni cono è connesso direttamente alla cellula nervosa e quindi la percezione che fornisce è più nitida. Nella zona centrale della retina c'è un piccolo affossamento detto fovea. In questa zona la concentrazione dei coni è altissima (circa 160.000 per millimetro quadrato) e quindi fornisce un'elevata nitidezza e discriminazione dei contrasti. La fovea è posta in una regione detta macula dove la concentrazione dei coni è ancora molta alta, ma se ci muoviamo verso le zone periferiche della retina, la quantità dei coni decresce e aumenta quella dei bastoncelli quindi la percezione si fa meno nitida.

Questo significa che la maggior parte delle informazioni che giunge al cervello proviene dalle zone della fovea e della macula (circa il 50%). Tutto ciò si traduce nel fatto che il reale riconoscimento dell'ambiente avviene con le aree fovea-macula mentre con le altre zone interagiamo con l'ambiente supportati dalla memoria, dai movimenti degli sguardi e dall'esperienza che integrano la bassa definizione delle suddette. Quindi ci sono due tipi di ricettori: i coni, che producono un'alta definizione, ma funzionano bene con illuminazione sufficiente e i bastoncelli che sono molto sensibili alla luce, ma producono immagini a bassa definizione.

Quando la luce è molto intensa, i bastoncelli si saturano rapidamente e usiamo i coni per vedere mentre in condizione di scarsa illuminazione disponiamo dell'alta sensibilità dei bastoncelli.

Il fatto di possedere due tipi di ricettori, con soglia e saturazione differente, permette di vedere una quantità di luce diversa.

Questo intervallo di possibili illuminazioni è impressionante perché sta nel rapporto 10^{11} cioè tra la quantità minima che riusciamo a vedere e la massima per cui restiamo abbagliati c'è un rapporto di 100 miliardi!

Nessuna pellicola fotografica o sensore elettronico riesce minimamente a equiparare questo excursus così ampio.

Nella tabella vedete riassunte le caratteristiche principali dei due tipi di ricettori.

Coni	Bastoncelli
Minore sensibilità	Sensibilità elevata
Risoluzione elevata	Bassa risoluzione
Minore capacità di cattura	Catturano parecchia luce
Minore amplificazione	Amplificazione elevata
Minore pigmento	Parecchio pigmento
Più sensibili alla luce assiale	Più sensibili alla luce diffusa, riescono a evidenziare singoli fotoni
Risposta rapida	Risposta lenta
Tempo d'integrazione breve	Tempo d'integrazione lenta
Specializzati nella visione diurna	Specializzati nella visione notturna
Cromatici (tre tipi di coni ognuno con un pigmento diverso)	Acromatici (contengono un solo tipo di pigmento)

Entriamo nel dettaglio della retina perché questo ci aiuta, in parte, a capire in quale modo il fruitore percepirà il messaggio della nostra fotografia e soprattutto qual è la distanza ottimale cui leggere una foto.

La retina è posta sul fondo dell'occhio umano e ne occupa più dei due terzi della superficie. Il suo raggio medio è compreso tra i 30 e 40 mm.

La retina può essere studiata per le caratteristiche che hanno alcune zone: la foveola, la fovea, la macula lutea e la zona periferica. La fovea è una depressione al centro della macula lutea e la parte che curva che degrada verso il fondo è detta foveola.

La fovea ha un diametro di circa 0,5 mm che corrisponde a un angolo visivo di circa 1 grado. La fovea è la zona di massima definizione dell'immagine che cala con l'allontanarsi verso la regione periferica. Questo significa che la nostra "finestra sul mondo" è davvero piccola, ma non ce ne rendiamo conto proprio per quei continui movimenti di scansione involontaria cui avevo accennato prima.

La retina ha circa 1260 mm^2 di area contro gli 864 mm^2 di una pellicola 24X36 mm.

Se consideriamo le retine dei due occhi, abbiamo che in totale la visione umana copre circa 160° in orizzontale e 120° in verticale. Il diverso valore in verticale è dovuto soprattutto alle limitazioni introdotte dalle arcate degli zigomi e delle sopracciglia. Ai fini della fotografia non bisogna dimenticare che la regione sensibile del sistema umano ha una forma ellissoidale e che solo per comodità di analisi è equiparata a un'area rettangolare.

Questo fatto comporta che quando guardiamo una foto, la zona di massima definizione inizialmente cade sul centro del campo fotografico e soltanto dopo con i movimenti saccadici si sposta su altre zone in base ai suggerimenti provenienti dalle regioni periferiche a bassa definizione. Quindi la distanza ottimale per leggere una foto è quando la fovea copre il centro del campo fotografico e le regioni periferiche della retina si estendono un poco oltre i bordi della fotografia.

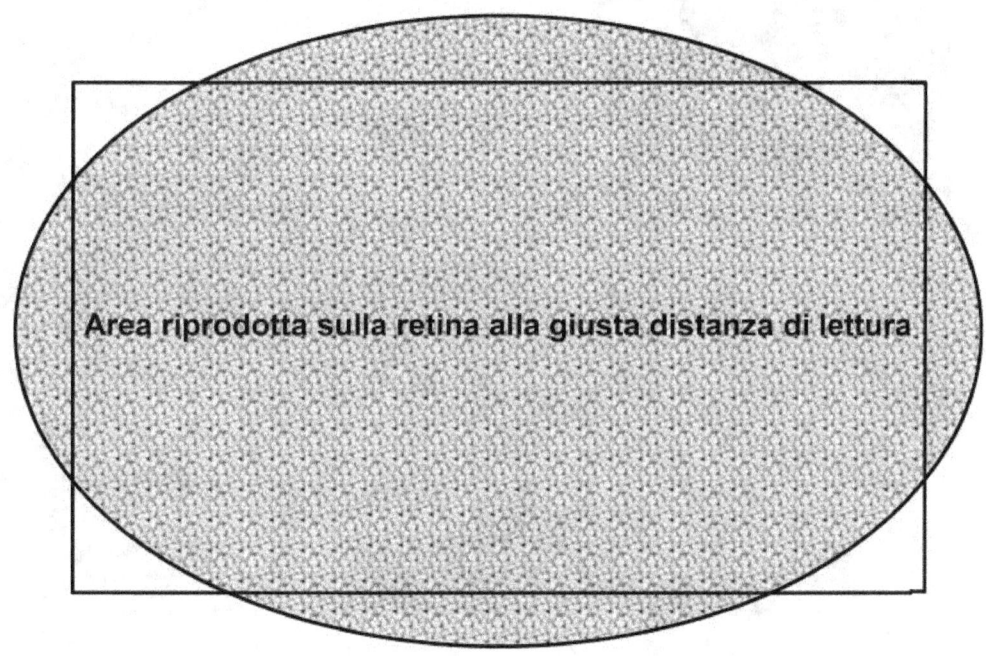

Il soggetto al centro del campo

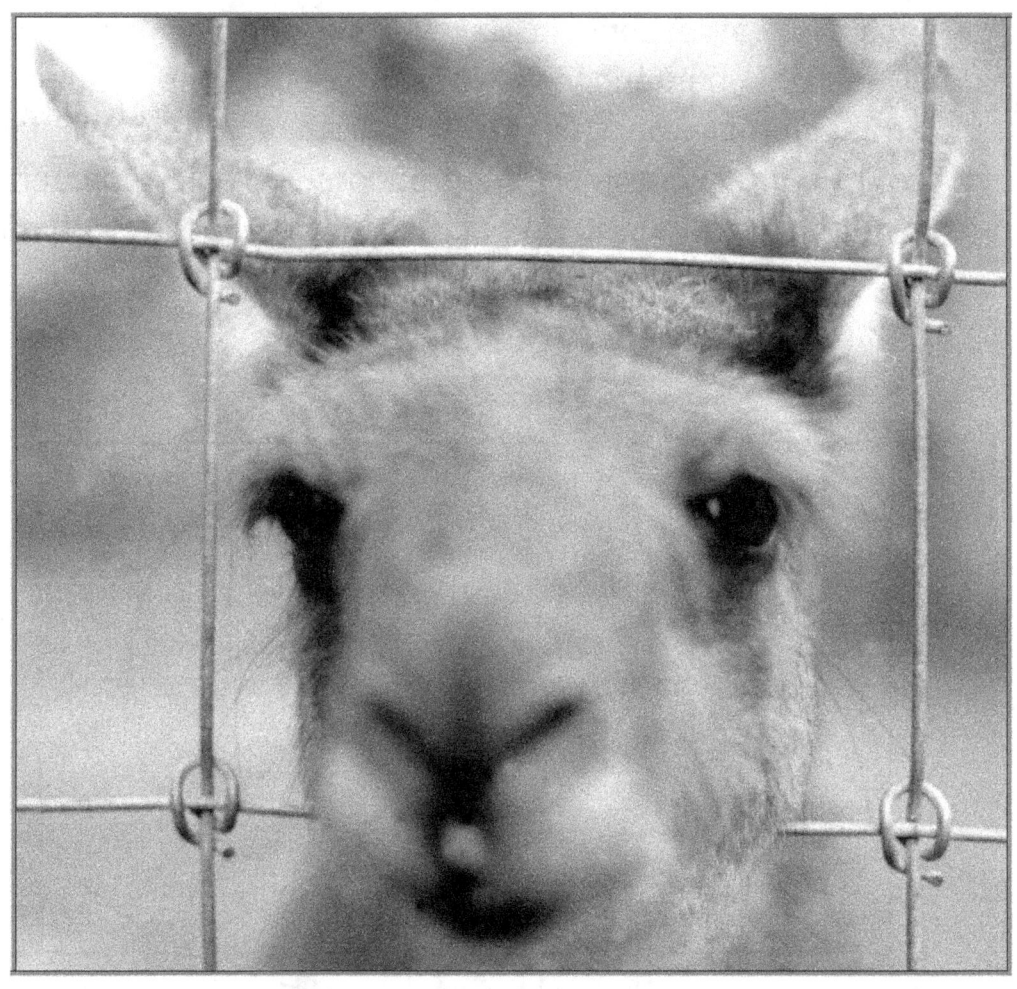

Ci sono due modi principali per porre un soggetto, che non compie azioni o che non le evoca, al centro del campo: in maniera dettagliata e nitida oppure con una parte leggermente sfuocata.

Se la parte sfuocata, come nell'esempio sopra, è posta proprio nel centro del campo, allora si obbliga il cervello a esplorare nelle altre direzioni. Inoltre le maglie della rete fanno da percorso di lettura chiuso che obbliga il cervello a muoversi a lungo nella zona del muso e solo in un secondo momento a esplorare le orecchie.

La messa a fuoco, in questa foto, è calcolata esattamente ed è impostata sulla distanza della base delle orecchie. Il diaframma molto aperto e l'uso di un 50 mm come obiettivo, hanno fatto in modo che la profondità di campo anteriore e quella posteriore siano talmente ridotte da non coprire lo sfondo e il naso.

Realizzare uno sfondo quasi omogeneo talmente è la sfocatura significa isolare il soggetto dal contesto in cui è inserito e focalizzare l'attenzione su di lui. Altresì la sfocatura del naso oltre a non permettere una lunga sosta alla ricerca di dettagli esalta lo sguardo dell'animale.

La scelta della proporzione dei lati della fotografia (quadrata) non è casuale, ma è stata scelta per rimarcare l'andamento delle maglie della rete proprio come se anche la fotografia fosse una maglia di una rete gigantesca invisibile.

Ovviamente è possibile realizzare questa fotografia se la fotocamera consente la messa a fuoco manuale perché così possiamo mettere a fuoco esattamente su quel punto. Se la messa a fuoco è automatica, molto probabilmente, la fotocamera focheggerebbe in zone che non desideriamo. Certo è possibile, anche in questo caso mettere a fuoco proprio lì dove vogliamo spostandoci finché l'obiettivo focheggia esattamente in quel punto. Però, nella maggior parte dei casi, tutto ciò si rivela come una perdita di tempo in tentativi inutili. Quindi quando acquistate preferite un sistema che consenta anche di lavorare in manuale perché i casi in cui è necessario sono molteplici.

Il soggetto e l'azione al centro del campo

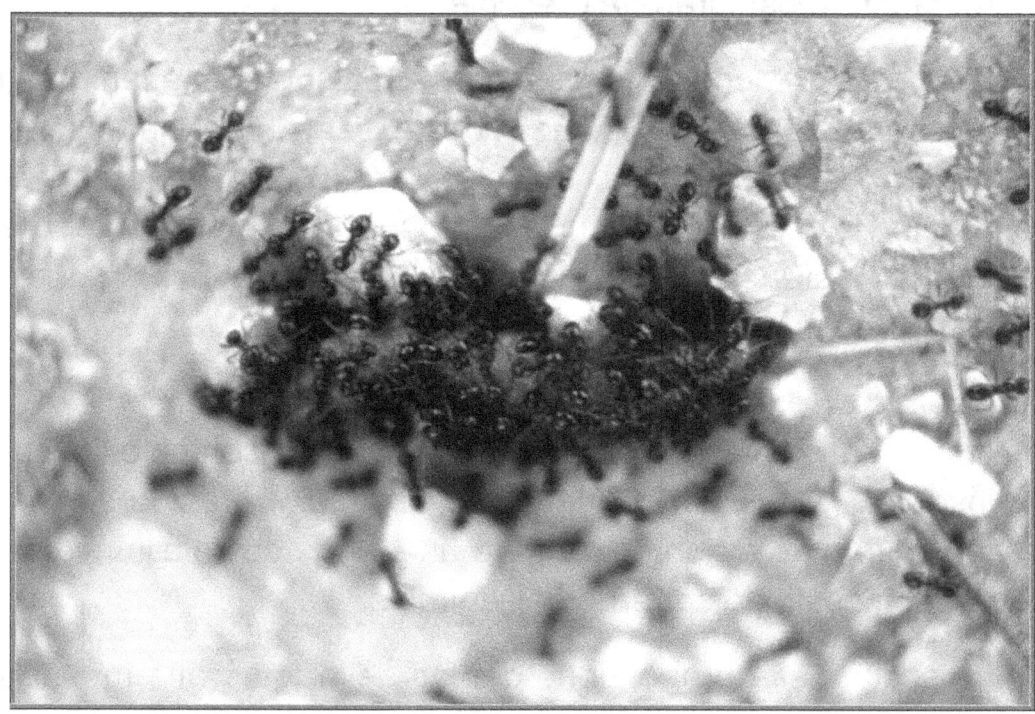

Se uniamo questi quattro elementi: concordanza, discordanza, soggetto, azione al centro del campo, possiamo creare una foto che evochi tutto lo svolgimento temporale del fatto che stiamo rappresentando, senza mostrarlo.

Le azioni sono moltissime così come le formiche che si muovono in direzioni diverse, discordanti e al contempo tutte concordi nel divorare il verme che hanno attaccato. Il verme anche se la sua posizione è congelata dal tempo di scatto rapido adottato nella ripresa, nella nostra lettura si muove, d'altronde come potrebbe stare immobile con tutti quei morsi delle formiche?

Inoltre si è introdotta una sfocatura radiale e sferica.

Questo effetto si otteneva sganciando l'obiettivo dalla baionetta e poggiandolo di nuovo capovolto. Poiché lo tenevo con una mano, mentre con l'altra scattavo, la messa in parallasse non era precisa, inoltre la ridottissima profondità di campo a disposizione, mettendo a fuoco sul dorso del verme, completava l'effetto.

La sfocatura radiale serve a concentrare l'attenzione sulle formiche che sono riuscite ad aggrapparsi al verme e lo stanno mordendo. La sfericità, come se il verme fosse su una cupola che osserviamo dall'alto, serve a dare il senso di tridimensionalità e profondità alla scena.

La tecnica di capovolgimento dell'obiettivo è un'antica tecnica della fotografia analogica e all'epoca in cui questa era l'unica diffusa, furono creati degli anelli d'inversione appositi.

Molti fotografi poi si rivolgevano a bravi fabbri per farsi realizzare degli anelli d'inversione ad hoc per il proprio obiettivo.

Calcolavano lo spessore dell'anello, cioè il tiraggio, accuratamente in maniera tale che il fotogramma fosse ben coperto.

Se amate più la fotografia digitale e la vostra fotocamera consente lo sganciamento dell'ottica, potete applicare questa tecnica considerando che probabilmente perderete gli automatismi dell'esposizione e della messa a fuoco. Inoltre alcuni modelli non scattano se non è agganciata l'ottica e quindi l'unica soluzione è reperire o far realizzare un anello che consenta la trasmissione dei dati tra la fotocamera e l'obiettivo. Soluzione quasi sempre molto costosa.

La discordanza al centro del campo

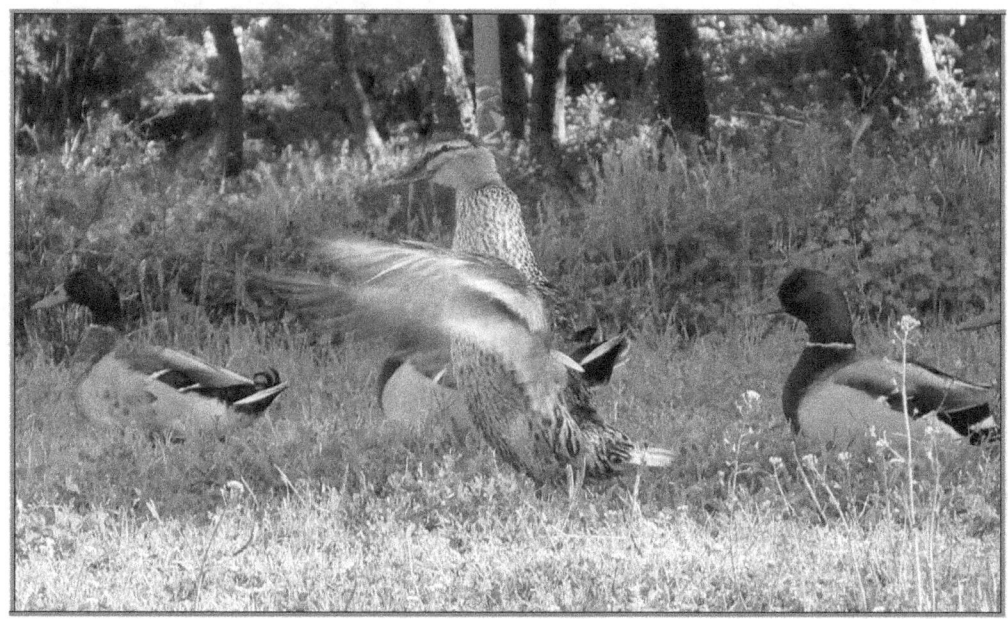

Quando un'azione discordante è posta al centro del campo e intorno sono presenti azioni concordi tra loro, allora l'azione discorde assume forza e un valore proprio di rottura rispetto alla normalizzazione invocata dalle altre azioni.

Nel caso della foto sopra, tre uccelli non solo stanno compiendo la stessa azione, ma sono talmente simili per fattezze e dimensioni da sembrare un unico elemento ripetuto tre volte. L'unico uccello differente è quello al centro, così come diversa è l'azione che compie, quindi è stato creato un doppio legame di discordanza: uno sull'apparenza del soggetto, l'altro sull'azione compiuta.

Nell'immagine seguente vedete che sono stati creati tre assi per le azioni: due di staticità e uno di sicuro movimento.

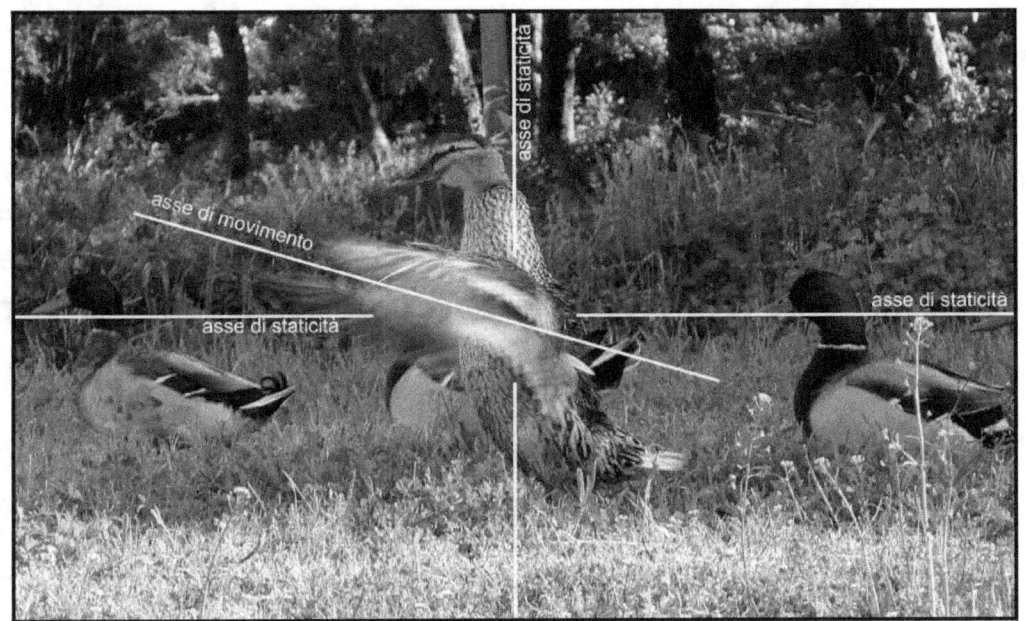

L'asse verticale di staticità è creato dal corpo dell'uccello ritto sulle zampe che proprio al centro del campo s'incontrerebbe con l'asse orizzontale creato dai tre uccelli se non fosse interrotto dall'unico asse di movimento. In questo modo l'attenzione del cervello rimane più a lungo vincolata al movimento dell'ala in quanto le zone periferiche della retina informano in modo omogeneo e con soluzione d'immobilità.

La rappresentazione dell'ala in questo modo così poco definito e sdoppiato è una convenzione, ormai leggibile da chiunque, sviluppatasi nel corso dell'evoluzione tecnica della fotografia. Ottenerla in ripresa non è poi così difficile, soprattutto se il corpo dell'uccello è fermo.

Principalmente dipende dal tempo di otturazione rispetto alla velocità del soggetto e alla focale usata. In questo caso è stato usato il tempo di 1/125 di secondo e un obiettivo medio-grandangolare di circa 35 mm di focale.

L'equilibrio degli assi è stato ottenuto, in fase di post-produzione, inquadrando un'area un poco più stretta di quella ottenuta in ripresa.

Il taglio dell'immagine dopo aver realizzato lo scatto iniziale, è detto inquadratura e serve a correggere la corrispondente in fase di ripresa. Quest'operazione è fondamentale e può stravolgere completamente la struttura e la lettura della foto. Nel processo chimico-fisico della fotografia si produce un negativo di piccole dimensioni (standard = 24X36 mm) che poi in fase di stampa è ingrandito alle dimensioni desiderate.

E' in questa fase che è decisa l'inquadratura finale che può rispettare la totale area del negativo o estrarne una parte. Nella fotografia elettronica, l'elaborazione nella camera oscura corrisponde alle operazioni di editing con un software di elaborazione immagini. Tra le operazioni possibili vi è anche quella di creare una nuova inquadratura.

Segue un esempio che vi mostra come, da una foto di partenza, si ottengono altre immagini variando l'inquadratura della scena.

Tenete conto che l'inquadratura si può decidere durante la ripresa, ma anche in fase di stampa o di elaborazione elettronica. Sono davvero tante le scene che possono essere estratte da una fotografia, se poi l'immagine ha una risoluzione alta, queste diventano così tante da divenire un pozzo senza fondo.

Considerate nell'esempio seguente se potessimo estrarre le persone con una definizione sufficiente o una piccola parte della casa come i mattoncini.

Immagine originale

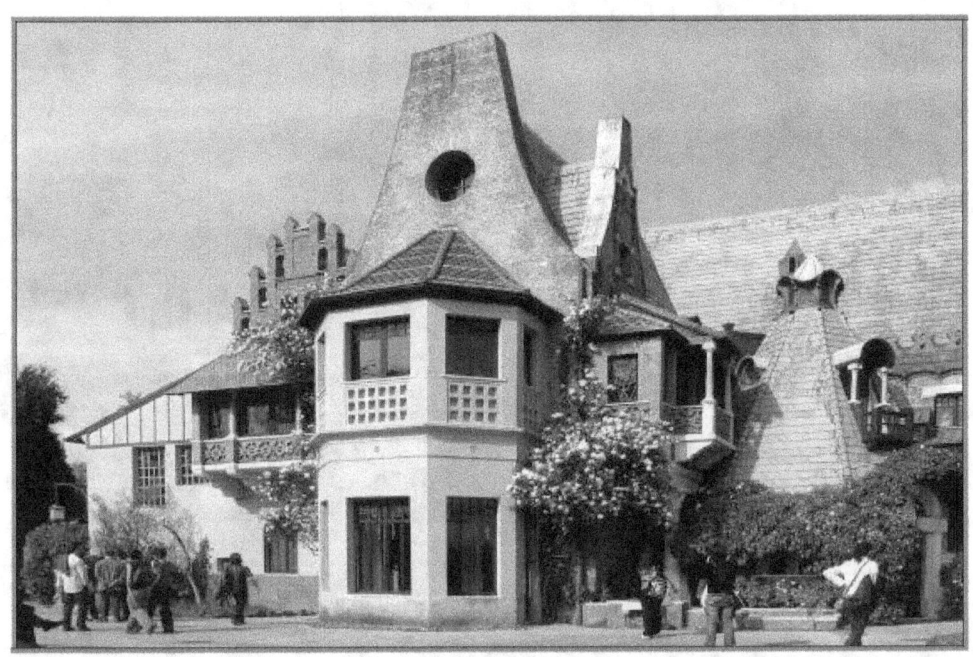

Seguono le immagini ottenute da quella di partenza ritagliando una zona.

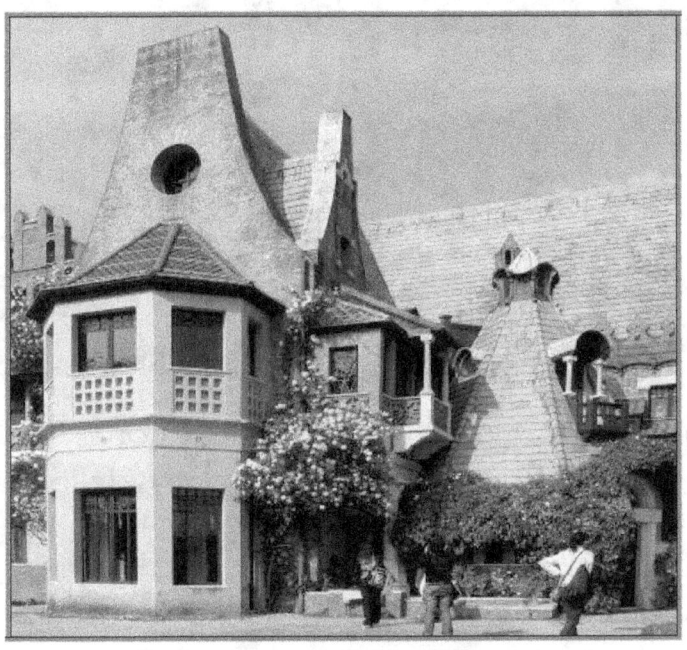

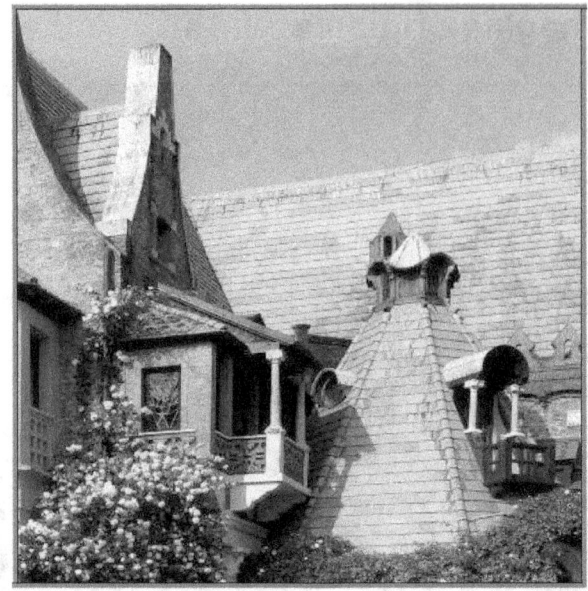
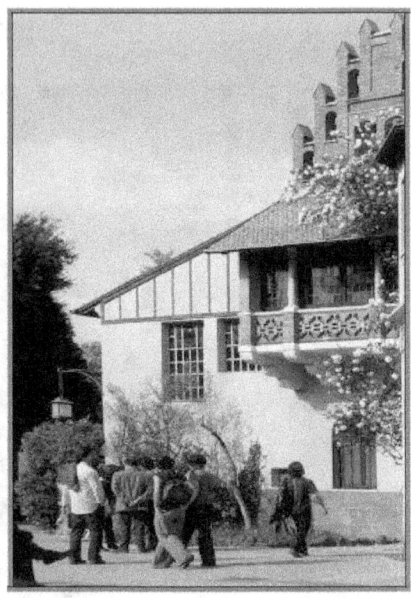
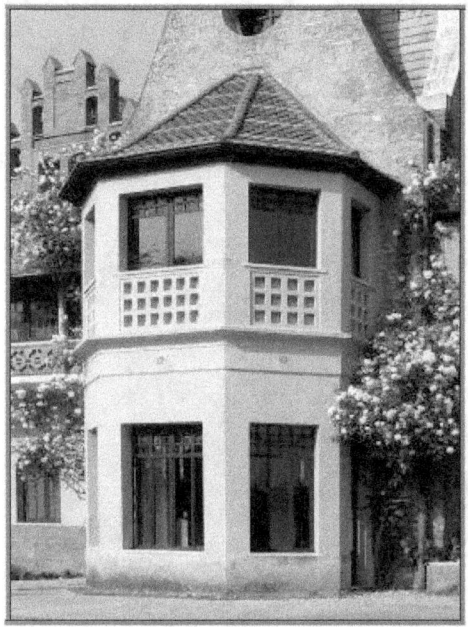
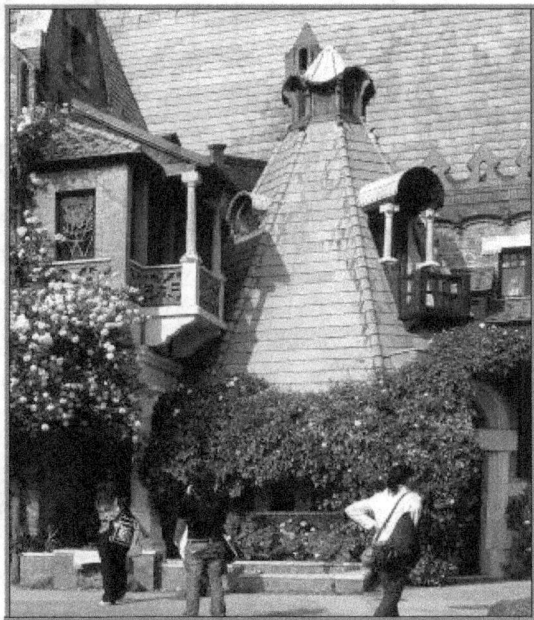

E' evidente, da questo esempio, come in una stessa situazione, quasi nello stesso momento, dallo stesso punto di ripresa, è possibile realizzare immagini con contenuti diversi.

L'azione mimetizzata

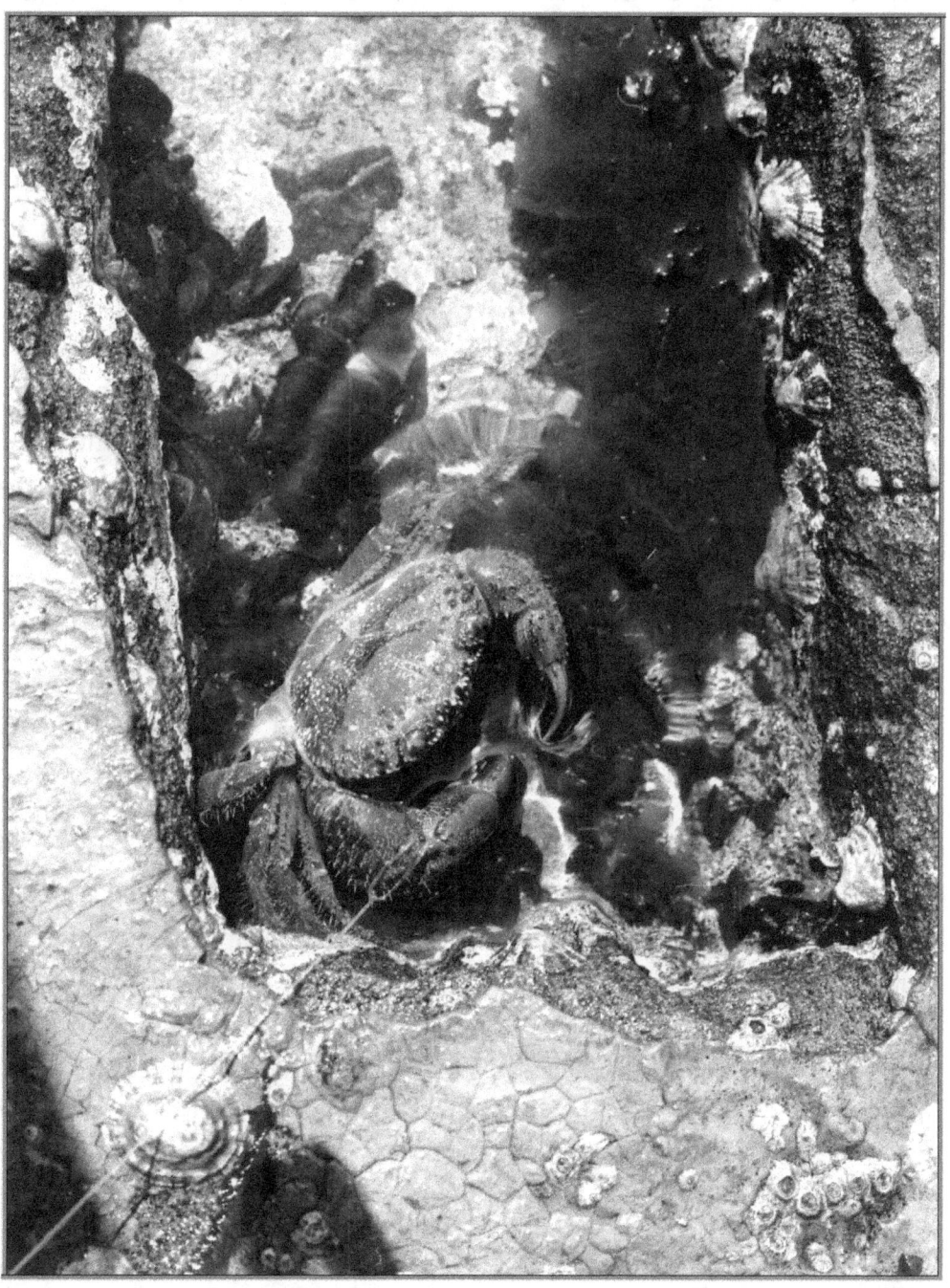

Mimetizzare un'azione può portare a una piacevole sorpresa nel lettore. Innanzitutto bisogna che nulla sia riconoscibile immediatamente al primo colpo d'occhio sull'immagine. Il granchio è riconosciuto solo dopo poco l'inizio della lettura e non subito questo perché è decentrato rispetto al centro del campo e ha le stesse apparenze dello scoglio in cui è nascosto. La frattura nello scoglio piena d'acqua in cui il granchio è immerso è di difficile lettura e solo dopo un po' di tempo si riesce a capire la struttura della scena.

In tutto questo tempo non si è percepita l'azione vera e propria. Il tempo che s'impiega a notarla dipende dal bagaglio culturale, dall'esperienza e dalla memoria. Può verificarsi, per una foto come questa, che l'azione non sia mai percepita perché non è conosciuta dal lettore e quindi è come se noi in un testo, il verbo fosse scritto in una lingua sconosciuta. Se partite dal vertice in basso a sinistra e seguite quello che rappresenta un filo bianco giungerete alla chela del granchio dove, se conoscete la tecnica di cattura, noterete un piccolo cappio.

In effetti, è la scena della cattura di un granchio con un filo di nailon robusto alla cui estremità è stato fatto un cappio. In pratica s'infila il cappio nella chela del granchio, si tira vigorosamente e il cappio si serra e consente la cattura.

Il decentramento totale dell'azione consente di dare una precisa datazione all'evento perché è esattamente il momento dopo che si è infilato il cappio nella chela e si è serrato, ma non si è ancora tirato con forza via il granchio dalla sua tana.

Capire tutto questo dipende da tanti fattori: sapere come si catturano i granchi nella zona laziale, aver visto almeno una volta la cattura, saper riconoscere un granchio con la sua mimesi naturale tra gli scogli. Quindi realizzare un'immagine del genere significa rivolgersi a una cerchia di lettori limitata, non si sta realizzando un'immagine che possa essere letta in maniera completa da chiunque.

Questi tipi di rappresentazioni hanno comunque una loro validità globale. E' un po' come scrivere un libro in una lingua non conosciuta dal lettore. Sarà il lettore a cercare qualcuno che sia in grado di spiegargli il senso di ciò che sta leggendo.

Per chi invece è in grado di capire la rappresentazione, otterrà un piacevole effetto di sorpresa quando, percependo l'azione, capirà tutta la scena come si svolgerà.

Ho mostrato questa fotografia a una mia amica straniera che vive da parecchi anni in Italia. Ha avuto difficoltà a individuare il granchio, a percepire la presenza dell'acqua e comunque non è riuscita a percepire l'azione presente nell'immagine proprio perché nella sua terra d'origine i granchi sono catturati con un retino.

Se la foto fosse stata scattata poco dopo cioè quando il granchio penzola attaccato al filo, allora sarebbe stata intellegibile da chiunque sappia che cos'è un granchio.

Scegliere di scattare in quel momento significa fare una scelta del metodo narrativo, in questo caso abbastanza ermetico.

Il soggetto mimetizzato

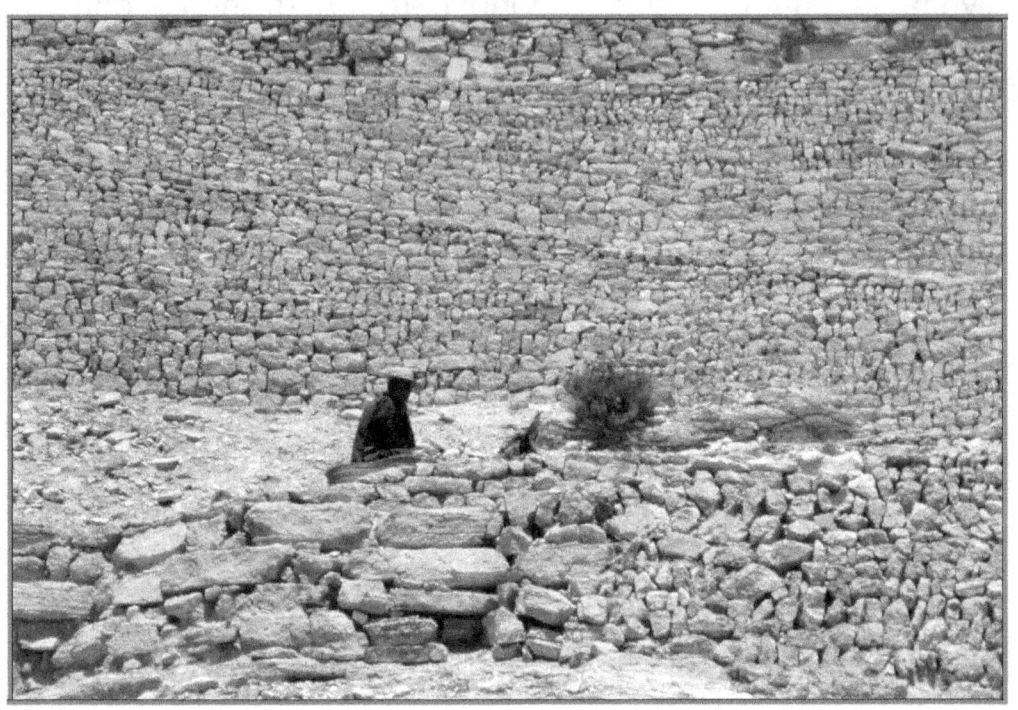

Il soggetto realmente mimetizzato in questa foto è l'asino; se si legge con attenzione, è percepibile un orecchio che appare poco più in là dell'uomo.

Quando si cela un soggetto, se non ci sono altri riferimenti, si cela anche l'azione legata a lui. In questo caso il fatto comporta che in prima battuta la figura dell'uomo sembra essere ritta in piede piuttosto che a cavallo dell'animale.

Quando si riesce a percepire l'asino, si suppone che ci sia una strada che prosegue verso destra, anche se non è visibile.

Quello che proprio non si riesce a vedere è il tornante della strada che dalla direzione destra torna verso sinistra.

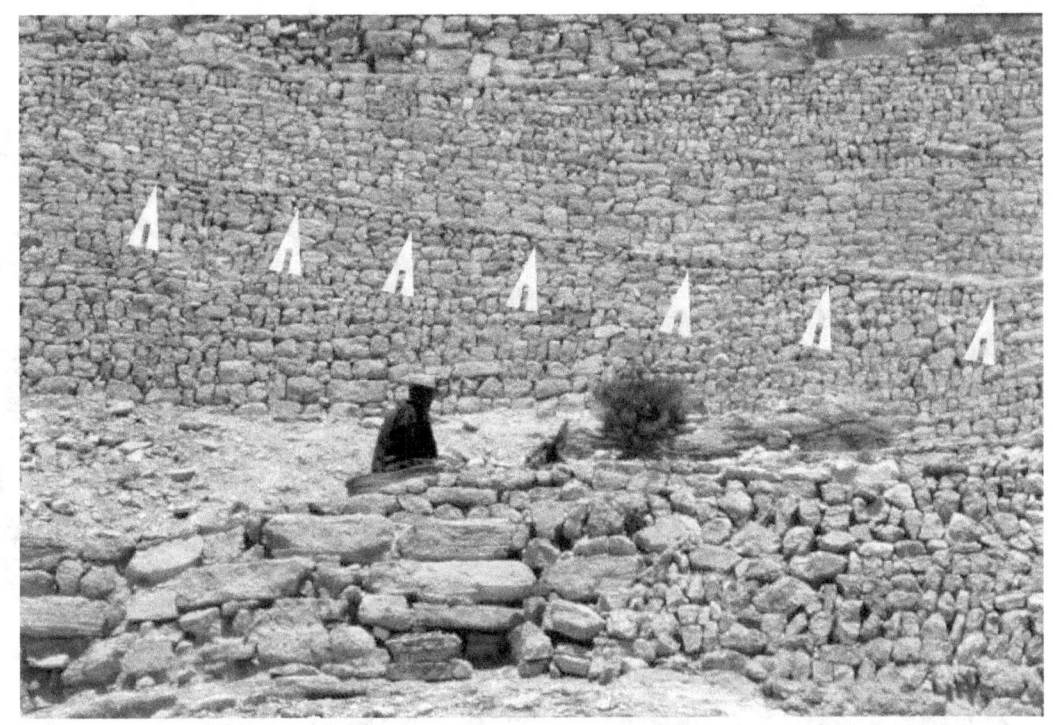

L'indizio è labile ed è indicato dalle frecce bianche nella foto. Quindi secondo del grado di mimesi o di occultamento un'immagine può cambiare totalmente significato. In generale per i soggetti mimetizzati o occultati valgono le stesse considerazioni fatte per l'azione.

L'effetto di mimetizzazione è stato ottenuto con un potente teleobiettivo che ha compresso i piani nella profondità della scena. La focale impostata, per ottenere questo effetto va da 200 a 300 mm per una larghezza della strada sterrata di circa quattro metri.

Un diaframma molto chiuso ha permesso di ottenere un'estensione della nitidezza in tutti i piani della scena.

La questione del carpe diem

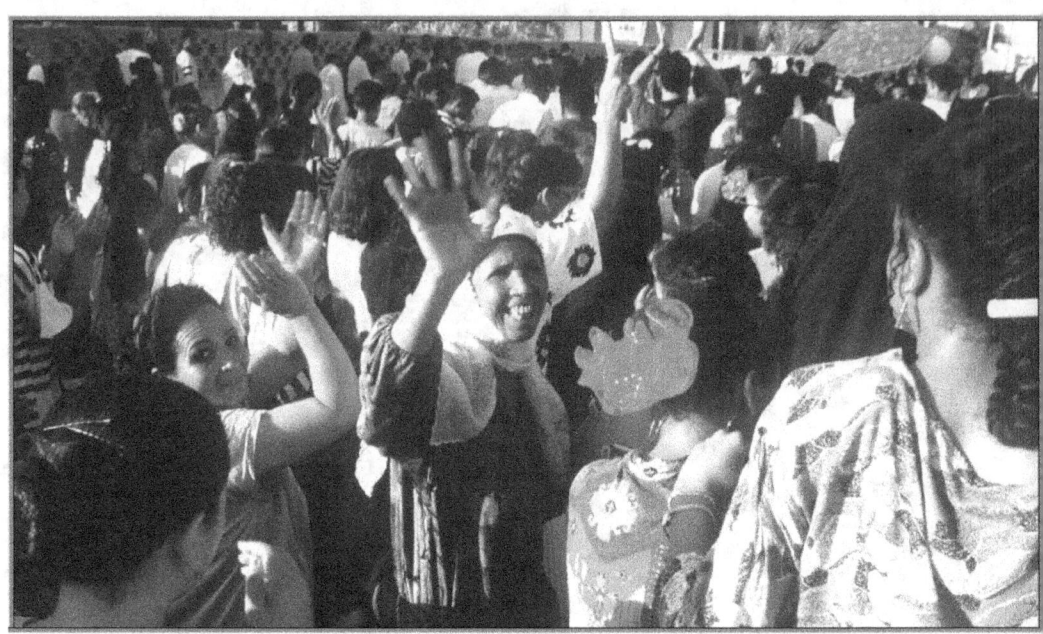

Cogli l'attimo!

Quanto dura un attimo?

La questione dell'attimo fuggente e della capacità di bloccarlo da parte del fotografo, come se la fotocamera fosse capace di catturare une realtà in mutazione e d'intrappolarla dentro di se, è stata la filosofia che ha ispirato per decenni innumerevoli reporter.

La fotografia scattata durante la festa di un matrimonio berbero fa capire due cose importanti che la famosa occasione unica ha una durata brevissima e allo stesso tempo molto lunga.

Il gesto della donna che mostra la mano sporca di un colore

rosso che evoca la consumazione di un'unione eterosessuale, è un gesto già avvenuto e che ogni tanto si ripete, quindi più che la velocità e il colpo d'occhio per congelare l'attimo fuggente ci vuole molta attenzione a ciò che ci accade intorno.

Stando tra la folla avevo notato già quel gesto, ma non avevo scattato perché alle spalle e quindi non avrei potuto riprendere il palmo sporco di rosso. Allora ho alzato la fotocamera in alto, sopra le persone che mi stavano davanti e ho inclinato la macchina cercando di inquadrare a occhio le donne. Una donna che si volta per un attimo mi nota e induce anche quella accanto a voltarsi verso di me che, per nulla infastidita dalla fotocamera, ripete quel gesto.

Sapere che un evento si può verificare o che sta per accadere è fondamentale per fotografare nel momento giusto. Parafrasando una persona famosa si può dire che la fotografia perfetta è *la foto giusta, nel momento giusto, nel posto giusto*.

Quindi nella maggior parte dei casi, non è la velocità di percezione dell'evento, bensì la previsione di ciò che accadrà tra poco che porta alla fotografia del così detto attimo fuggente.

Ci sono quattro tipologie di eventi:

- lungo, cioè che consente la percezione dell'evento e la realizzazione della fotografia, anche se non si è previsto;

- breve previsto, cioè un evento, naturale evoluzione della scena, che abbiamo previsto e che quindi ci trova pronti nel   realizzare   la   fotografia;

- breve non previsto, cioè quell'evento che ci sorprende impreparati e quindi la realizzazione della fotografia dipende dal fatto se eravamo, più o meno, pronti;

- ricercato, cioè quell'evento che sappiamo possa verificarsi in un certo luogo, in un certo tempo con certe condizioni perché la nostra esperienza o memoria ci suggerisce la probabilità che avvenga.

La foto nella pagina seguente è stata realizzata dopo una lunga attesa. Avevo notato che la pecora ogni tanto muoveva la testa di lato e ho pensato che sarebbe stata davvero interessante come foto se si fosse voltata. Quindi ho aspettato sperando che ciò accadesse.

Ho aspettato quindi il famoso carpe diem che in realtà poteva non verificarsi mai.

E se non si fosse verificato?

Appena arrivato, ho fatto subito una foto della scena così come si presentava. E' un atto di cautela per avere comunque una documentazione della mungitura. Poi ho aspettato sperando di poter realizzare qualcosa di più interessante. A volte conviene non aver fretta e riflettere su ciò che si potrebbe verificare e prepararsi tecnicamente in modo adeguato.

Io so con certezza che puoi realizzare una foto solo se sei stato capace di immaginarla o di vederla prima che accada. Altrimenti ti accontenti di casi che si verificano quando premi il pulsante di scatto. E' essenziale vedere la fotografia prima di scattarla con gli occhi della mente e con le mani impiegare le tecniche giuste affinché la tua visione divenga fotografia.

Fotografia di sicurezza in attesa dell'evento

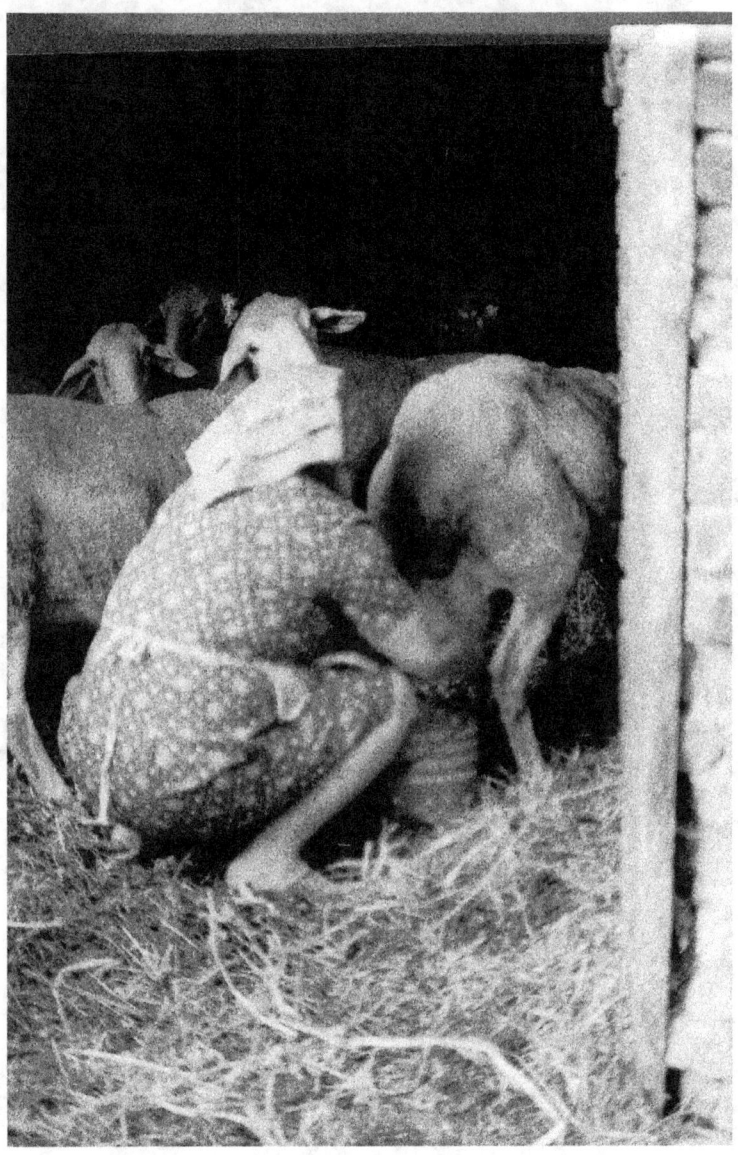

Fotografia dell'evento

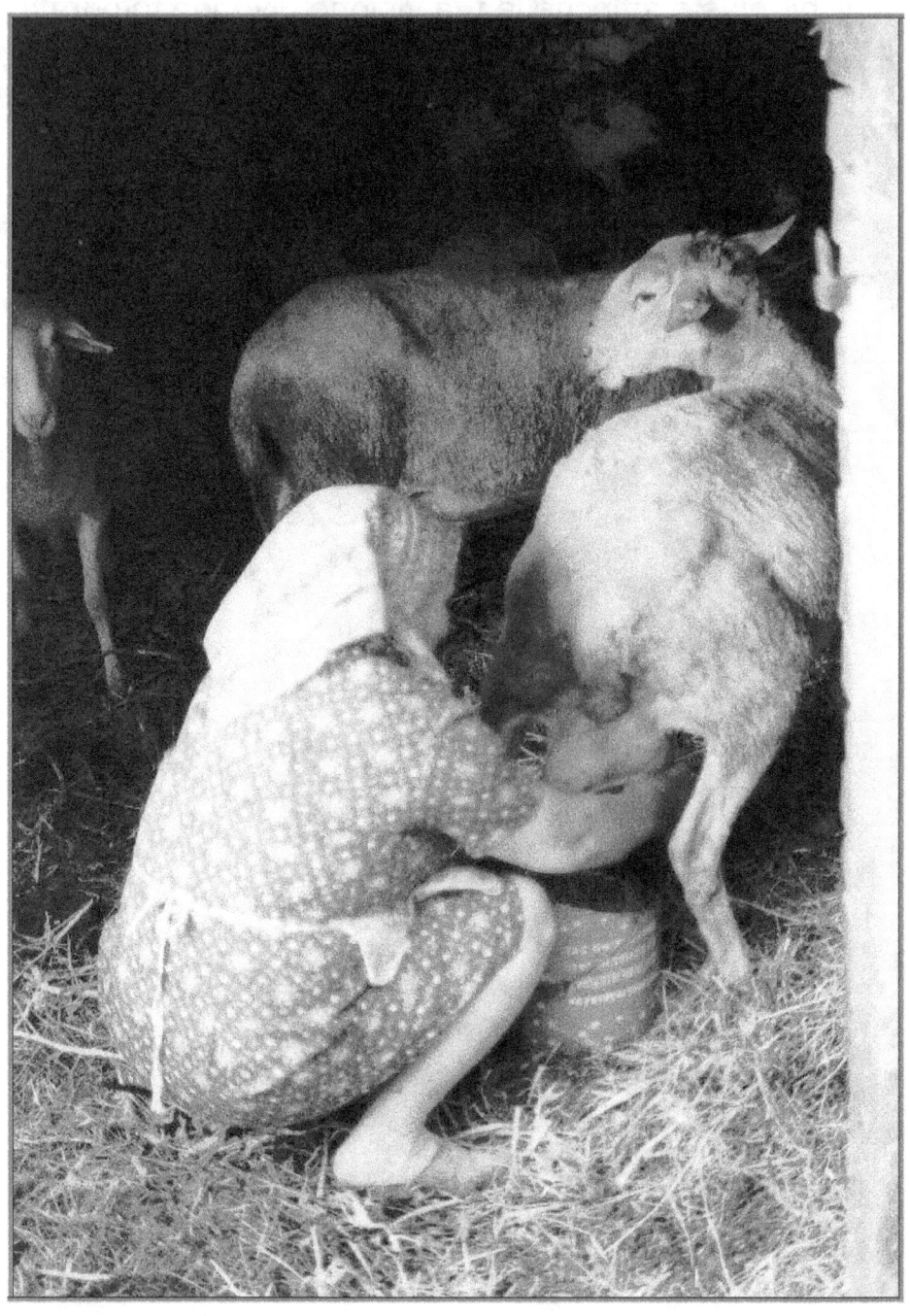

La stasi al centro o in tutto il campo

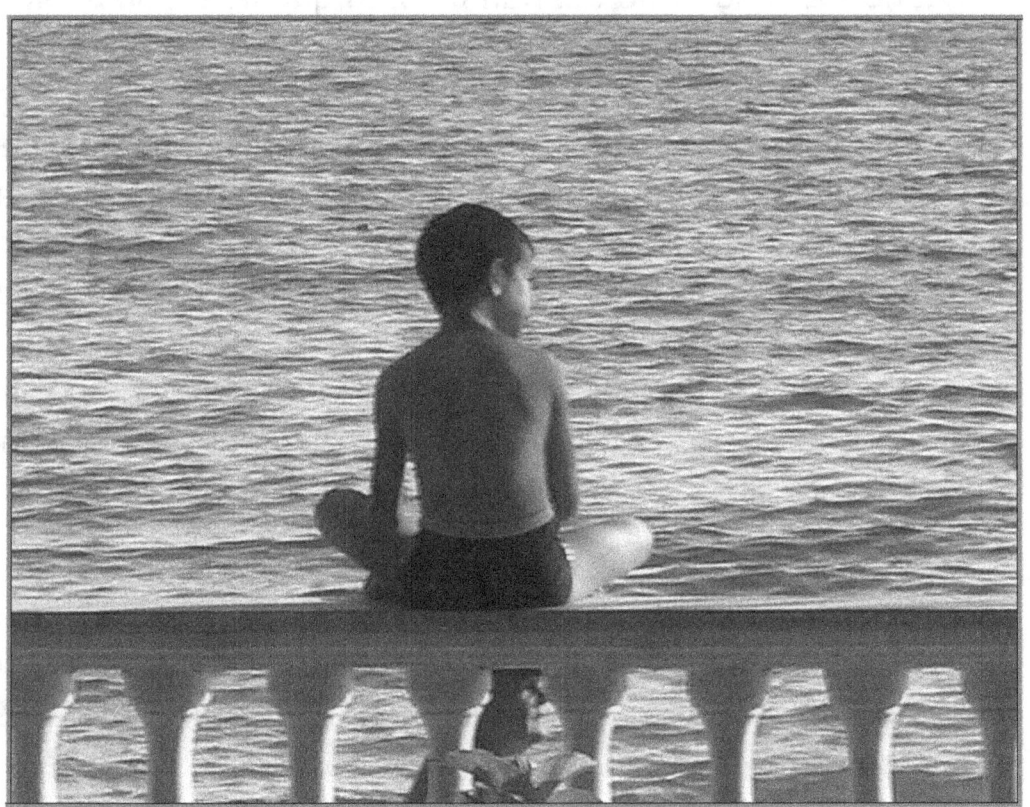

Ho parlato delle azioni, ma cosa succede se il centro del campo è statico e le azioni sono concordi e molteplici sullo sfondo?

Guardiamo questa foto. La regola dei quattro triangoli isosceli è spezzata dalla balaustra statica su cui è poggiato il bambino. Il centro del campo copre l'area della sua spalla destra e cade quindi in una zona completamente immobile.

Quindi se lo sguardo cade in basso, è rialzato sul bambino dalla staticità della balaustra che per la sua forma propone una linea guida di lettura senza uscita.

Se lo sguardo cade nel centro del campo, immediatamente dopo l'effetto frenante della staticità della spalla, ci si aggancia allo sguardo del bambino. In questo modo si giunge sulle onde del lago che sono la sola azione di movimento, ma poiché procedono verso di noi, si tende a tornare verso il bambino per poi fuggire a sinistra, ma anche qui le stesse onde ci riportano verso il bambino o la balaustra. Si creano così oscillazioni nelle scansioni visive che creano un equilibrio statico tra gli elementi effettivamente immobili e quelli che invece sono in movimento. Le onde non sembrano poi così violente, proprio perché mitigate dalla struttura compositiva. E' il senso dell'equilibrio che si trasmette dove l'unico elemento temibile, le onde, è arginato dalla balaustra e dalla tranquillità del bambino.

La luce di taglio da destra suggerisce che il bambino sta guardando verso il sole, simbolo di vita, benessere, sviluppo e questo ci rassicura ulteriormente, ben diverso se si fosse rappresentata una tempesta. Il cielo non si vede perché è un rapporto diretto tra il bambino e l'acqua. Inoltre le gambe nella posizione del mezzo loto completano il senso di pace e di apertura del corpo alla natura benefica.

Quindi la staticità di un'immagine non è determinata direttamente dalla quantità degli elementi statici presenti.

Che cosa succede quando però tutto il campo è statico?

In teoria se la foto fosse totalmente statica e priva di linee guida di lettura, allora il cervello faticherebbe a scansionare l'immagine, cioè a leggerla. Non c'è dubbio che gli elementi coordinati nella foto qui accanto siano statici, ma vediamo effettivamente cosa succede.

Il centro del campo cade nella zona del sedere del contadino, laddove una roncola determina per com'è portata l'attività della persona.

Da questo punto a sud trova la linea guida di lettura costituita dalla gamba, a est quella del braccio che riporta sulla roncola.

Anche se si seguono le gambe, si trovano solo elementi statici e vincolati. Il contorno non offre appigli ma fa da supporto alla quiete generale.

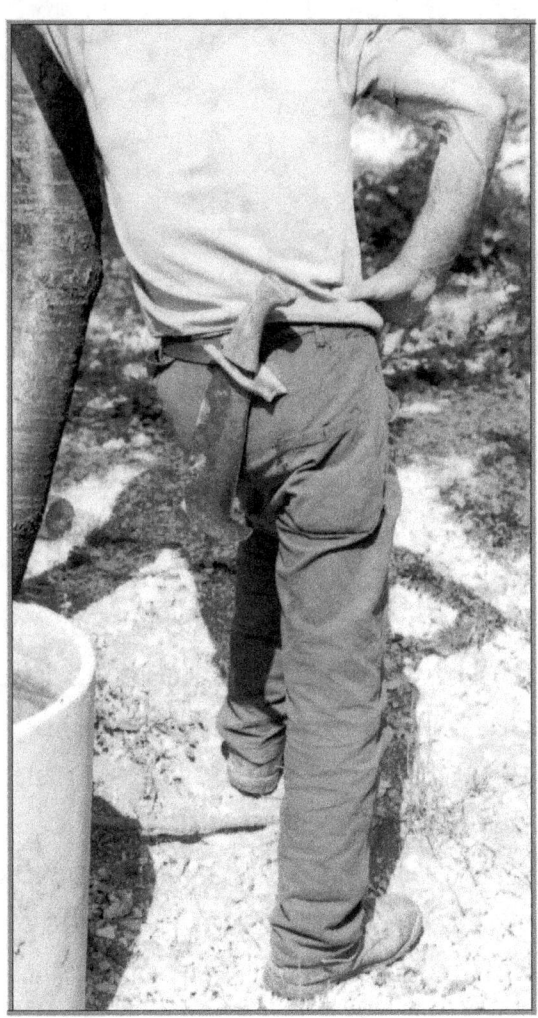

La regola dei quattro triangoli isosceli

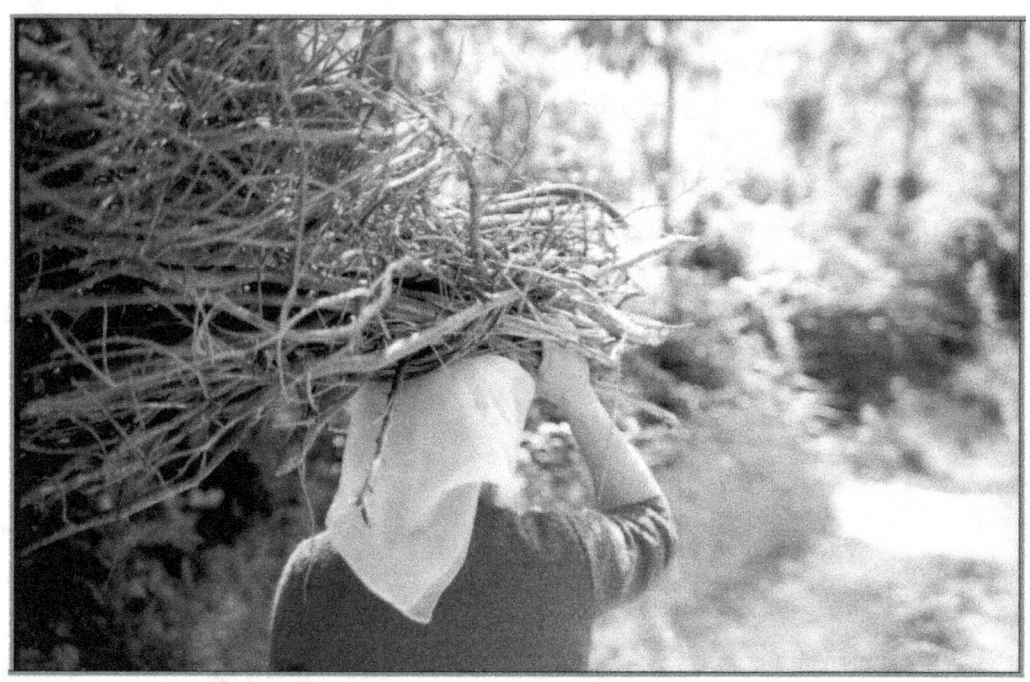

Quando un formato rettangolare orizzontale è posto alla giusta distanza dagli occhi, nella maggior parte dei casi, la lettura inizia dal centro del campo perché la zona di massima definizione della percezione umana (la fovea) coincide con quest'area. Dopo aver scansionato la zona dell'immagine che coincide con la zona maculare, il cervello cerca altrove altre informazioni tenendo conto dei suggerimenti che provengono dalle regioni periferiche della retina. Nel caso in cui la regione ellissoidale della percezione visiva è completamente coperta dall'immagine, la costruzione secondo questa regola, conduce il lettore secondo percorsi stabiliti e facilmente percorribili.

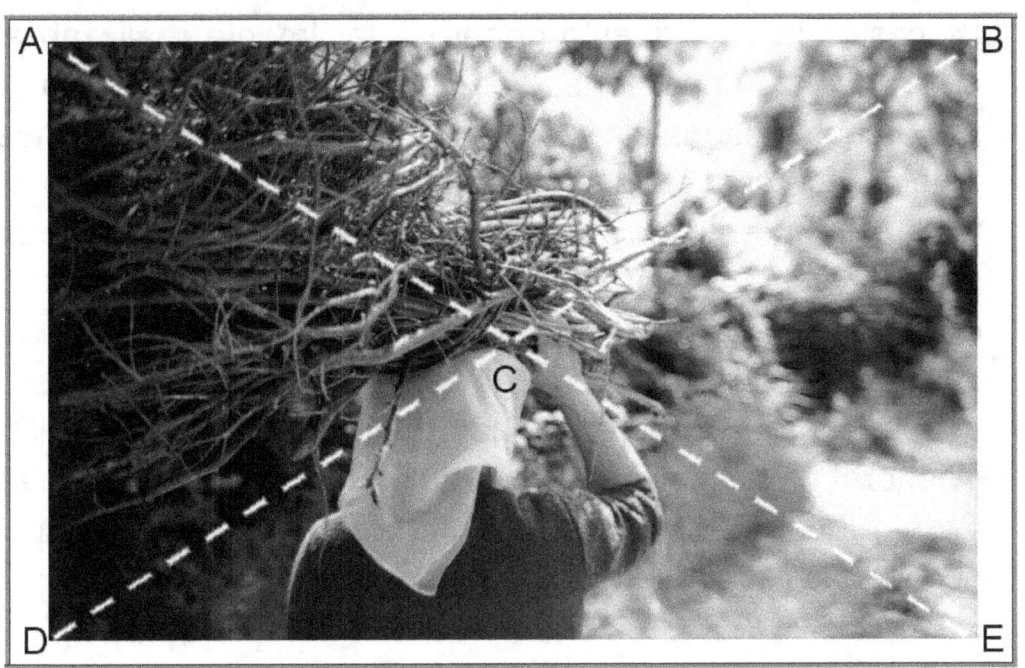

Nella foto vedete come la fascina, resa quasi triangolare dalla prospettiva di ripresa, coincide con l'area del triangolo ACD e sborda fuori di questo soltanto una parte il cui vertice finisce poco nell'area del triangolo BCE, tanto quanto basta per indirizzare la lettura dall'azione al luogo dove questa porta. La contadina è quasi tutta nel triangolo DCE e ne sborda fuori quel tanto che basta affinché la lettura torni sul luogo dove l'azione del camminare conduce. La composizione raggiunge così un notevole equilibrio in quanto la fovea coincide con il massimo della staticità (la mano e la testa che sorreggono il peso) che poi indirizzano verso la strada evocando l'azione del camminare che non è rappresentata. Questa a sua volta è sfuocata in maniera tale che la zona di attrazione dell'attenzione resti vincolata ai soggetti principali.

La costruzione di questo genere è facilmente realizzabile se nella scena sussistono geometrie o linee di fuga che possiamo adattare alle zone triangolari. Utilizzare le linee di fuga ad esempio delle strutture architettoniche porta a una più facile comprensione delle stesse se queste compaiono secondo schemi geometrici ottenibili da suddivisioni strutturali del fotogramma. La suddivisione ad esempio dell'area del fotogramma in rettangoli e trapezi e adattata la ripresa a questa composizione crea linee guida di lettura che facilitano il lettore nella comprensione di quanto esposto. Qui sotto vedete il caso in cui si sono fatte coincidere le linee di fuga secondo la regola dei quattro triangoli isosceli.

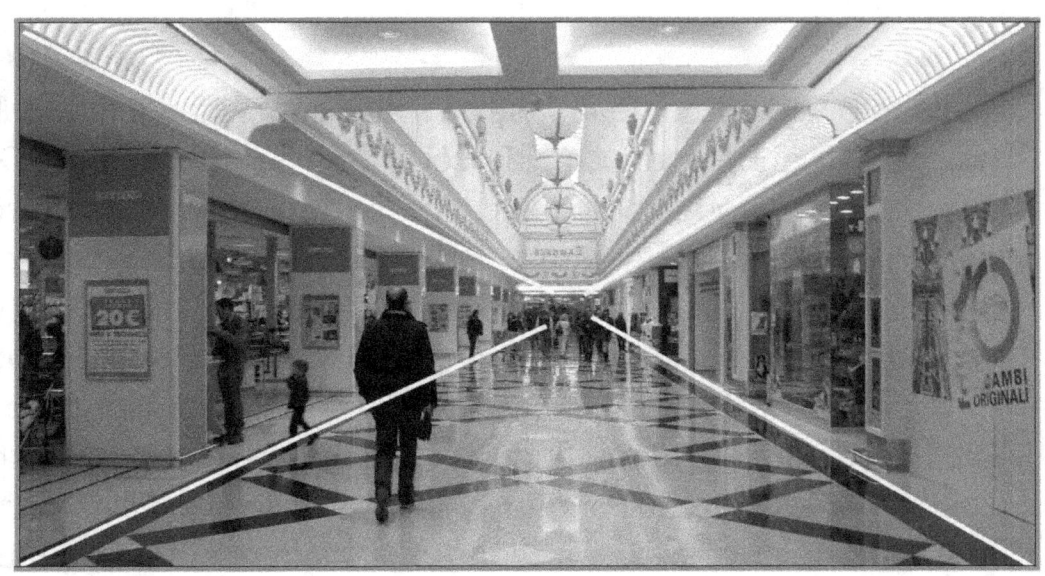

La regola dei due triangoli rettangoli

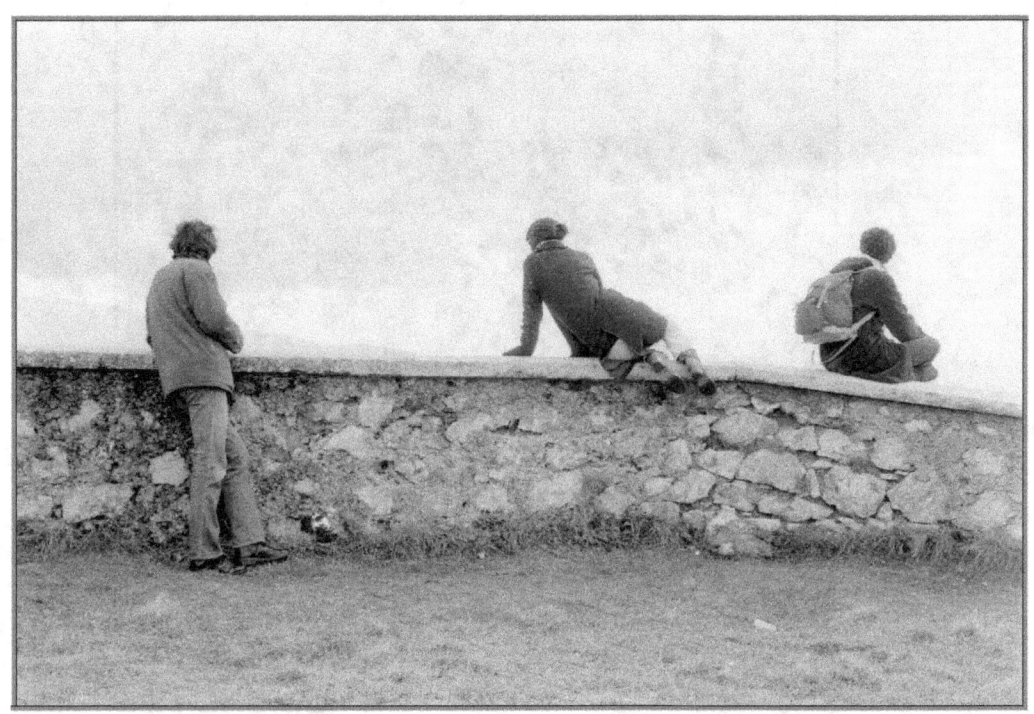

Nella foto qui sopra, la regola compositiva che sorregge la struttura è quella dei due triangoli rettangoli. Consiste in pratica nel collocare i soggetti in due aree distinte di forma triangolare che hanno la diagonale della fotografia in comune. Il legame visivo fra le due aree deve essere realizzato con elementi che transitano per il centro sia in primo piano sia sullo sfondo con sufficiente uniformità. La lettura avviene secondo questa regola quando due o più soggetti sono collocati in maniera opposta lontano dal centro tranne uno che ne occupa solo una parte. L'invasione del centro del campo nega la costruzione in due aree rettangolari uguali e pone specialmente se uno dei soggetti inclinato la lettura per aree diagonali.

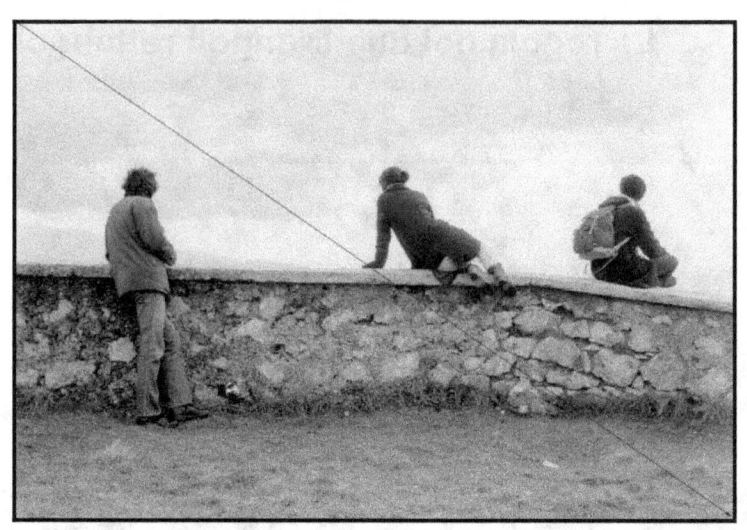

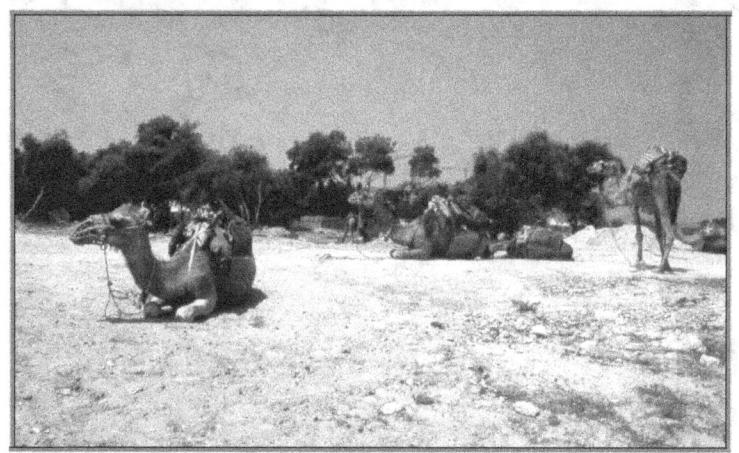

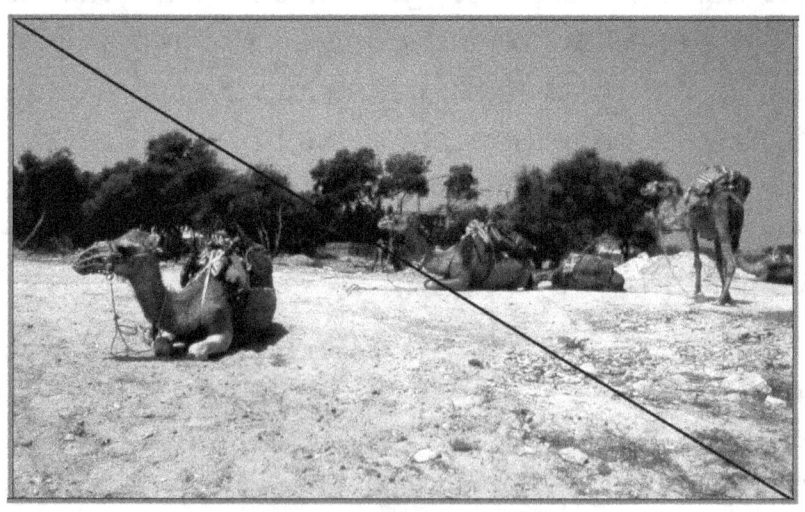

La regola dei terzi

Questa è una delle poche regole conosciute da molti fotografi che preferisco applicare non secondo l'enunciato classico, ma secondo la regola che dice: i soggetti o le azioni principali affinché ci sia un buon equilibrio, devono essere posti sulle intersezioni che si formano dividendo in tre parti orizzontalmente e verticalmente la fotografia invece che al centro del campo. Vedete come sono state create le intersezioni e come il soggetto principale, l'uomo che lascia cadere le molliche, sia posto su due intersezioni e che gli altri soggetti siano su una terza intersezione lasciando vuoto il centro del campo.

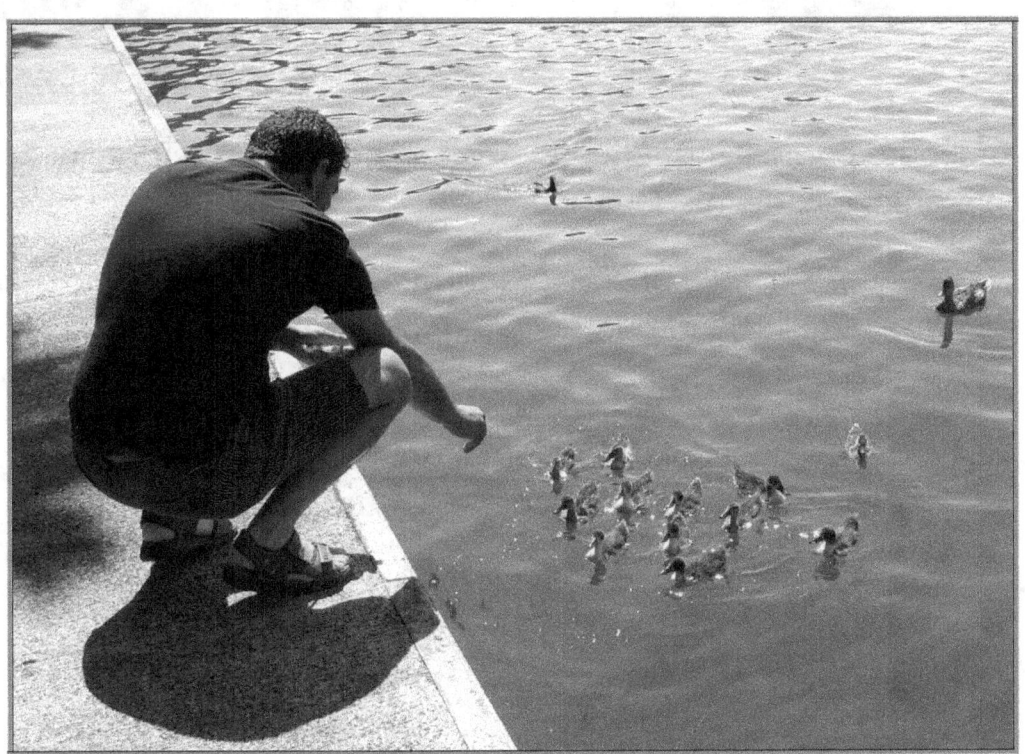

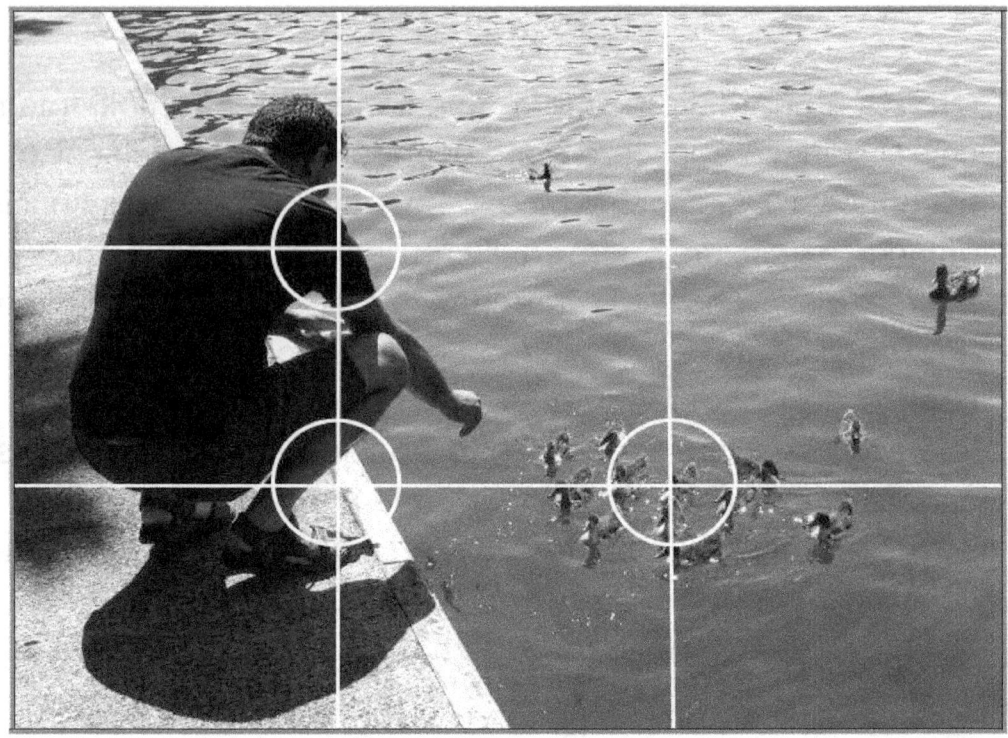

Vedete come i soggetti principali siano posti su tre delle intersezioni delle suddivisioni.

Nel caso si occupi anche la quarta con un soggetto, il blocco centrale delle quattro intersezioni diviene un polo di attrazione.

Diverrebbe così difficile per il lettore memorizzare tutto ciò che fosse lontano dal blocco dei quattro soggetti principali.

I terzi vincolati

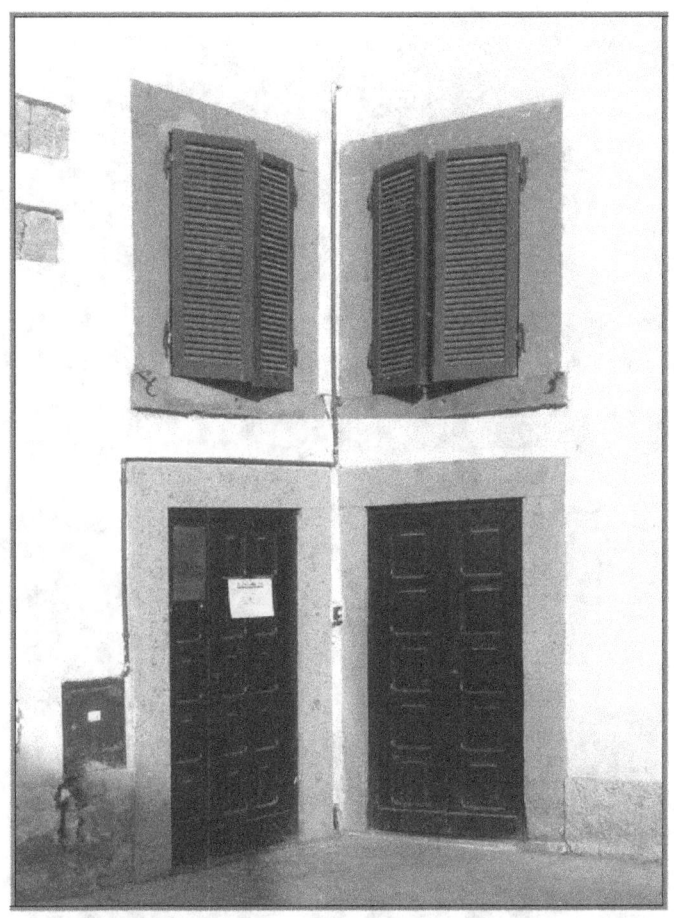

La regola dei terzi ben si adatta anche a strutture edili o architettoniche quando queste hanno regolarità. La distribuzione delle finestre è solitamente regolare quindi la dislocazione degli elementi significativi è semplice, ma anche quando come nell'esempio qui sopra, sono apparentemente non dislocabili, con un poco di attenzione è possibile realizzare ugualmente una composizione per una lettura secondo la regola dei terzi.

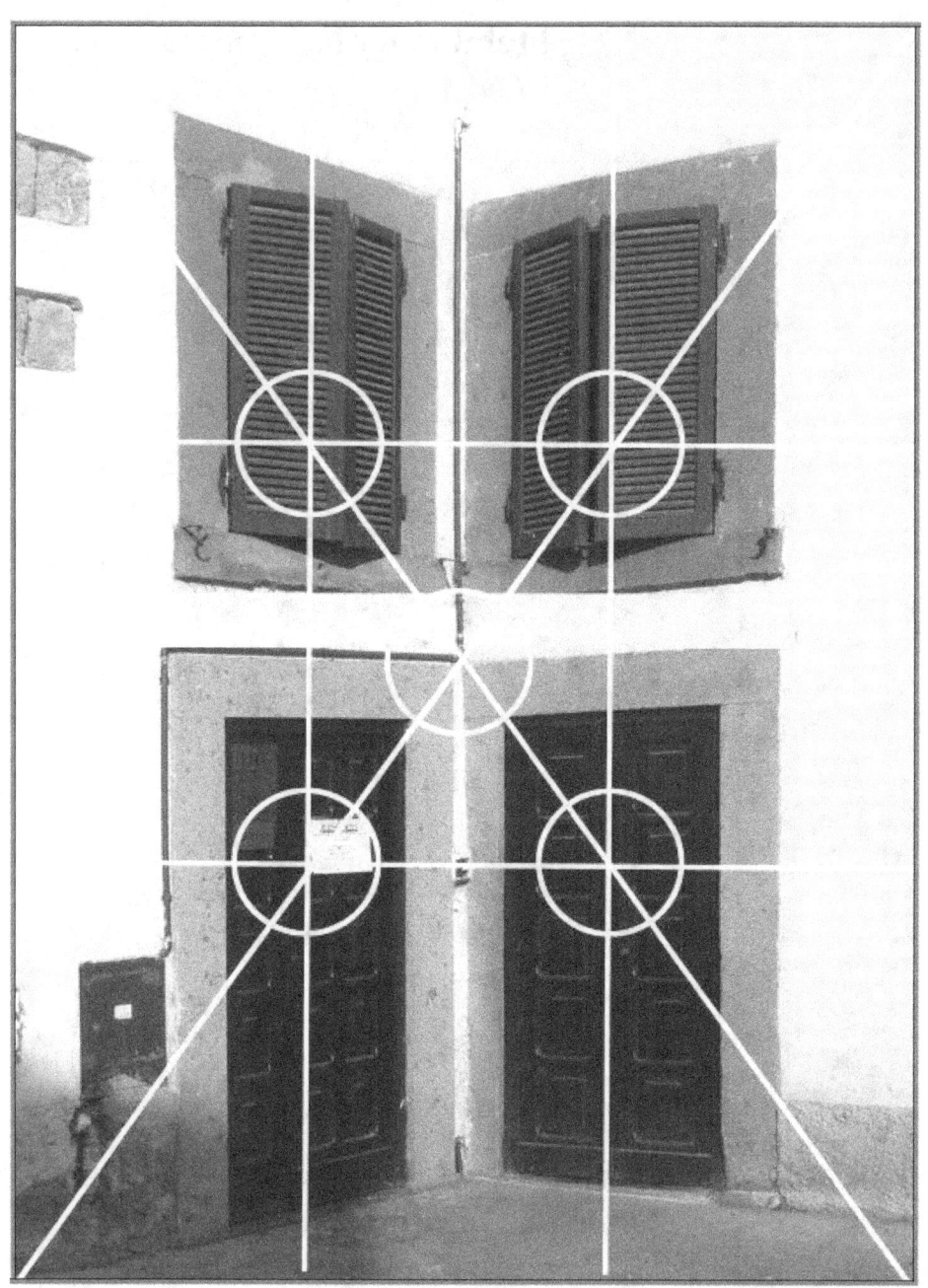

Si parla di terzi assoluti quando il centro del campo è libero, mentre si definiscono terzi vincolati quando al centro del campo è presente un elemento significativo che si raccorda a quelli posti sulle intersezioni dei terzi.

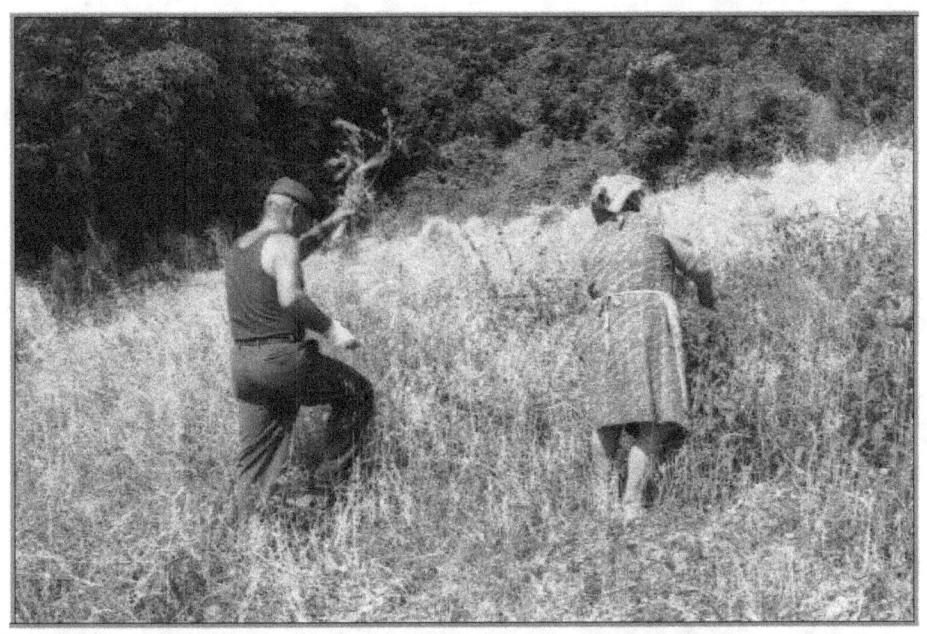

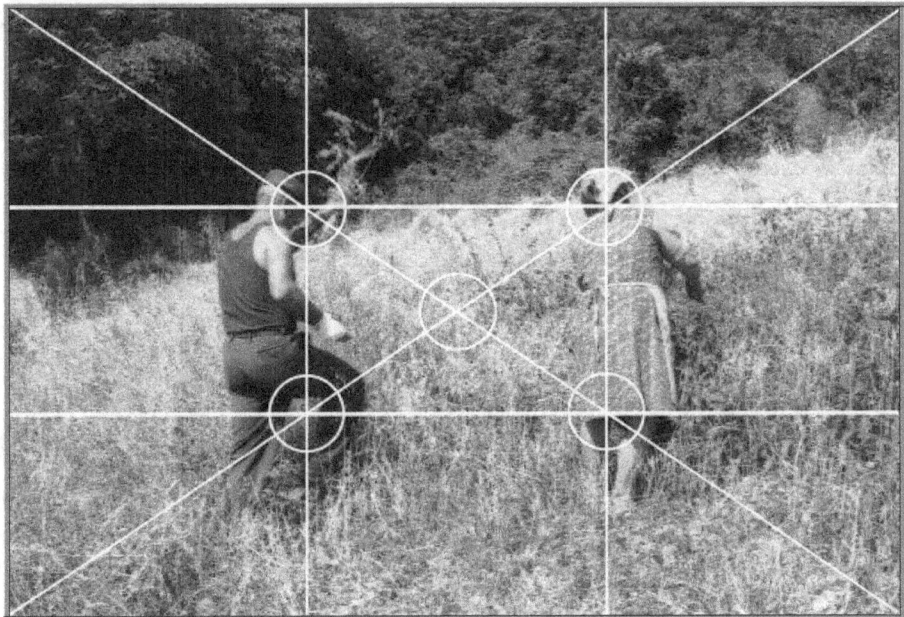

Nell'esempio qui sopra vedete come il centro del campo vincoli sintatticamente le due persone agganciate alle intersezioni dei terzi con forza perché il centro si propaga su tutto lo sfondo.

I terzi classici

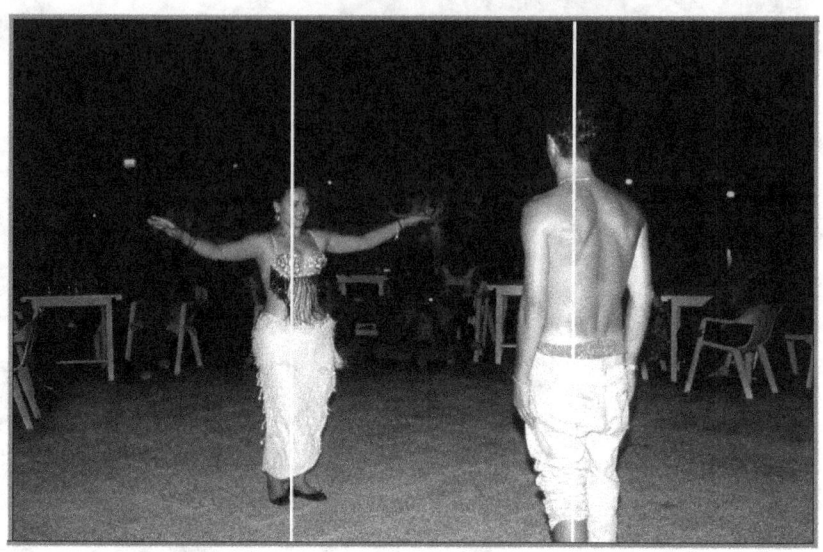

L'enunciato classico della regola dei terzi prevede anch'esso una suddivisione in tre parti orizzontali e verticali, ma indica di porre i soggetti, le azioni o gli elementi lungo le linee di queste suddivisioni e non sulle intersezioni. E' una sottile differenza perché, nella maggior parte dei casi, se il soggetto è agganciato sulle intersezioni, è anche disposto sulle linee di divisione.

Ci sono però casi in cui non si sviluppa lungo le linee di divisione nonostante sia agganciato sulle intersezioni. In questo caso la scelta del metodo fa la differenza.

Uno sviluppo ulteriore della regola dei terzi è quello delle aree. Non si considerano né le linee né le intersezioni bensì le aree. I soggetti devono essere posti all'interno delle nove aree che si creano e raccordati area per area o con relazioni multiple. Questo genere di costruzione però presenta delle difficoltà oggettive in fase di ripresa e in realtà si riesce nella composizione solo nei casi in cui il fotografo crea la scena.

Il rispetto della condizione sociale degli altri

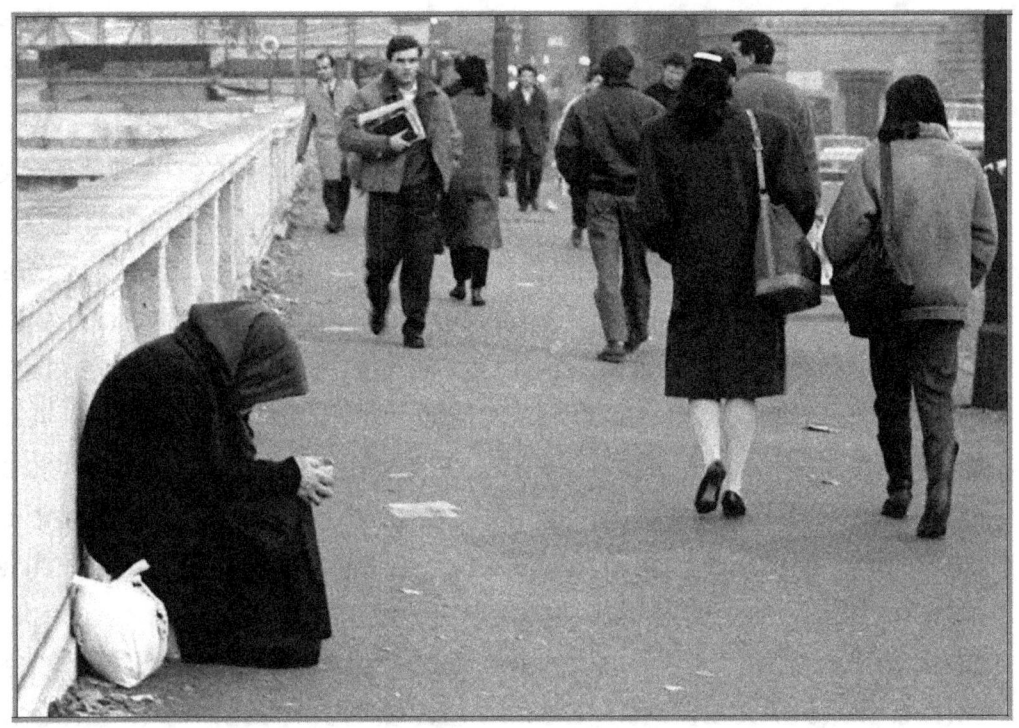

Quello che non hanno capito molti fotoreporter dei decenni passati e anche molti di quelli attuali, è che l'importanza di un reportage non è determinata dall'importanza sociale del soggetto o della struttura rappresentata. Inoltre la smania di infondere importanza alla loro fotografia rappresentando qualcosa che desti clamore fa si che spesso, senza neppure accorgersene, calpestino i diritti di riservatezza e di dignità delle persone.

Non è un caso che io abbia scelto questa foto come rappresentazione della vita di chi, in emarginazione, è costretto a soluzioni di accattonaggio o di elemosina per riuscire a sopravvivere. Il motivo principale è che nessuno possa, al di fuori di chi conosce personalmente il soggetto, identificarlo.

Si vedono solo le mani della vecchietta che chiede l'elemosina e tanto non basta per dire chi veramente c'è sotto quelle forme dei panni. D'altronde perché avrei dovuto umiliare una persona che neppure conosco strombazzando ai quattro venti il suo stato di grave disagio economico? In questo modo la vecchietta diventa simbolo della povertà senza nome e cognome a rappresentanza di tutti coloro che, agli angoli di una strada o lungo la via, sopravvivono a stento. Il centro del campo è lasciato volutamente quasi vuoto affinché, se la fotografia è letta alla distanza per cui la macula coincide con il centro, la prima lettura provoca disagio e accresca il senso di abbandono dell'immagine. Il resto della strutturazione è abbastanza evidente, se la lettura procede su una delle diagonali, incontra solo gambe o piedi oppure la forma della vecchietta. L'assenza di riconoscimenti d'identità, su tutte queste zone, fa sì che, molto probabilmente, nelle prime letture dell'immagine il tutto sia avvolto da anonimato. S'incontrano solo simboli e quando si vede un viso, questo non è giunto all'altezza della vecchietta, non sappiamo come si comporterà. Quindi non fornisco una soluzione, ma solo una speranza espressa dai due versi su cui passano le persone davanti alla vecchietta. Quello esterno più a destra su cui si muovono tutte persone che l'hanno superata e quello di sinistra su cui si muovono le persone che si stanno avvicinando. Le persone sulla destra, tranne una in lontananza, sono tutte di schiena e il mancato riconoscimento non trattiene il cervello impegnato su chi non ha fatto qualcosa, ma lo induce a chiedersi su chi potrebbe fare qualcosa. L'equilibrio delle azioni è ottenuto proprio da questi due scorrimenti relazionati all'elemento fisso (la vecchietta) che diviene l'ancoraggio dei versi di scorrimento. Nella fotografia seguente vedete che è suddivisa in due aree triangolari: la prima è occupata solo dalla mendicante, l'altra dalle persone che camminano. Il centro del campo cade in una zona vuota da elementi immediatamente significanti.

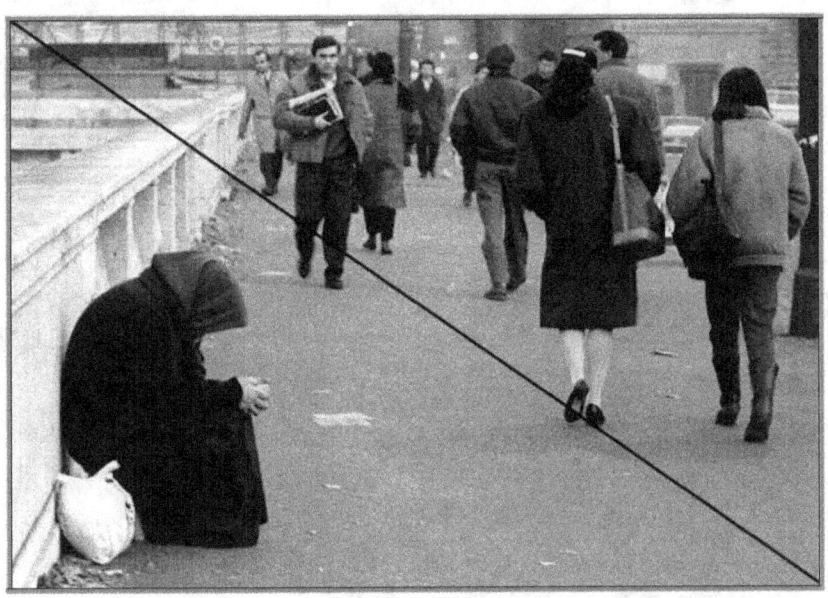

Secondo di dove si sposta la lettura dal centro del campo, si leggono due formulazioni differenti ma legate tra loro. E' come leggere due lunghi paragrafi, ognuno dei quali tratta un argomento e i due sono correlati tra loro. Il passaggio da una zona all'altra è anche permesso dalla linea di fuga della balaustra e dalla zona vuota di marciapiede. Le costruzioni di questo tipo sono leggibili senza difficoltà da chiunque e rientrano in quell'insieme di regole sintattiche universalmente riconosciute. Queste regole sono sempre da applicare quando siamo intenzionati a rivolgerci a un pubblico ampio ed eterogeneo perché ci consentono di creare un messaggio standard intelligibile dalla maggioranza delle persone.

Le azioni e le linee d'ingresso e d'uscita

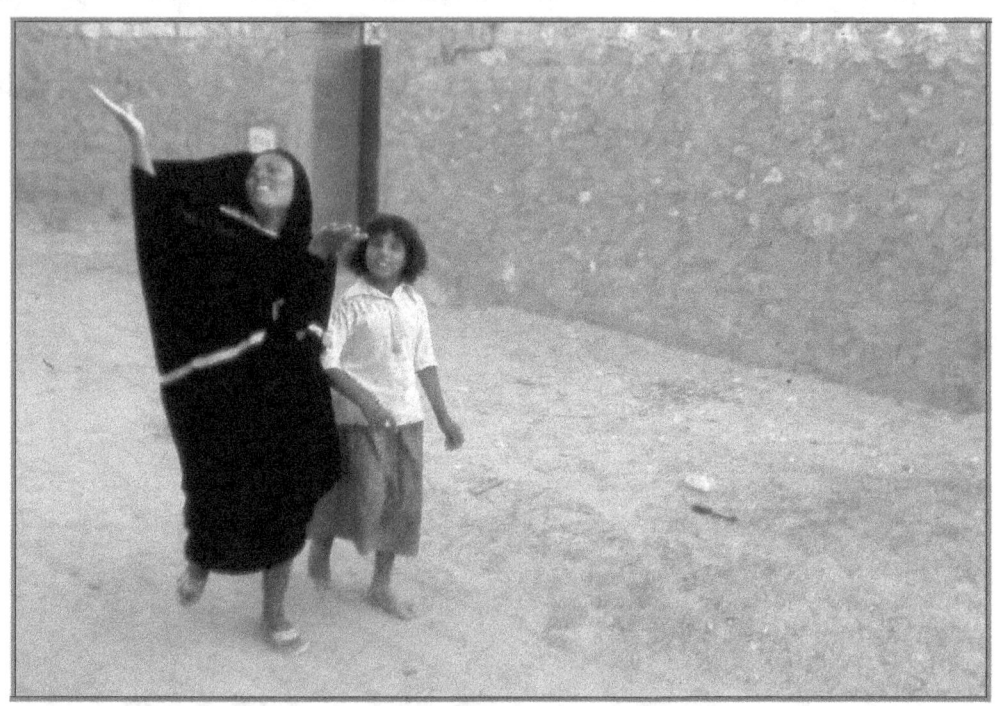

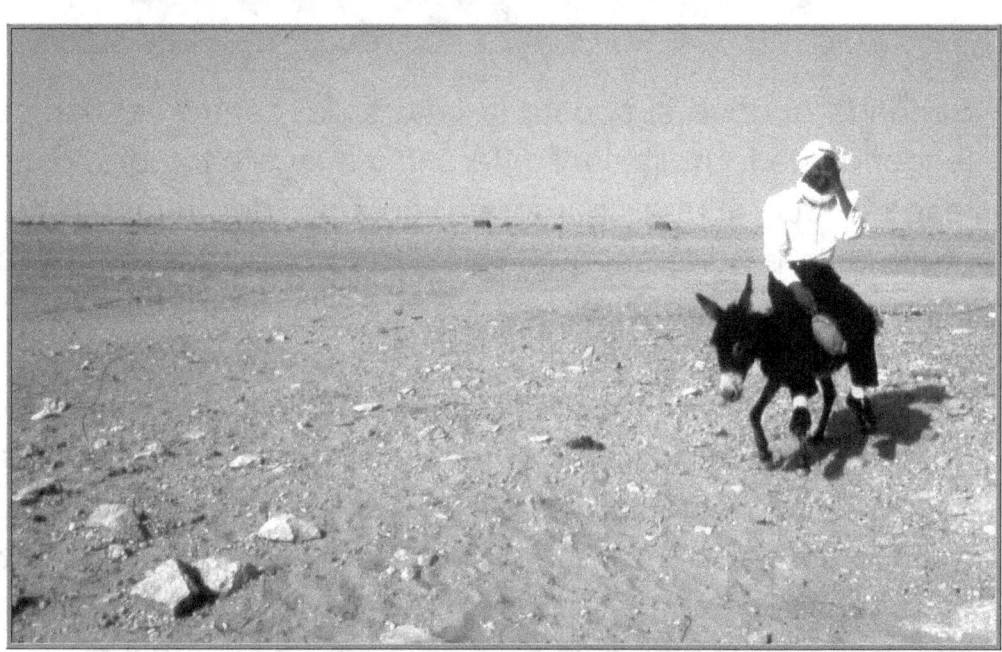

Le azioni contenute in un'immagine sono essenzialmente di tre tipi: escono, entrano o attraversano l'immagine. In effetti, il riquadro contenente l'immagine, è inteso come uno squarcio che consente di vedere un mondo e quindi è equiparato alla posizione degli occhi dell'osservatore come se fosse realmente sul posto. Quindi affinché la lettura sia agevolata, è necessario che i percorsi delle azioni indotte nell'osservatore non si risolvano in un non senso e che la percezione di queste dia come risultato la possibilità di prevederne l'evoluzione fino alla fine delle linee teoriche di movimento.

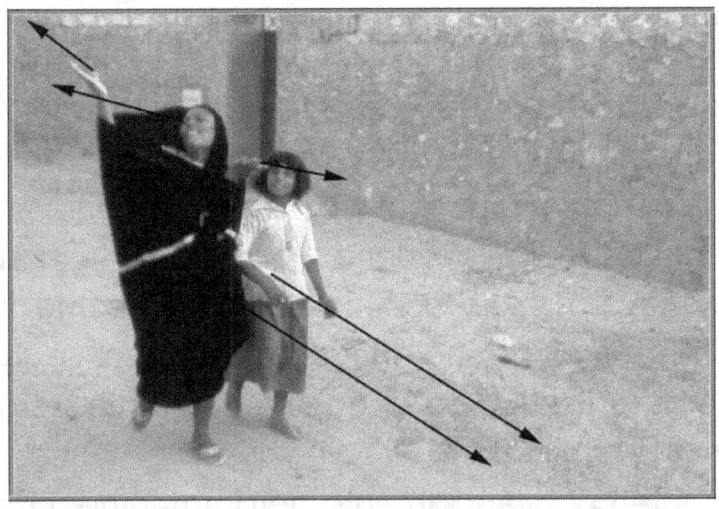

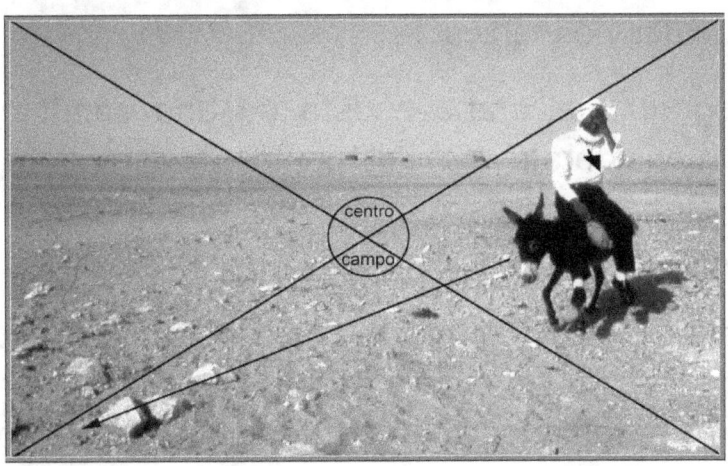

Vedete come le azioni contenute nelle immagini della pagina precedente contengono delle azioni illustrate nelle due miniature qui sopra con delle frecce. Prendiamo in esame l'immagine della donna con la bambina. I movimenti dei corpi procedono paralleli e tendono a uscire dalla fotografia. Nel frattempo tre azioni dipartono dalla donna: la mano sinistra che indica verso l'osservatore, la mano destra e il volto che si rivolge a qualcuno che probabilmente è al di sopra sia di noi, che osserviamo, sia di loro.

Quando si rappresenta un'azione di movimento, è bene lasciare spazio laddove si dirige lo spostamento.

Quando le direzioni dei movimenti sono discordi, si crea la percezione di una linea di movimento che è la risultante delle direzioni dei movimenti. Nell'esempio questa risultante dei movimenti parte dalla donna poco sotto la mano andando leggermente in basso con orientamento come il movimento del corpo. Quindi nell'inquadratura, se è possibile, è necessario tenere conto di questa risultante perché se fosse orientata per direzione, inclinazione e verso, in maniera contrastante col bilanciamento dell'immagine, ci porterebbe a una costruzione inefficace.

La fotografia dell'arabo seduto su uno stentato mulo, può essere considerata sia dal punto di vista della regola dei quattro triangoli isosceli, sia da quella dei due triangoli rettangoli.

In effetti, è più pertinente considerarla costruita con la seconda regola perché l'evoluzione dell'azione resta nel triangolo rettangolo inferiore lasciando lo sfondo immoto pietrifico e silente.

La prospettiva: dal basso verso l'alto

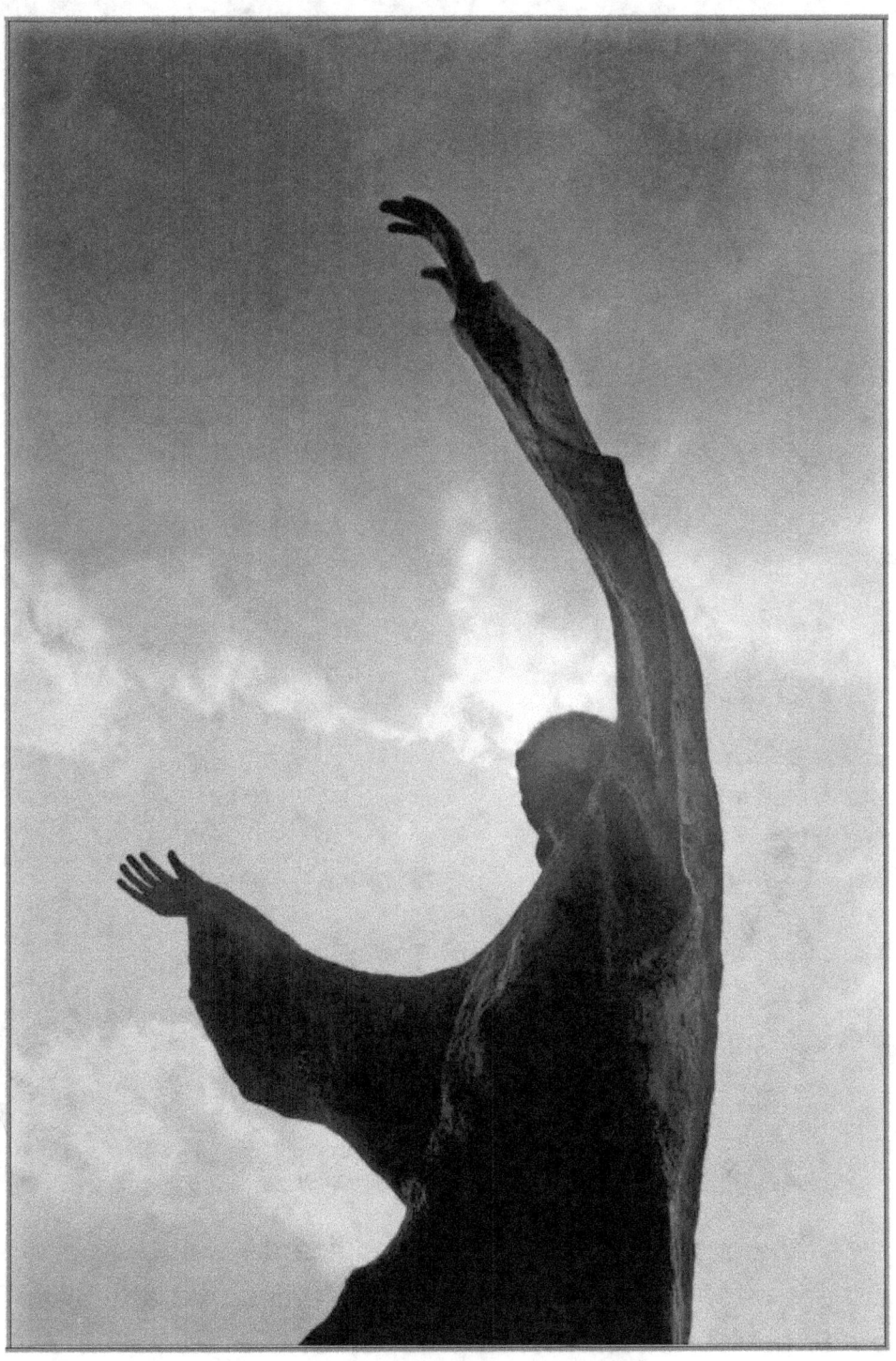

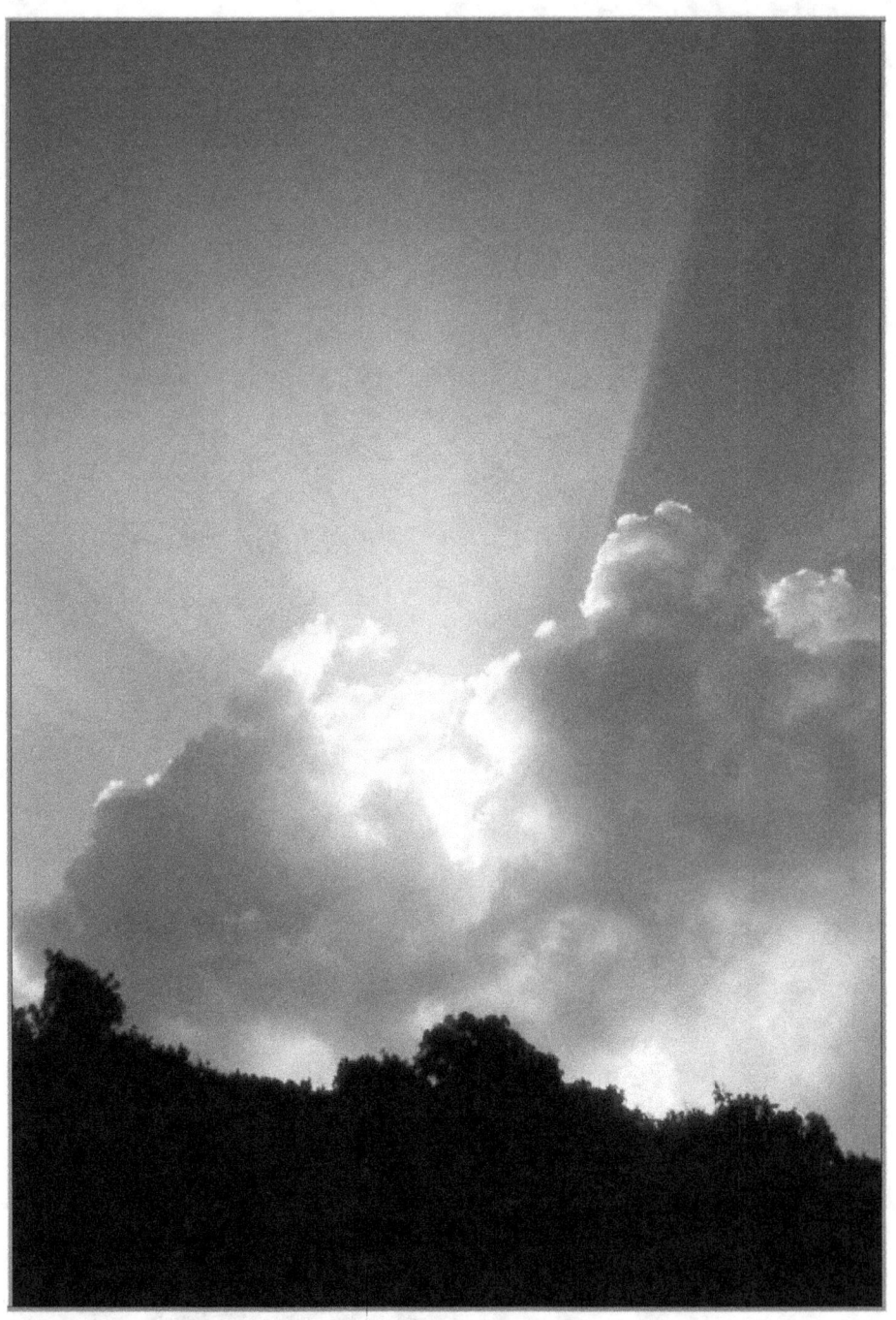

L'esaltazione di un elemento significante nella fotografia può essere ottenuto con una ripresa dal basso verso l'alto. Da un punto di vista strettamente prospettico è determinante l'inclinazione della fotocamera (quindi del piano della pellicola) rispetto al soggetto e il tipo di obiettivo che si usa. Non abusate di questa enfatizzazione degli elementi, realizzatela soltanto se è necessaria. Da un punto di vista tecnico la ripresa dal basso comporta una distorsione prospettica che tende ad allargare in alto e restringere in basso le linee verticali. Nella foto della statua, l'abbraccio si amplia, così come s'ingrandisce il fascio di luce del sole.

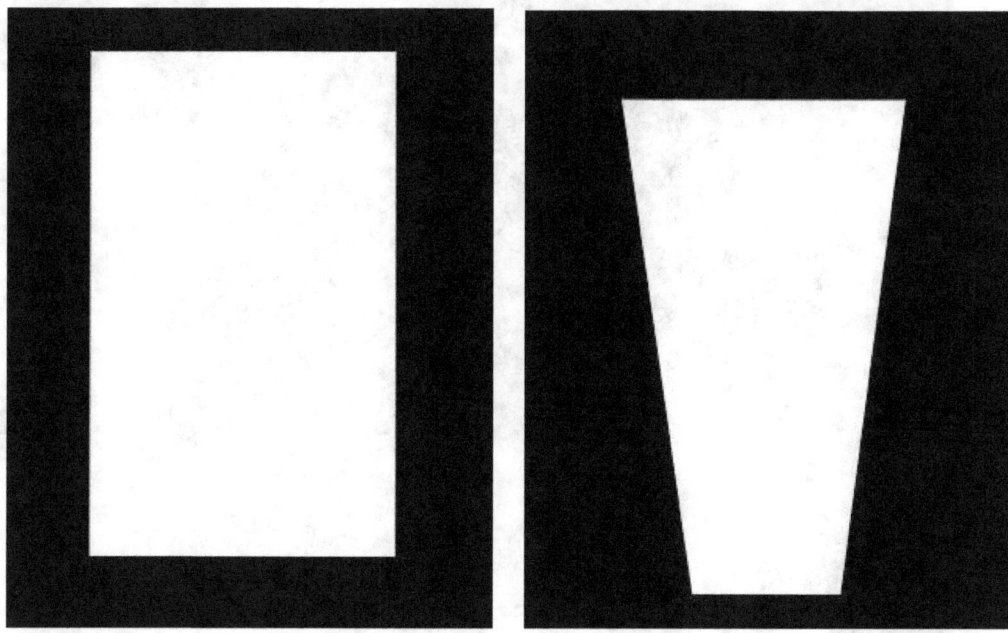

Per capire osservate le figure qui sopra, la prima a sinistra è un rettangolo fotografato in asse, il secondo è ripreso dal basso. Questo effetto prospettico è maggiore con ottiche grandangolari e diminuisce spostandoci verso i teleobiettivi.

Le azioni statiche

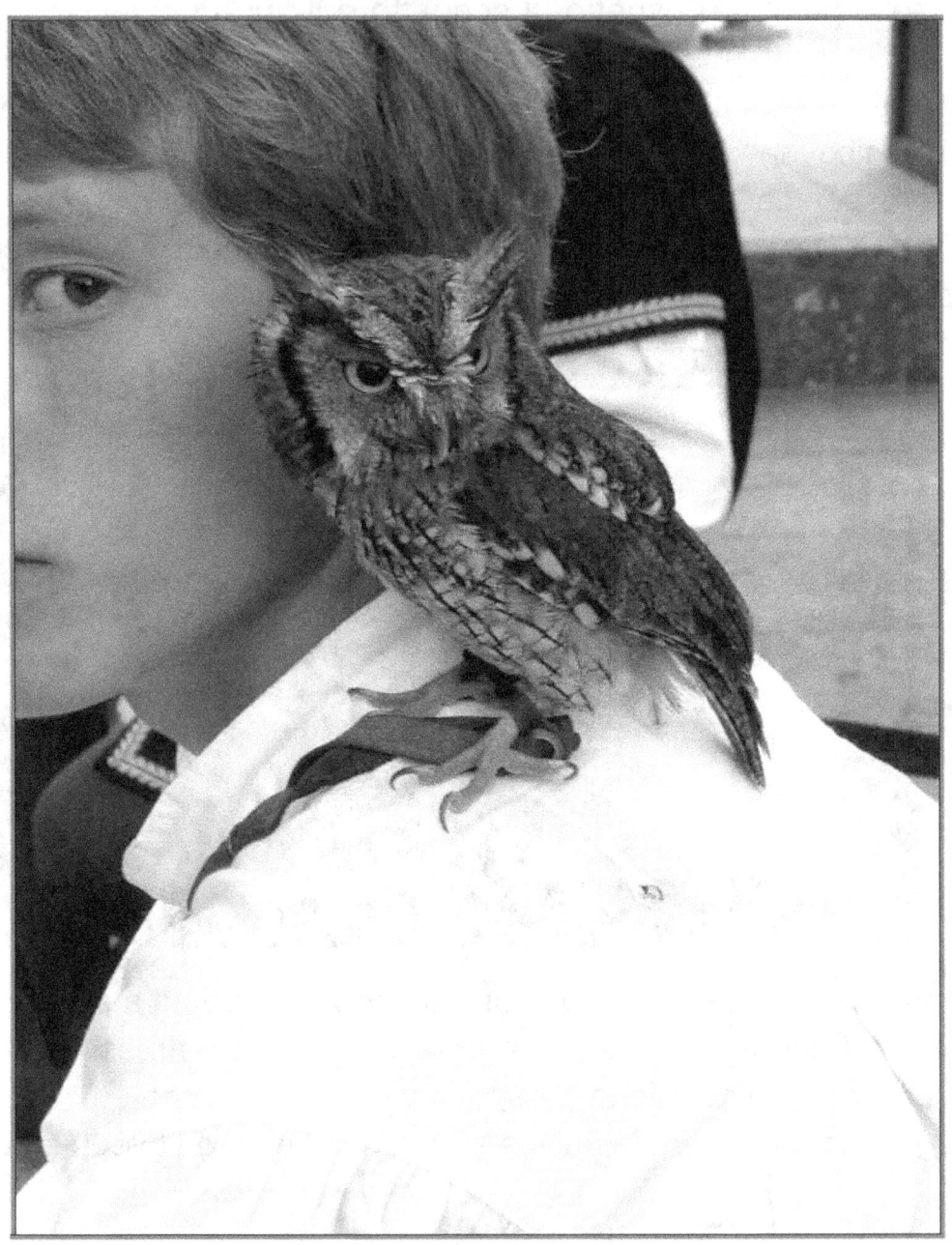

Si possono definire tali quelle azioni che non sono un movimento ancora in essere, anche se presuppongono che si sia verificato o che debba ancora accadere.

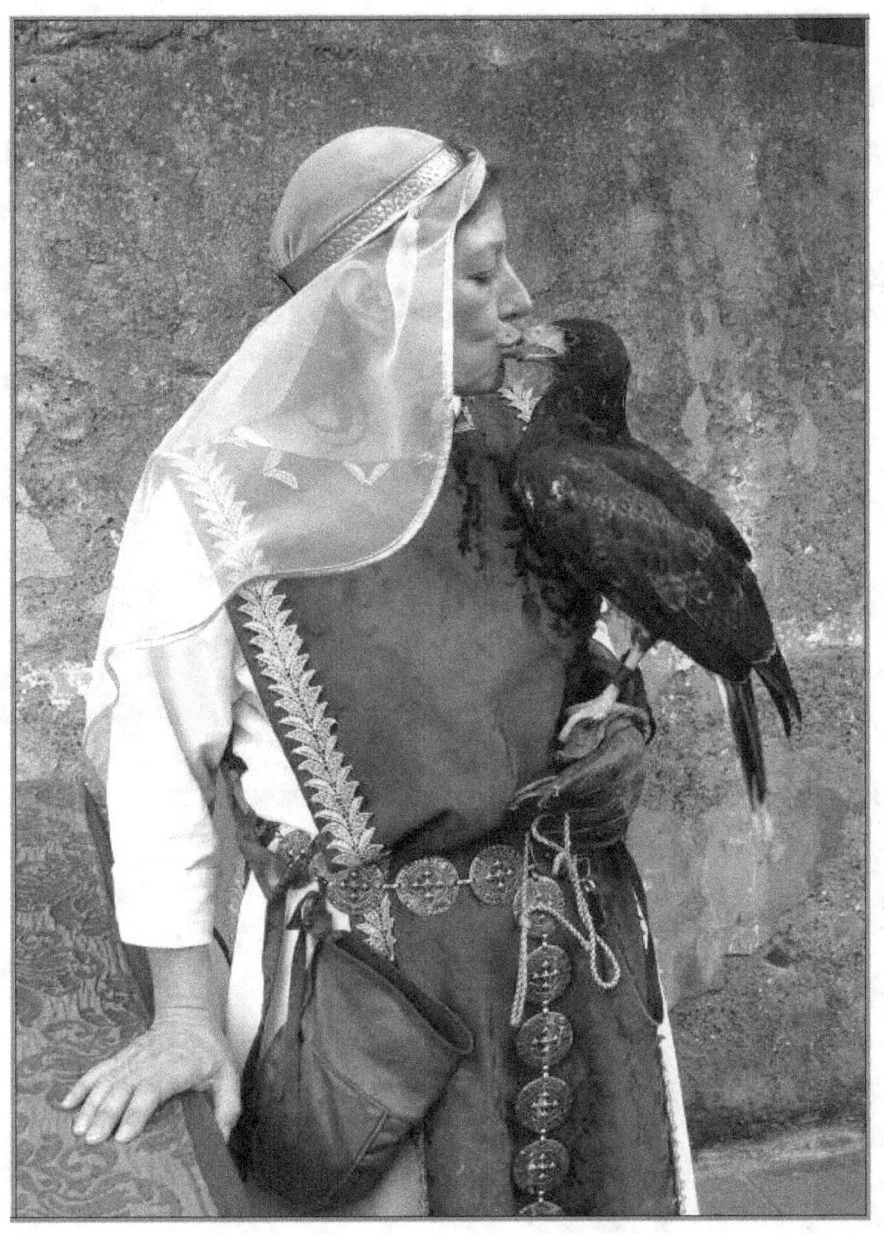

E' bene collocare opportunamente le azioni statiche in posizione decentrata in modo tale da affievolire ulteriormente la loro forza e mettere in rilievo non l'azione in quanto tale, ma il discorso che si sta esponendo. La foto del ragazzo con appollaiato l'uccello sulla spalla, già è un tema inconsueto che in ogni caso desta curiosità.

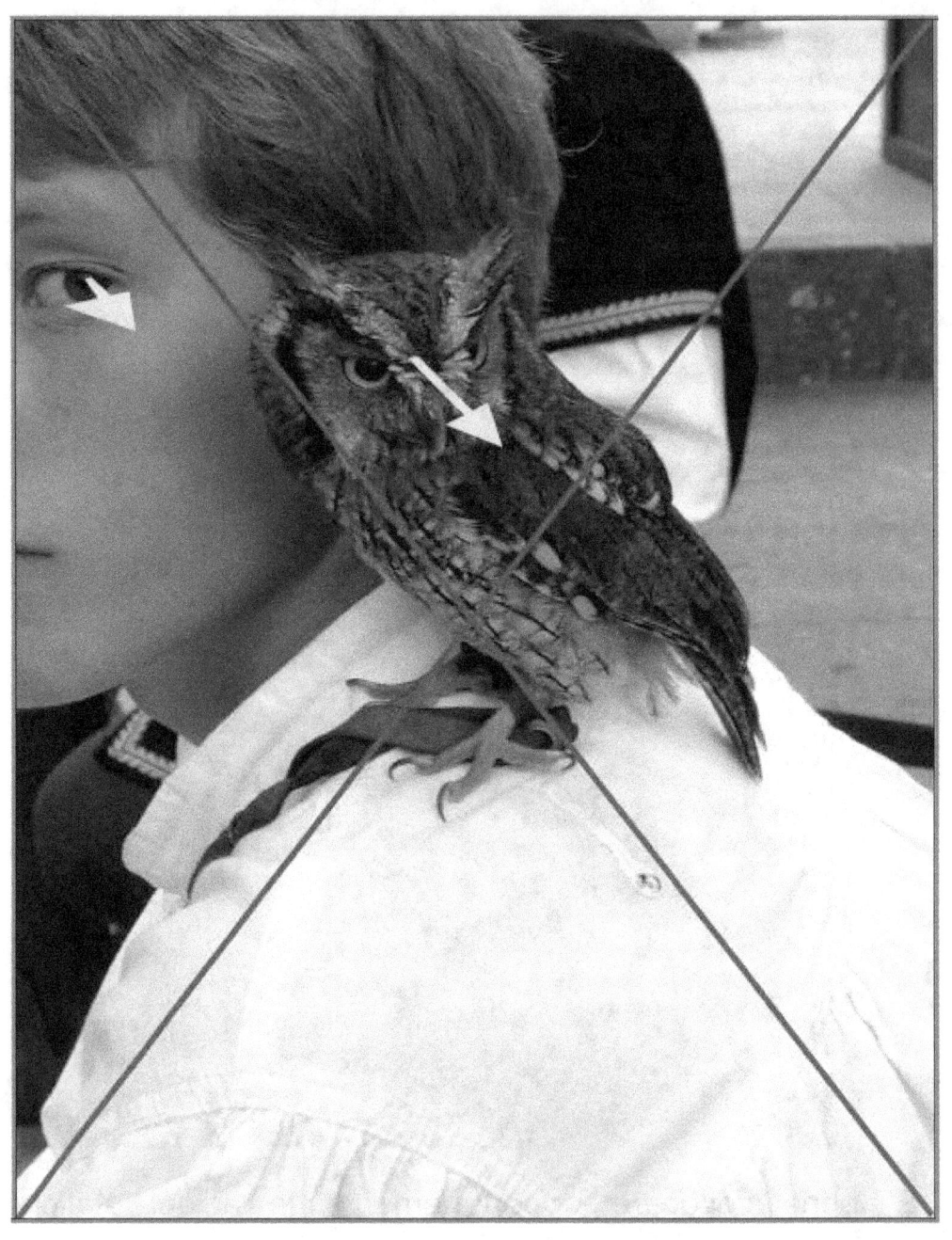

Il fatto di non aver messo il viso del ragazzo al centro del campo, ma averlo tagliato di netto lasciando metà sguardo rivolto non verso il lettore, ma oltre accentua la situazione anomala.

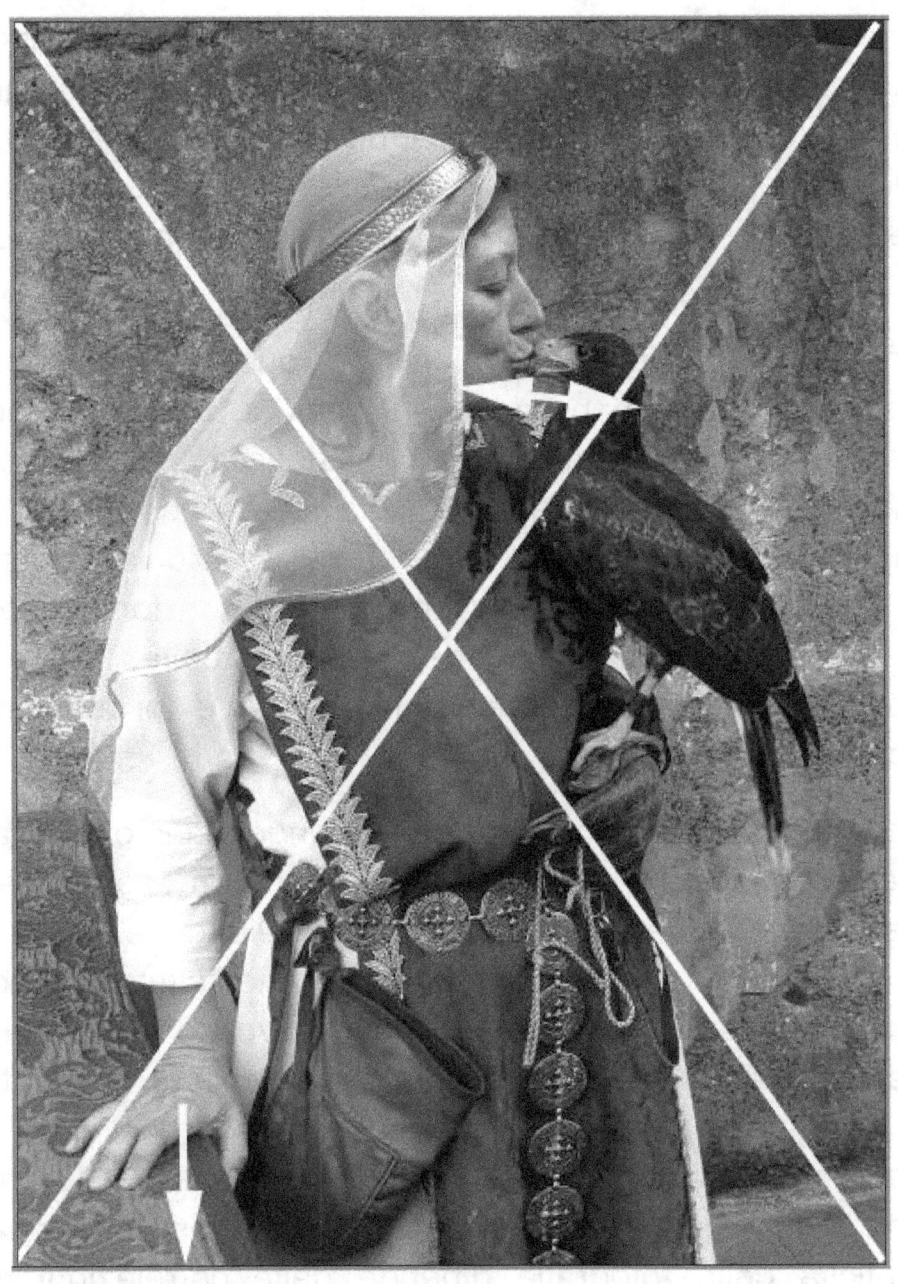

Ugualmente lo sguardo dell'uccello non è al centro del campo e non punta il lettore, ma va oltre di sbieco.

Le fotografie costruite in questa maniera hanno un forte impact visivo a prescindere dal tema trattato.

Per rafforzare ulteriormente il messaggio si può relegare la maggior parte degli elementi significativi in metà fotogramma in maniera tale che la percezione sia contemporanea di tutti gli elementi, giacché la superficie limitata è ben coperta dall'area centrale della retina e non richiede eccessive scansioni.

La fotografia della falconiera ha due azioni: il bacio e l'appoggio sulla mano destra. Il bacio anche se è ancora in essere, si può assimilare a una staticità, poiché i punti di movimento sono tutti ancora nella stessa zona, anche se la memoria suggerisce al lettore che ci sarà un'apertura come suggerito dalle frecce. Qui ho preferito non forzare la mano realizzando una costruzione semplice dove il centro del campo cade in una zona senza forme e forza il lettore a scansionare altrove.

Le sculture sono per definizione il congelamento di un'azione. Nell'esempio che segue, si è preferito moderare la forza dell'azione inquadrando dall'alto e correlando la sua altezza a un giovane alberello che suggerisce che l'altezza del braccio non è poi così spropositata. Se avessi voluto esaltare il gesto, sarei sceso alla stessa altezza della scultura e, montato un grandangolo, avrei ripreso dal basso la scena avendo cura di correlare il braccio con elementi idonei. Le azioni statiche non conducono necessariamente a una composizione statica, la staticità della fotografia dipende dalle correlazioni totali e come sono state strutturate.

Un'azione statica all'interno di una situazione dinamica può essere usata per agganciare il lettore e dargli un punto vincolato d'inizio lettura.

Se poi la lettura conduce di nuovo all'azione statica questa può divenire il polo d'attrazione su cui gravità tutta la lettura.

Costruzioni di questo genere non sono comuni e presentano notevoli difficoltà di realizzazione sia in ripresa sia in fase di post produzione.

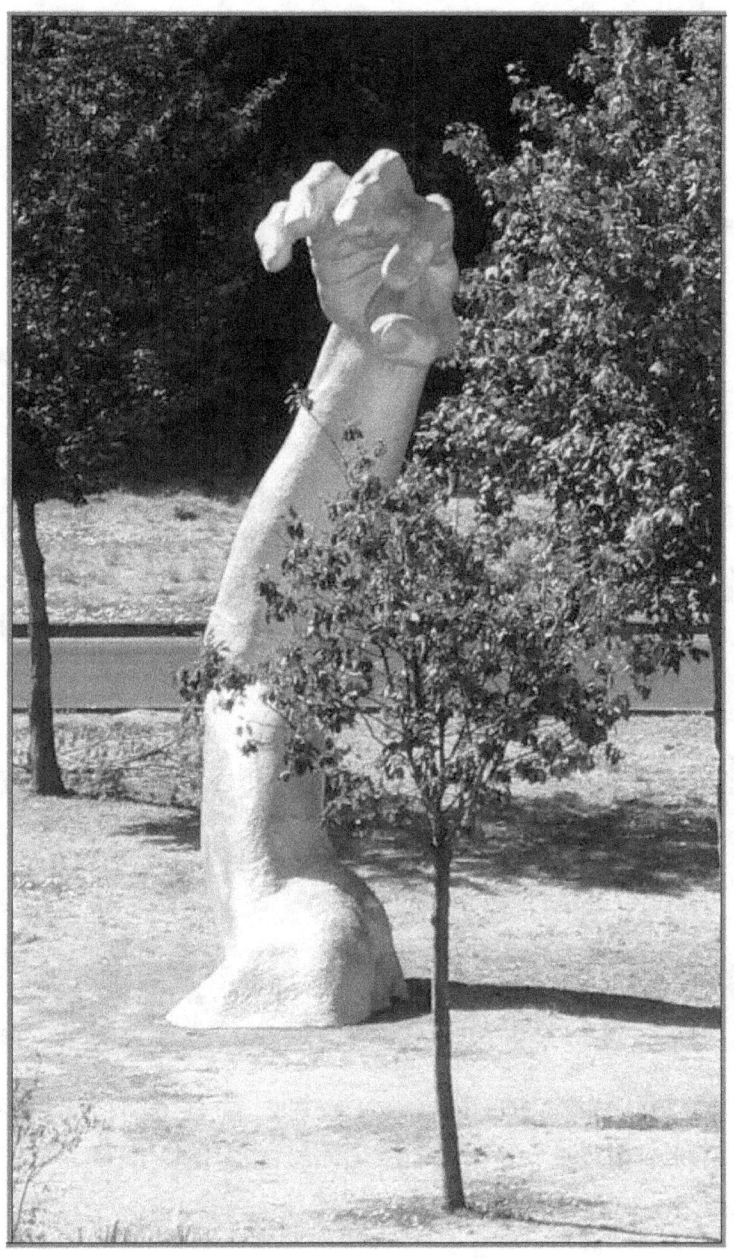

Le linee guida della lettura

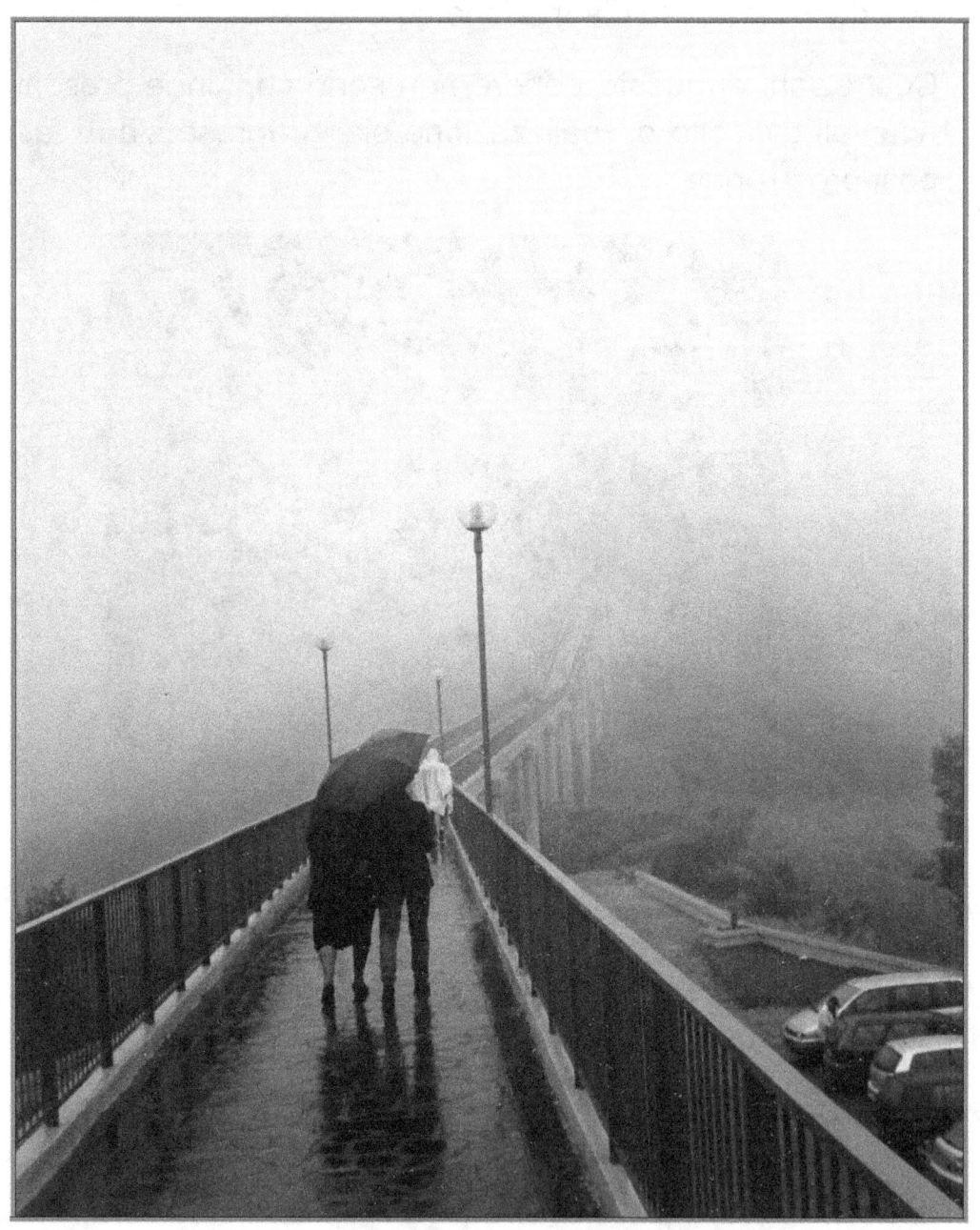

Si possono utilizzare le geometrie presenti in una scena per creare delle linee virtuali di guida alla lettura.

E' come dire a un lettore davanti ad un foglio pieno di frasi:
"...leggi prima questa, poi questa..." e così via.

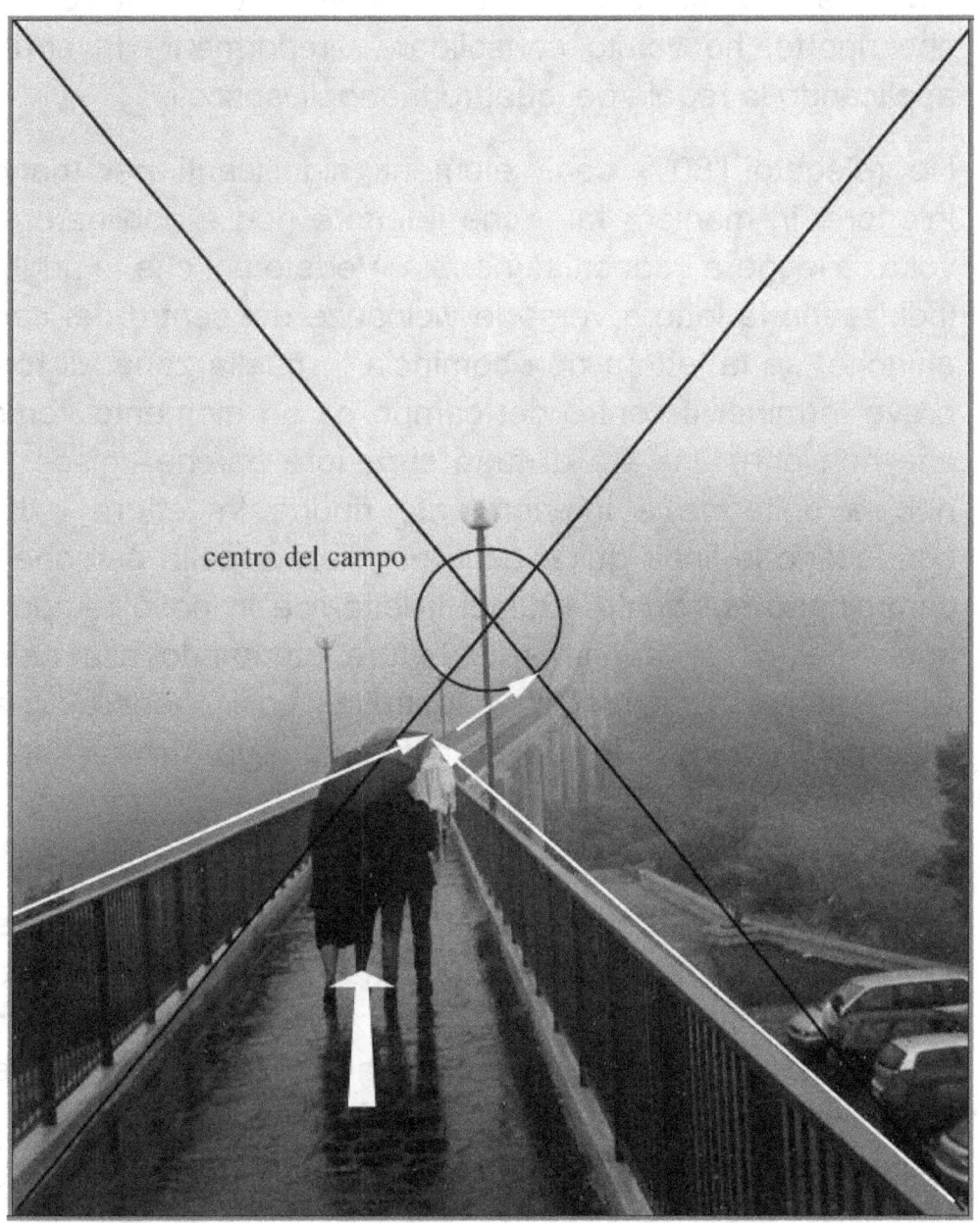

centro del campo

Se potete, utilizzate sempre le linee guida e avrete due enormi vantaggi: il lettore non si confonderà o si perderà nell'immagine e non dovrà compiere sforzi per trovare la giusta scansione che produce significazione. Nell'esempio che riporto, ho voluto consolidare ulteriormente la struttura applicando la regola dei quattro triangoli isosceli.

Ho relegato l'80% degli elementi significanti nel triangolo inferiore, in maniera tale, che il lettore non è obbligato, ogni volta, a leggere i banchi di nebbia. Vedete poi che le ringhiere indirizzano la lettura verso le vicinanze del centro del campo affinché, se la lettura non comincia in quella zona, ci torni a breve termine. Il centro del campo ha un elemento verticale che non offre una via di fuga superiore perché finisce nella nebbia uniforme e inferiormente riporta la lettura laddove conducono le linee guida delle ringhiere e delle persone che camminano sul ponte. Quindi il lettore è in poco tempo alla curva del ponte e finisce la lettura ritornando alla nebbia. Difficilmente un'immagine costruita così genera grandi equivoci o non è leggibile, chiunque può riconoscere gli elementi significanti.

Nel caso della giovane tessitrice è la stessa struttura, prospetticamente deformata, del telaio che conduce verso il centro del campo spostando, man mano che procede, l'attenzione verso il basso qualora tendiamo verso l'alto. Centinaia di fili tendono a riportarci all'altezza dove è presente l'unica azione delle mani. Lo sfondo è molto scuro per non disperdere l'attenzione in zone che non c'interessano.

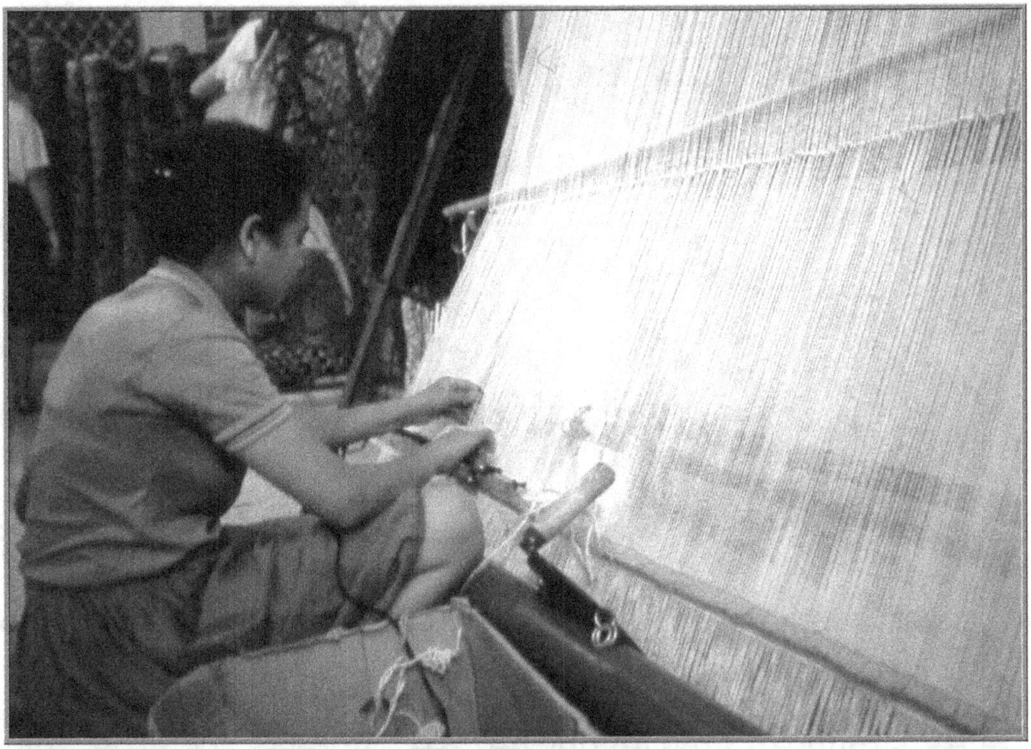

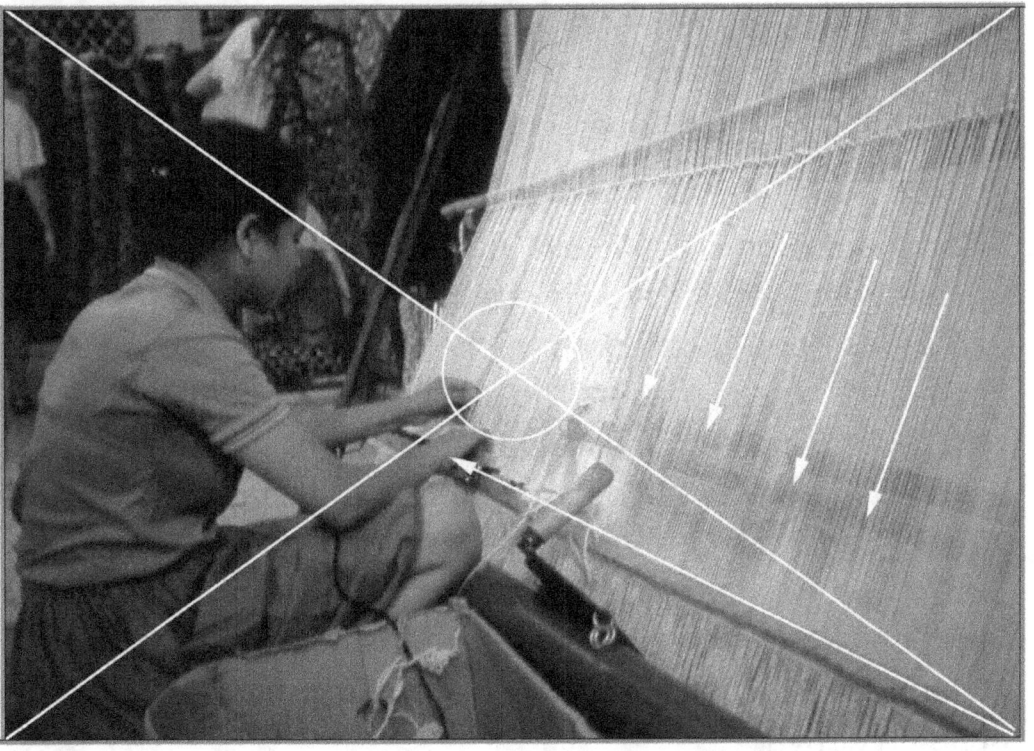

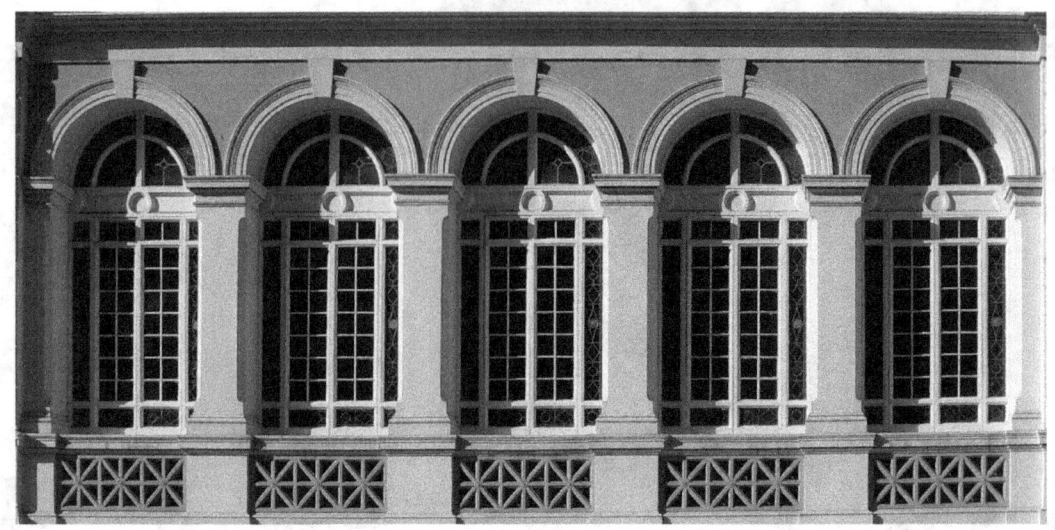

Anche questa immagine ha una struttura solida la cui lettura è facile e immediata.

Le strutture architettoniche se riprese con la giusta prospettiva e ben collocate all'interno del fotogramma possono generare linee guide automaticamente che permettono al lettore l'esplorazione in modo facile e immediato.

Raramente, per la difficoltà nel realizzare la ripresa, le linee guida sono generate dalle azioni. Solitamente un movimento crea una linea guida propria che induce il lettore a cercare il completamento dell'azione. Bilanciare l'immagine, con molteplici singole linee guida delle azioni, è impresa difficile, salvo che non si ricorre alla costruzione della scena. L'esempio della donna con la bambina, nella sezione *le azioni d'ingresso e d'uscita,* è un caso raro è difficile essere pronti tecnicamente per riprenderlo; questo caso ben illustra il bilanciamento delle azioni e della linea guida e la risultante che ne deriva.

Forzare la lettura fuori dal centro del campo

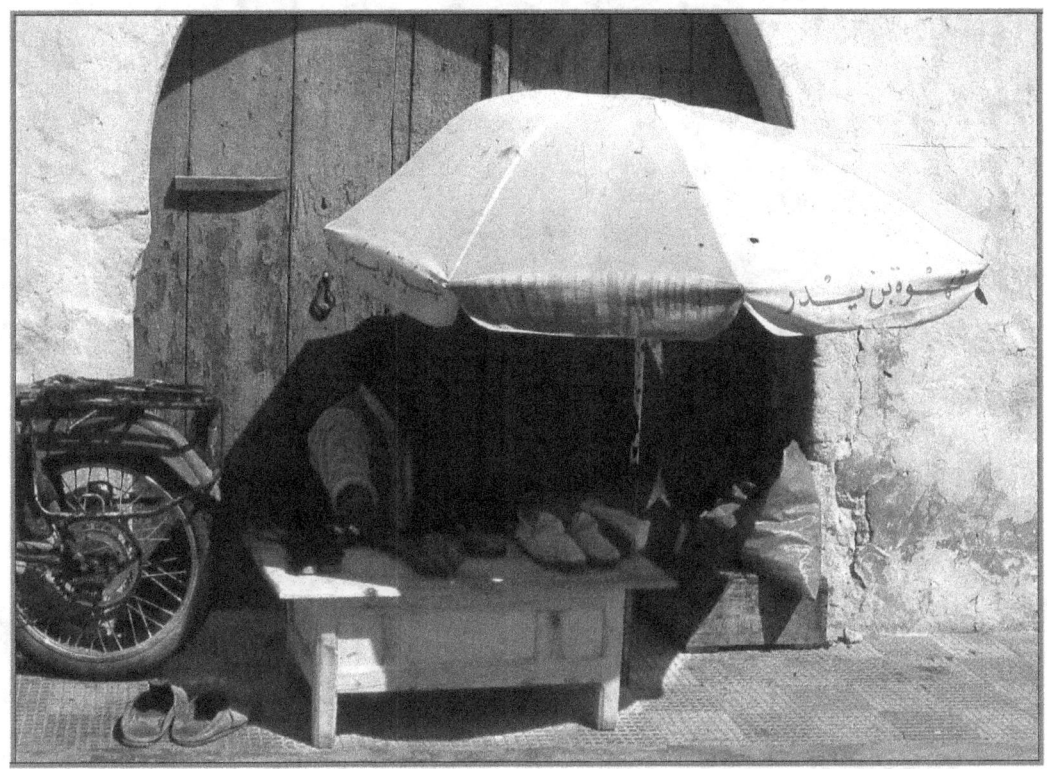

Quando il centro del campo non è immediatamente leggibile o significante, il cervello sposta verso le aree periferiche la scansione per poi tornare in seguito a cercare informazioni nella zona.

Nel caso prospettato anche solo per una frazione piccola l'attenzione passa per il centro del campo, si sposta subito sull'ombrellone.

Ritorna sul centro solo dopo aver scandagliato le zone circostanti.

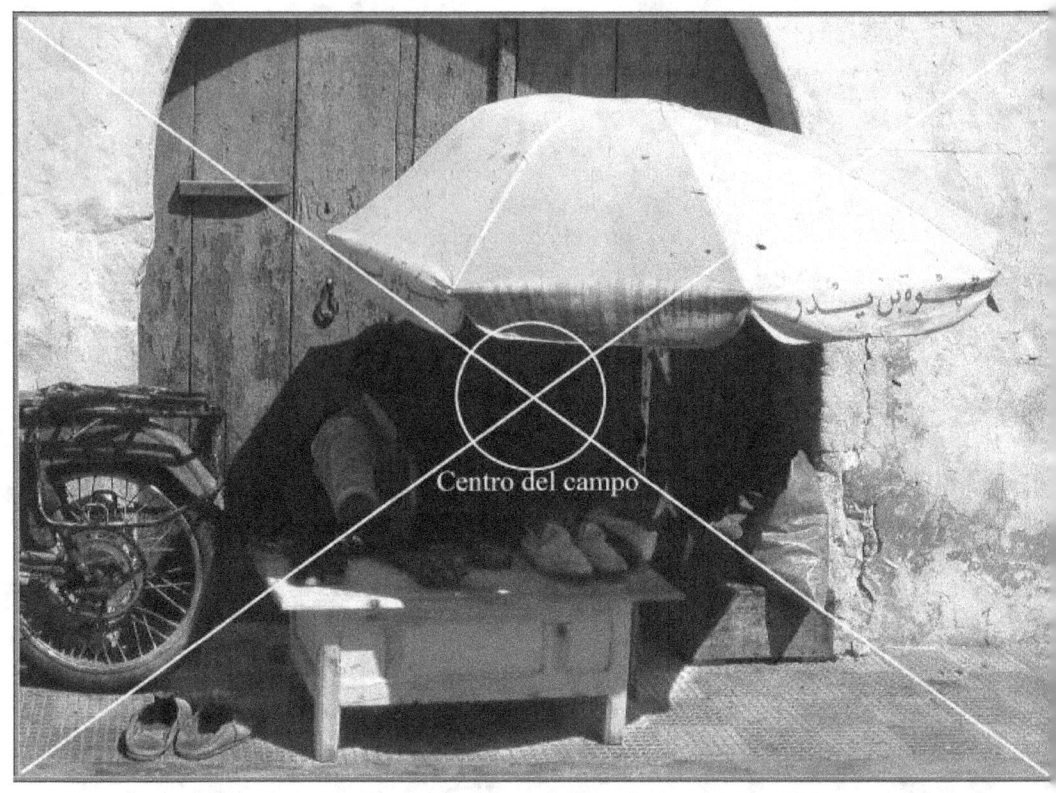

Il calzolaio, messo nell'ombra quasi chiusa, è posto in un anonimato e diviene simbolo di un'epoca, di una locazione e di un modo di sopravvivere geograficamente ben definito. Quello che m'interessava mostrare era il contesto e il modo di lavorare non la persona in quanto tale che doveva rappresentare una variegata classe artigianale.

Quindi non interessa il riconoscimento della persona, ma la situazione ambientale di lavoro e la tecnologia disponibile.

E' proprio quello che questa fotografia racconta.

Il completamento del cervello dell'azione evocata

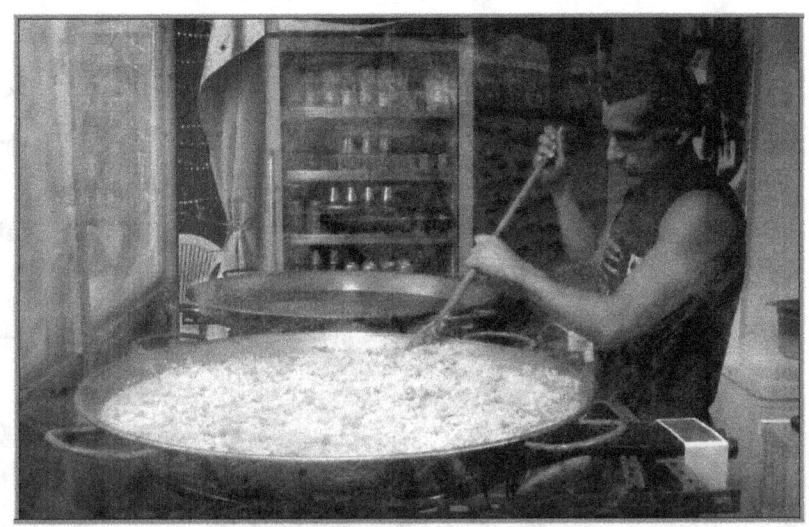

Un'azione è sempre descritta in fotografia in modo incompleto perché la rappresentazione riguarda un istante della stessa. E' il cervello che la completa leggendo l'immagine. Il completamento però deve essere indotto o quantomeno la struttura deve fornire elementi che guidano il lettore a optare per una soluzione piuttosto che per un'altra.

Nella fotografia che vedete, la lettura induce a immaginare che il mescolare del cuoco sarà un'azione circolare e non rettilinea.

Si giunge a questa conclusione perché la nostra memoria ci ricorda che l'azione circolare per mescolare, qualora sia richiesta come in questo caso parecchia forza, è necessaria impugnare il grosso mestolo in indeterminato modo.

E' il braccio sinistro del cuoco che ci dice che l'azione è circolare coniugato alla forma del grande calderone.

Inoltre il braccio ci dice anche che il movimento è orario perché per com'è impugnato il mestolo, è quello di minor sforzo. La zona del centro del campo è nei pressi della mano e del mestolo e quindi il braccio sinistro e il mestolo sono maggiormente letti rispetto al destro che figura in secondo piano. Permettere all'immaginazione del lettore completare ciò che la fotografia esplicitamente non rappresenta è fondamentale per la buona riuscita di una comunicazione iconografica.

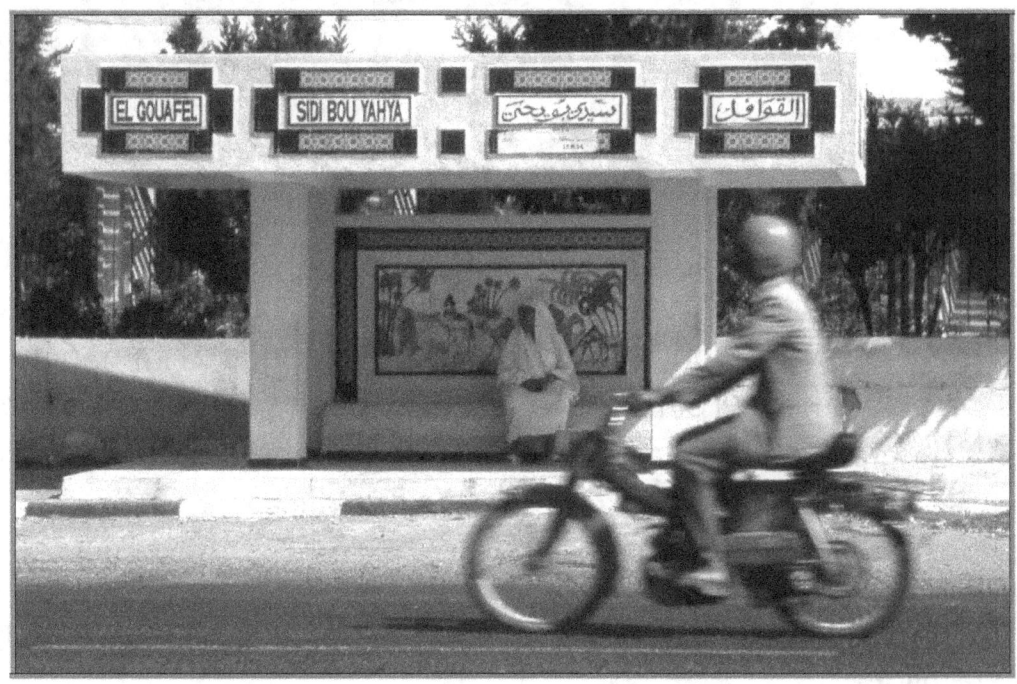

Si può riuscire a far immaginare tutto un lungo svolgimento temporale mostrando un solo istante di questo. La donna seduta alla fermata dell'autobus aspetta il passaggio del mezzo, nel frattempo sfreccia davanti a lei un motorino ed è quest'istante che è rappresentato. Automaticamente il lettore *vede* una sequenza dove nel primo fotogramma non c'è il motorino, poi c'è e infine nuovamente non c'è.

Se poi il lettore è dotato di fantasia e la sua esperienza in fatto d'attesa di un mezzo pubblico è negativa, andrà ben oltre immaginando tempi, caldo e disagio per l'attesa. Il centro del campo cade a sinistra del viso della donna ed evita di vincolare troppo il lettore a lei o al motorino.

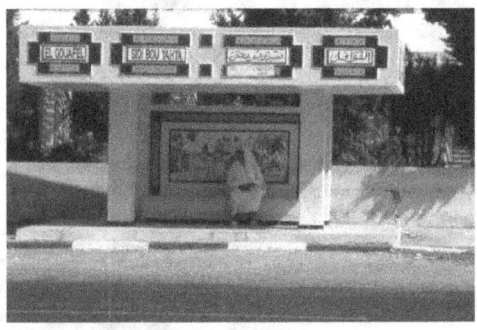

1

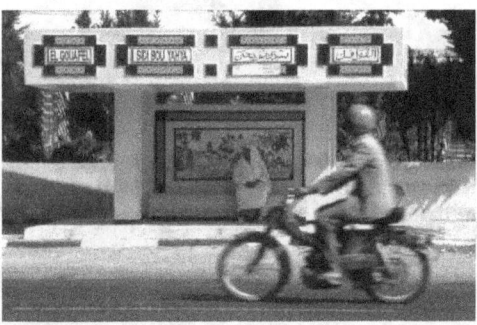

2

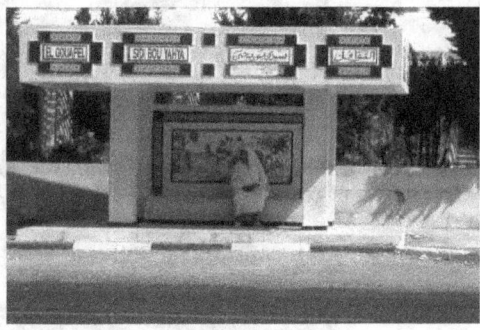

3

L'isolamento del soggetto

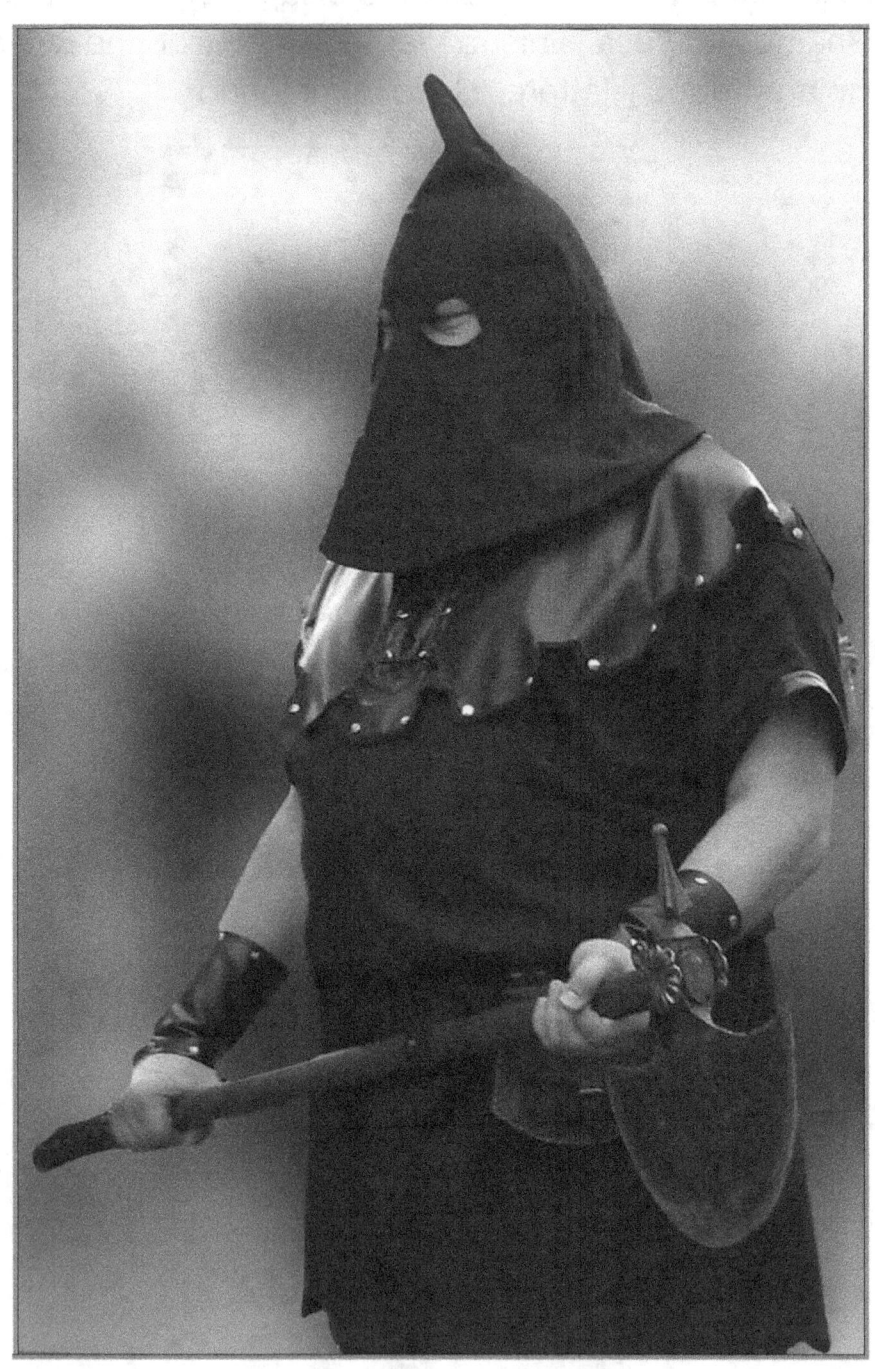

Quando la messa a fuoco e la profondità di campo sono calcolate con esattezza, il soggetto resterà isolato dal contesto perché tutto intorno sarà sfuocato. In questo modo si concentra l'attenzione solo su ciò che vogliamo.

La sfocatura intorno ad un soggetto è accettata nella lettura perché la pratica fotografica di oltre un secolo ha abituato le persone a questo tipo di codifica. Inoltre la stessa retina ha bassa definizione nelle zone periferiche che un po' essere ricondotta a un effetto di sfocatura. Quindi la sfocatura non è così artificiosa e innaturale come si potrebbe credere. Certo nell'esempio si è esagerato con la sfocatura, ma questo contribuisce a staccare il soggetto da tutto l'ambiente e a farlo diventare discorso chiuso.

Da un punto di vista tecnico è da preferire un teleobiettivo perché comunque offre scarsa profondità di campo e la chiusura del diaframma non porta a mettere a fuoco lo sfondo, soprattutto se questo è distante, mentre contribuisce a quella minima estensione del fuoco affinché abbracci la profondità del soggetto.

L'eliminazione degli elementi di "distrazione" dello sfondo obbliga il cervello a leggere con precisione il soggetto.

Questo genere di tecnica ben supporta i soggetti che originariamente sono sculture o opere d'arte tridimensionali.

Anche gli oggetti sono elementi ben rappresentabili con questa tecnica come si vede nell'esempio sotto.

C'è però da precisare che lo stesso effetto è ottenibile in sala posa con fondali, più o meno, diffusi e luci controllate.

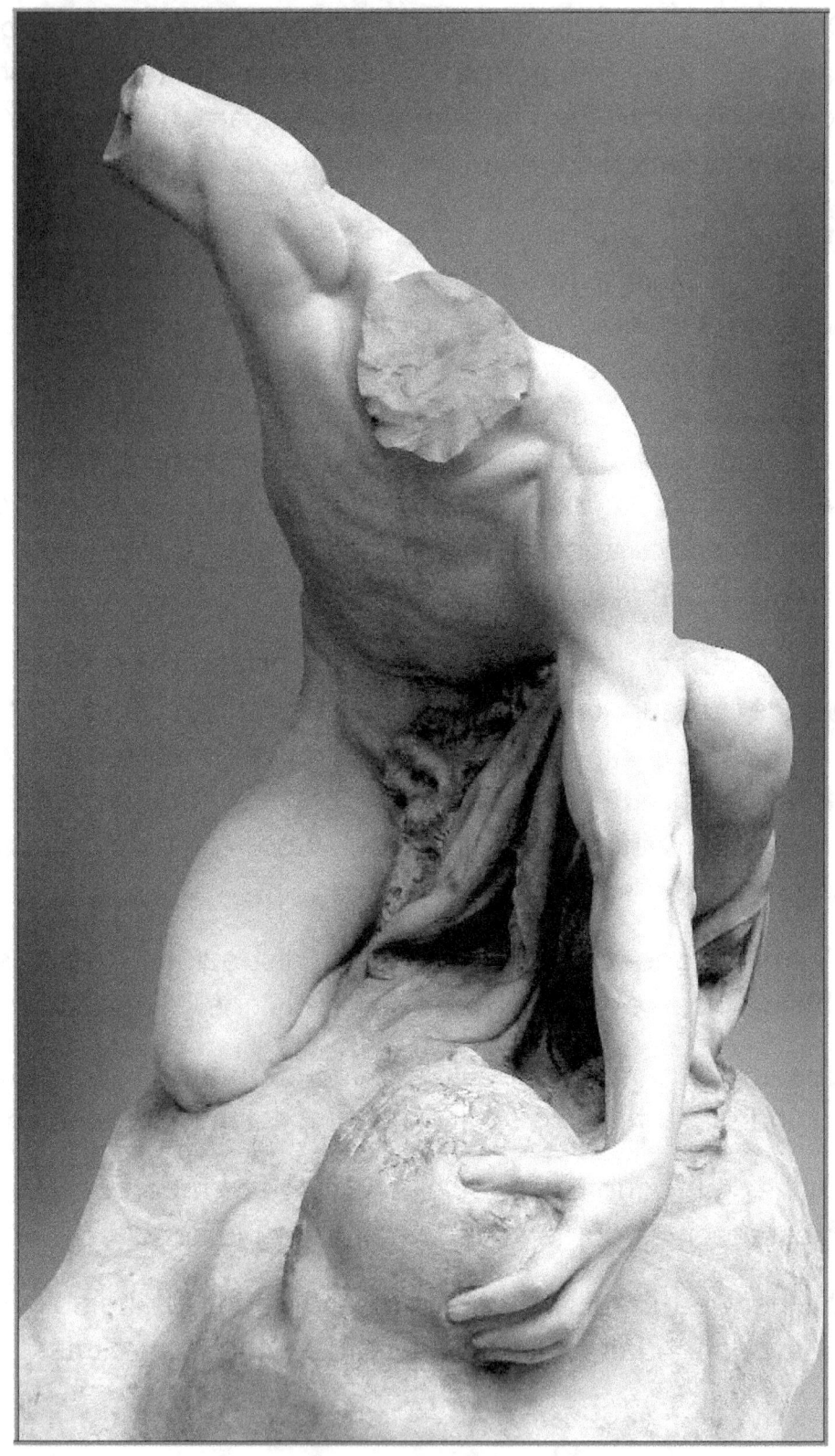

Il rischio in questo caso è di ottenere immagini tecnicamente *troppo perfette* talmente tanto da essere poco credibili e *piatte*.

Riferendoci al caso qui a lato, in sala posa l'ombra sul petto e sull'inguine non ci sarebbe, la definizione sarebbe più elevata e lo sfondo degraderebbe in maniera uniforme e controllata.

Tutto porta però la fotografia a essere asettica. Molti fotografi si sono costruiti una metodologia tecnica per eseguire le fotografie e pensano che uscire da queste regole sia un errore tecnico. Invece a volte è proprio il non rispettare certi canoni d'uso comune che fa la differenza tra una banale fotografia e un capolavoro e firma la fotografia rendendo riconoscibile l'autore.

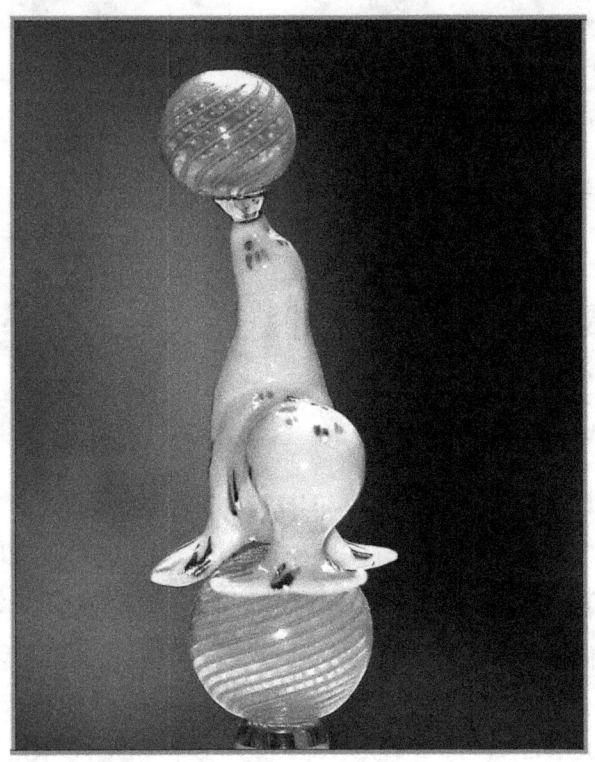

Le illusioni prospettiche

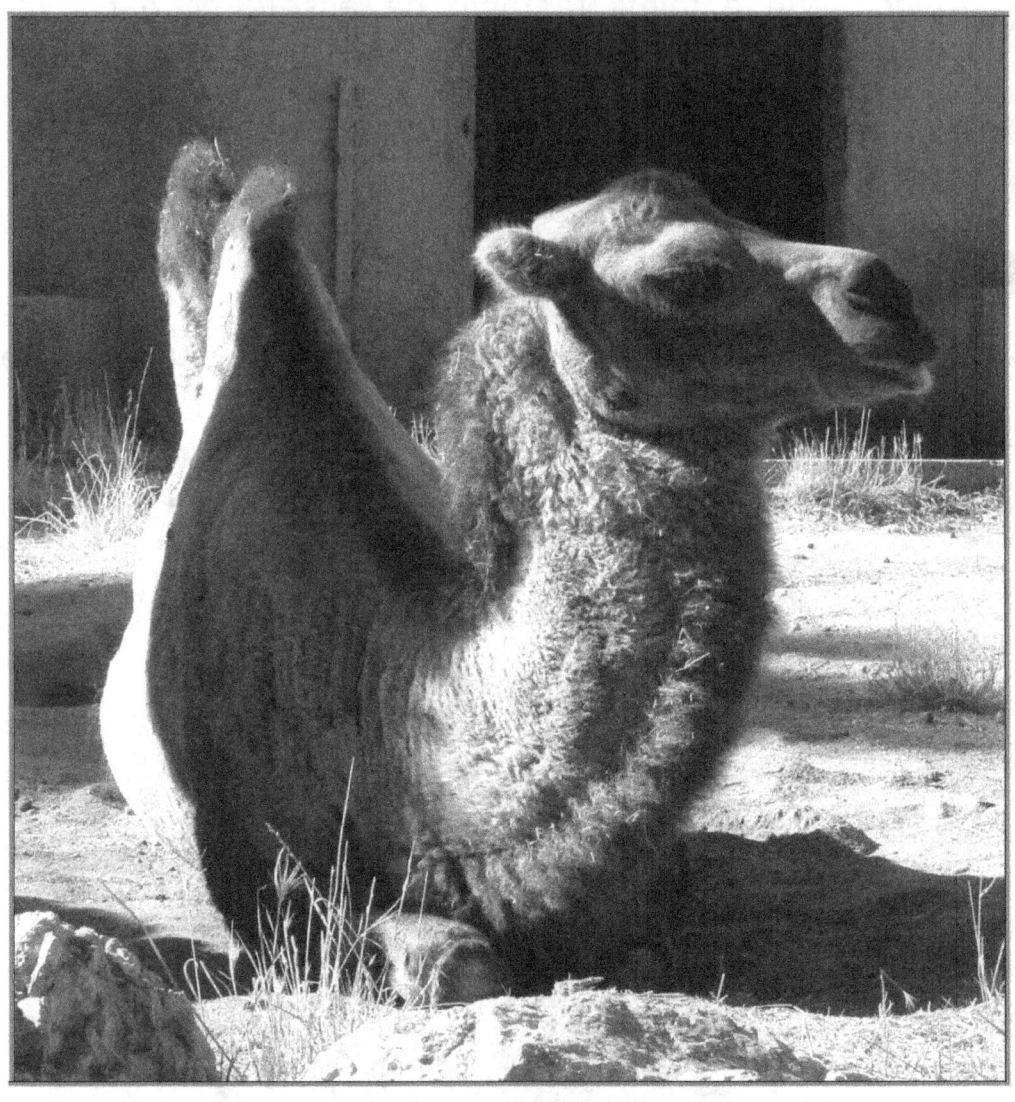

La prospettiva da cui si riprende la scena può escludere alcuni elementi o determinare una rappresentazione falsata rispetto a quella che sarebbe la percezione visiva reale. Nella foto qui sopra, la posizione assunta dall'animale e la scelta di riprenderlo lateralmente produce un'immagine che sorprende la nostra memoria perché mancante di una parte del corpo. La luce di taglio esalta i contorni rendendoli netti e tronchi proprio la dove ci aspettiamo di vedere il resto del corpo. L'angolo di ripresa e l'uso di uno oppure un altro obiettivo sono scelte fondamentali nella realizzazione di una foto. Bisogna tenere conto, ad esempio, che un obiettivo normale si avvicina al nostro modo di percepire le prospettive, mentre un grandangolare e un teleobiettivo più sono spinti e maggiormente producono effetti lontani dalla normale percezione visiva.

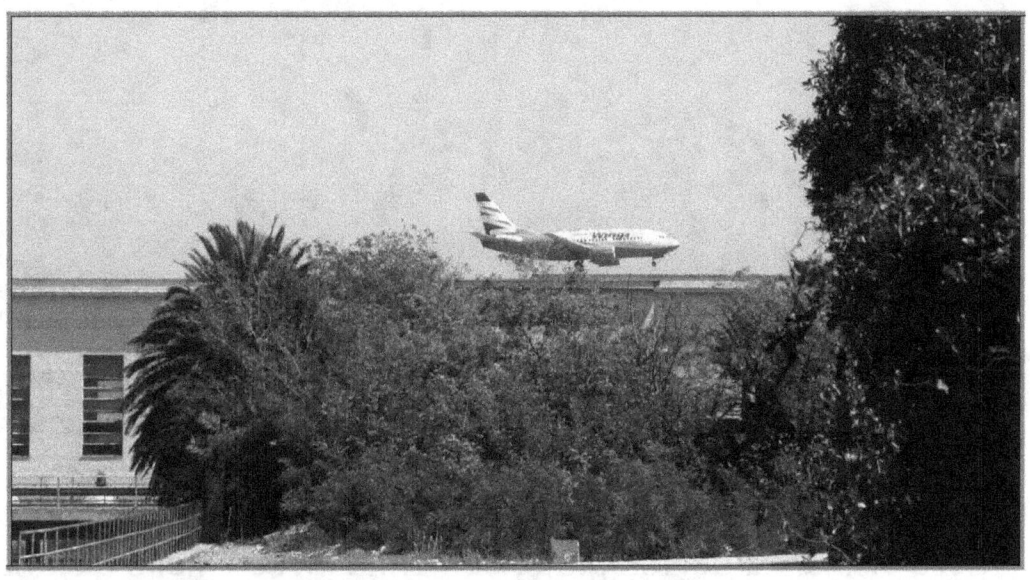

Il teleobiettivo comprime le distanze e tende a porre, su di un unico piano, cose che nella realtà erano a distanze differenti. La foto qui sopra, si basa proprio su questo principio che è il motivo per cui l'aereo sembra atterrare sul tetto del lungo edificio. In realtà l'aereo era distante, ma l'uso del teleobiettivo l'ha riportato sullo stesso piano del tetto.

Gli alberi erano distanti sia da me sia dagli altri elementi mentre ora sembrano essere a breve distanza dall'edificio e dal punto di ripresa.

Il grandangolare produce un effetto opposto a quello del teleobiettivo distanziando i piani e allargando l'angolo di campo della ripresa.

Per questo motivo, un dilettante istintivamente tende a usare i grandangolari per realizzare panorami e i teleobiettivi per tutte quelle situazioni dove, stando distaccato, si sente più a suo agio.

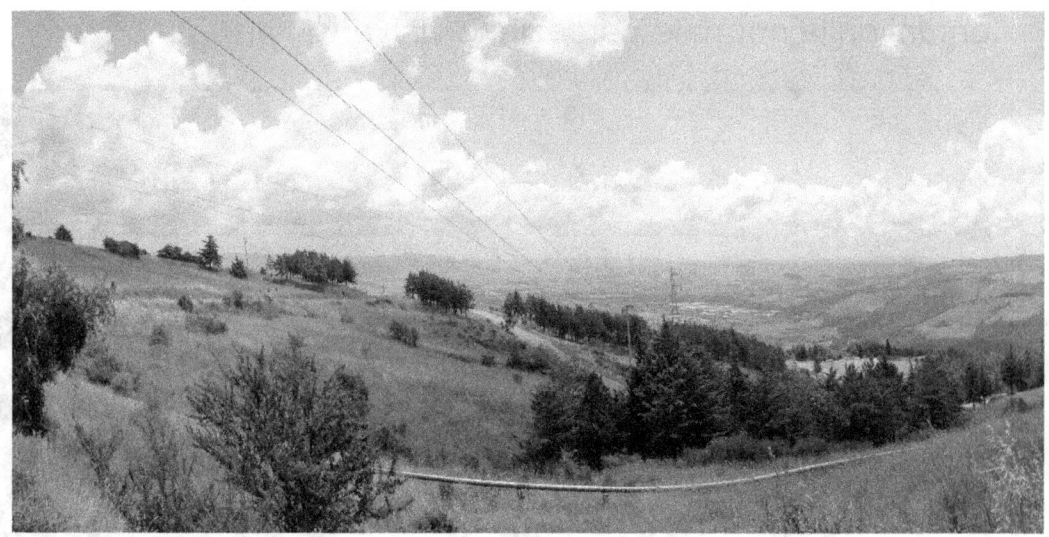

Vedete nell'esempio come elementi che, nella realtà, sono nelle vicinanze del fotografo, sembrino invece molto distanti.

In particolare, fate caso agli alberi in primo piano, il primo davanti e quello sulla sinistra: l'illusione data dal grandangolo è che essi siano a decine di metri di lontananza.

L'area abbracciata da un grandangolo spinto può arrivare, in teoria, a 180°, cioè tutto l'orizzonte davanti a noi. Nella pratica costruttiva però questa misura di solito è minore, comunque tale da introdurre distorsioni curvilinee nelle zone adiacenti al centro del fotogramma.

Le superfici riflettenti

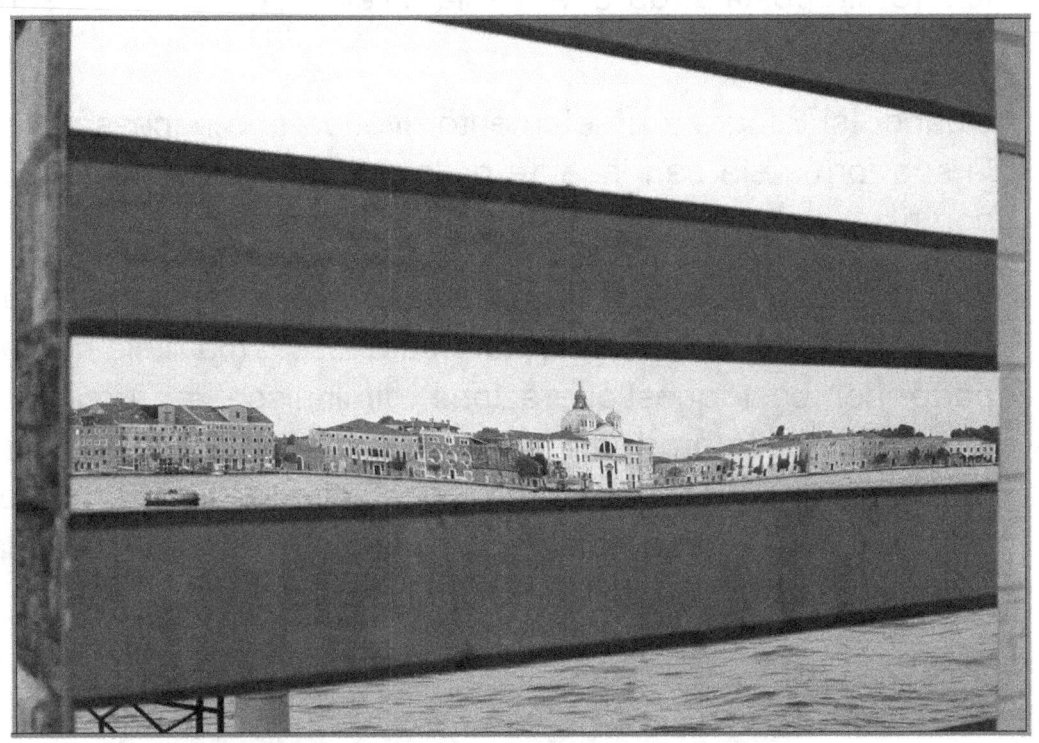

Sfruttare la riflessione di uno specchio o comunque di una superficie riflettente può in alcuni casi arricchire la comunicazione perché mantiene viva nel lettore la curiosità. E' comune e vista migliaia di volte la rappresentazione della realtà sfruttando l'immagine che si forma in uno specchietto retrovisore di un'automobile. Quella che presento è un po' diversa, è una parte di Venezia vista nel riflesso di una vetrina. La particola fattura della vetrina, mi ha consentito di creare delle linee guida di lettura, anche se non molto precise. Cosi i palazzi si trovano tutti nella stessa fascia che riflette obbligando il lettore a procedere in senso orizzontale.

Le divisioni delle parti riflettenti non hanno elementi significativi e sono leggermente sfuocate consentendo al lettore di spostarsi da una fascia all'altra agevolmente senza sforzo.

Quando si fotografa un elemento riflettente, è necessario che la sua forma sia ben inserita nella scena in maniera tale che non risulti uno squarcio del foglio.

Si può anche isolare la forma riflettente dal contesto in cui è inserita chiudendo l'inquadratura su di essa, ma nella maggior parte dei casi quest'operazione diminuisce la forza della fotografia. Nella prossima pagina vedete per le tre fotografie proposte in questa sezione, che effetto visivo provoca l'eliminazione dell'ambiente circostante o di qualsiasi riferimento al di fuori della forma riflettente.

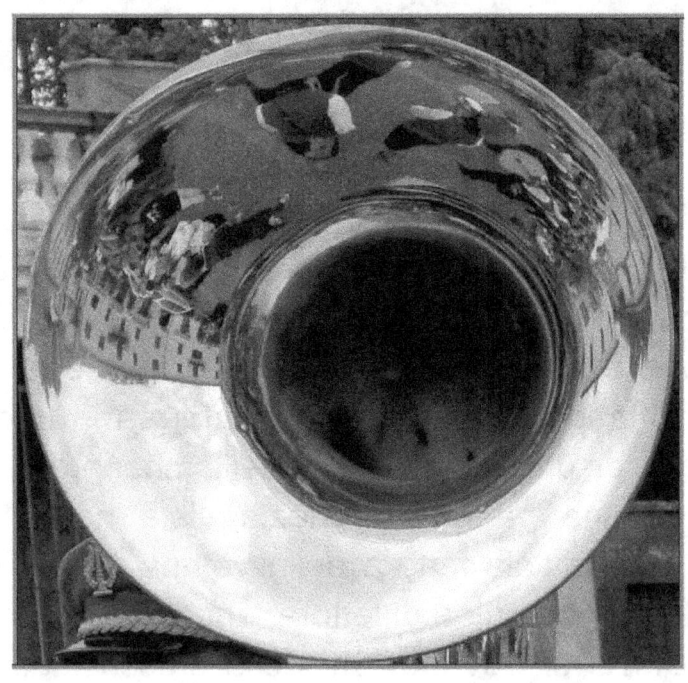

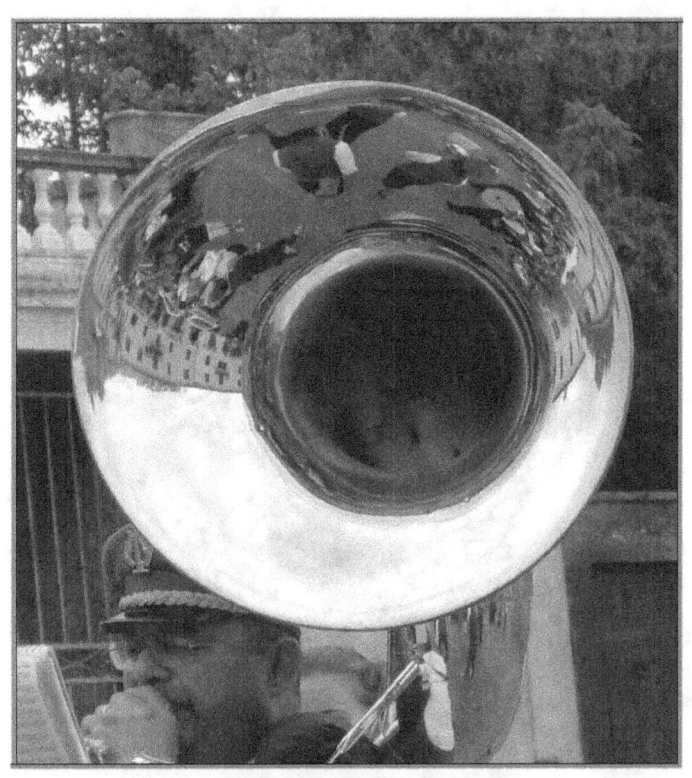

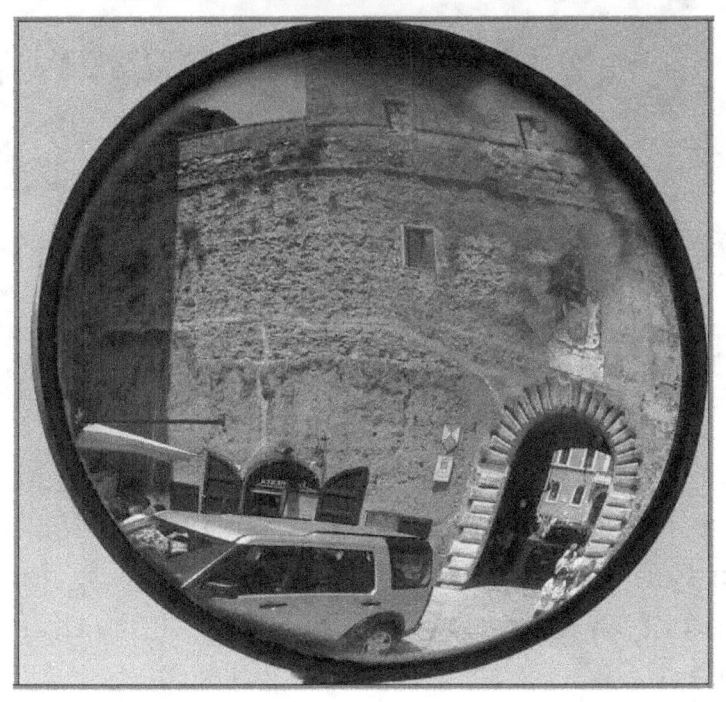

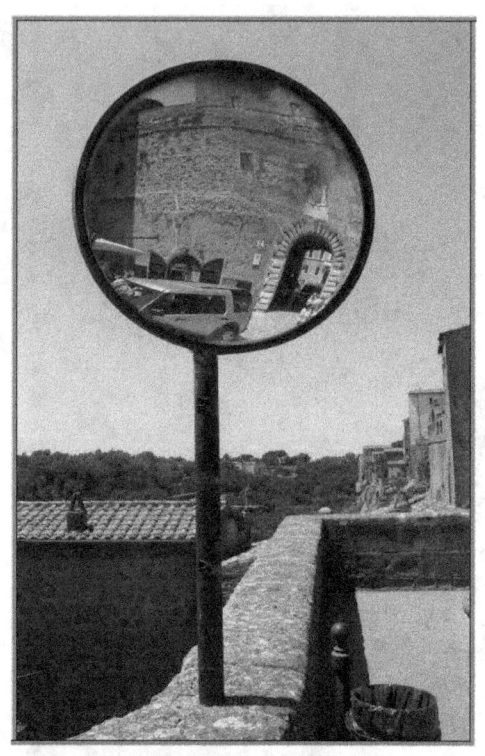

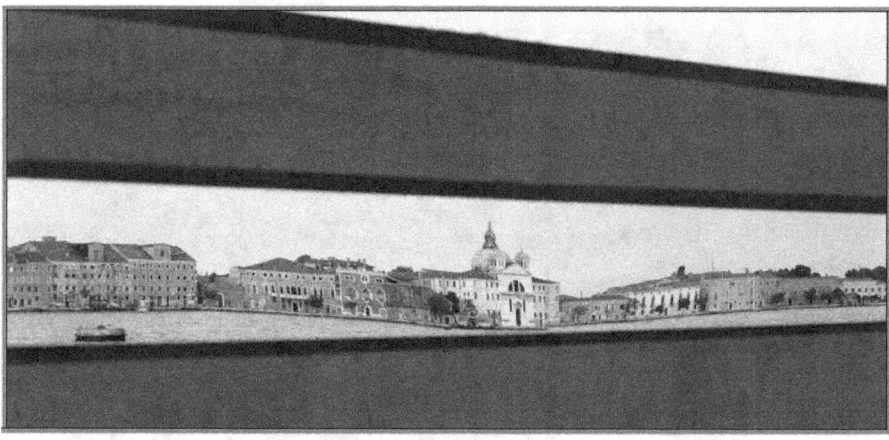

Qui intorno vedete come senza riferimenti (il muro nella foto di Venezia, il palo dello specchio stradale) è difficile identificare la natura dell'elemento riflettente. Quasi ci si riesce nel terzo caso perché la forma e i materiali sono tipici di uno strumento musicale.

Temi di difficile svolgimento

La pioggia e l'acqua

Parlare della pioggia o dell'acqua con una fotografia sembra un'immagine facile da realizzare. In realtà non è così per una serie di motivi che vediamo.

Il primo problema è che le gocce della pioggia sono talmente piccole che a una certa distanza compaiono nell'immagine come punti.

La seconda difficoltà è dovuta all'alta velocità con cui cadono, perciò se si usa un tempo di ripresa non abbastanza veloce, appaiono come righe verticali mentre se si usa un tempo di posa sufficiente a congelare il movimento si ottengono punti che si mischiano allo sfondo.

Inoltre, poiché la pioggia cade su tutta la profondità della scena che stiamo fotografando, è probabile che tutte le gocce, che passano a breve e media distanza dall'obiettivo (quindi sono mosse e sfuocate), provocano un velo sull'immagine finale.

Non bisogna trascurare poi il fatto che durante un temporale, la luce disponibile è poca e quindi non ci consente diaframmi piccoli per una maggiore profondità di campo o tempi di posa abbastanza rapidi da congelare il movimento delle gocce. Si può provare a usare un flash per avere luce sufficiente, una buona profondità di campo e una posa non troppo lenta giacché il tempo di posa, in questo caso, è dipendente dalla velocità del lampo stesso.

Comunque il problema di fondo resta. Non potendo congelare il movimento delle gocce in un rapporto di riproduzione talmente ravvicinato da far percepire la goccia, queste saranno rappresentate come punti o righe che al fine della lettura dell'immagine saranno poco significanti nel contesto globale. Allora come si può rappresentare la pioggia?

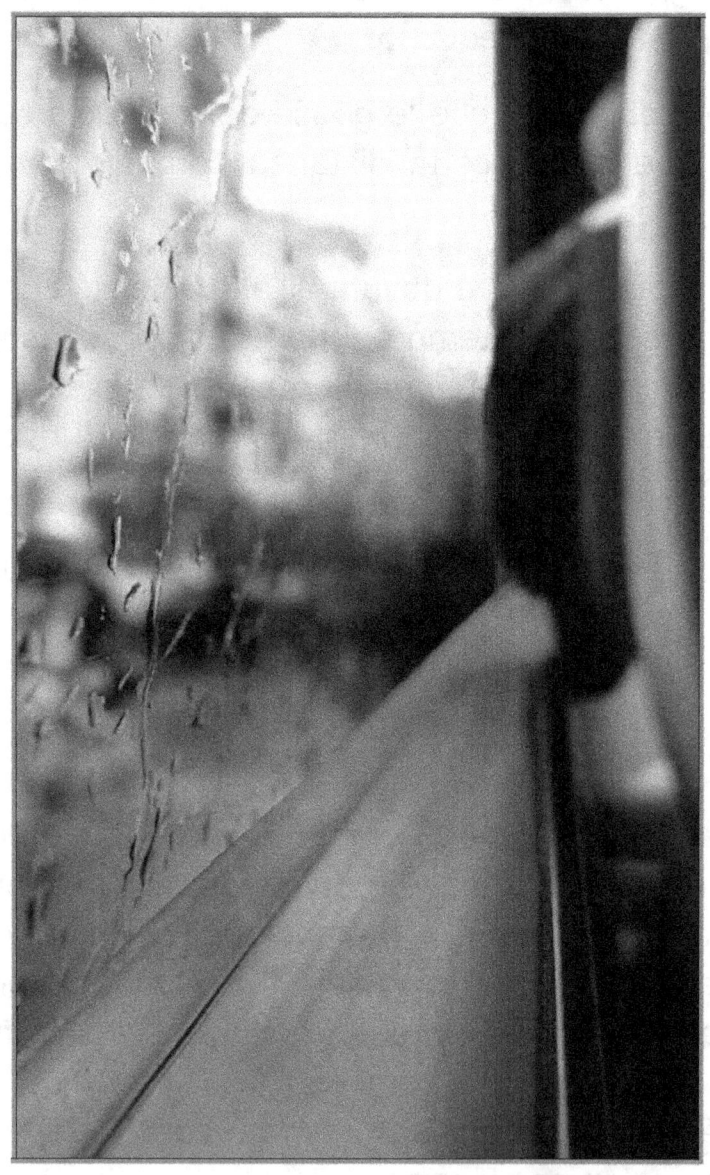

Sicuramente in maniera indiretta. L'esempio che vedete, sfrutta la memoria del lettore, che riesce a leggere la fotografia perché la comparazione degli elementi evoca in lui esperienze simili già vissute.

La costruzione dell'immagine o meglio l'ideazione nell'attesa dell'occasione giusta non è casuale. Il centro del campo è sfuocato e trattiene poco il lettore che cerca subito altre informazioni.

A parte i casi eclatanti (mare, fiumi, laghi, cascate…) dove la grande massa offre spunti narrativi facili da svolgere, l'acqua è un soggetto la cui rappresentazione crea alcune difficoltà espressive.

Personalmente mi piace giocare sugli equivoci, vale a dire far vedere che quell'acqua sia qualcosa che non è.

Nell'esempio che segue, non si coglie immediatamente la reale essenza della scena. In primo impatto sembra la curva di un fiume ripreso dall'alto di cui s'intravedono le rive.

Soltanto con attenzione e dopo varie scansioni ci si convince che quella massa d'acqua non è altro che una pozzanghera sulla strada a ridosso del marciapiede.

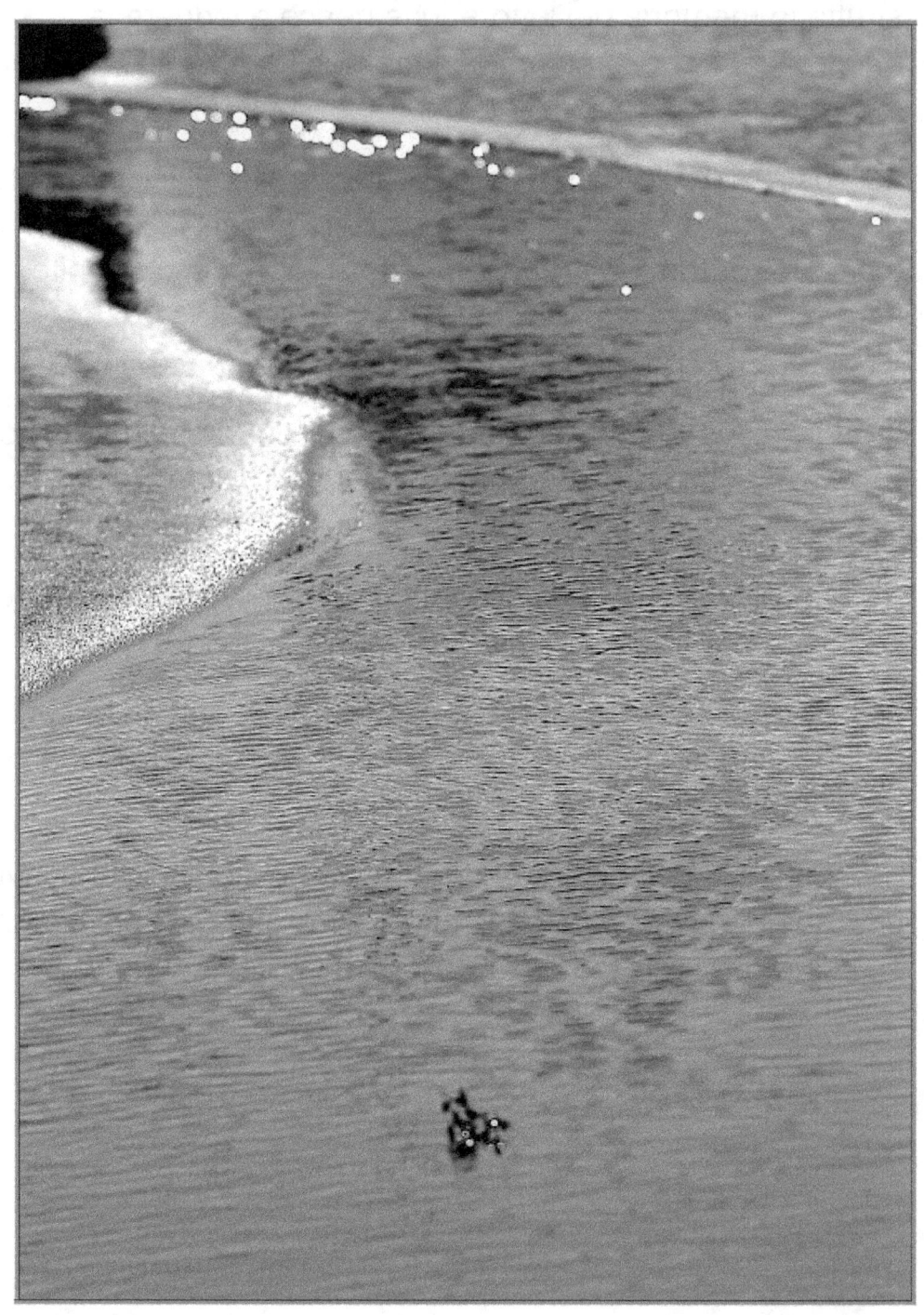

Si può anche parlare di pioggia sfruttando la memoria dei comportamenti.

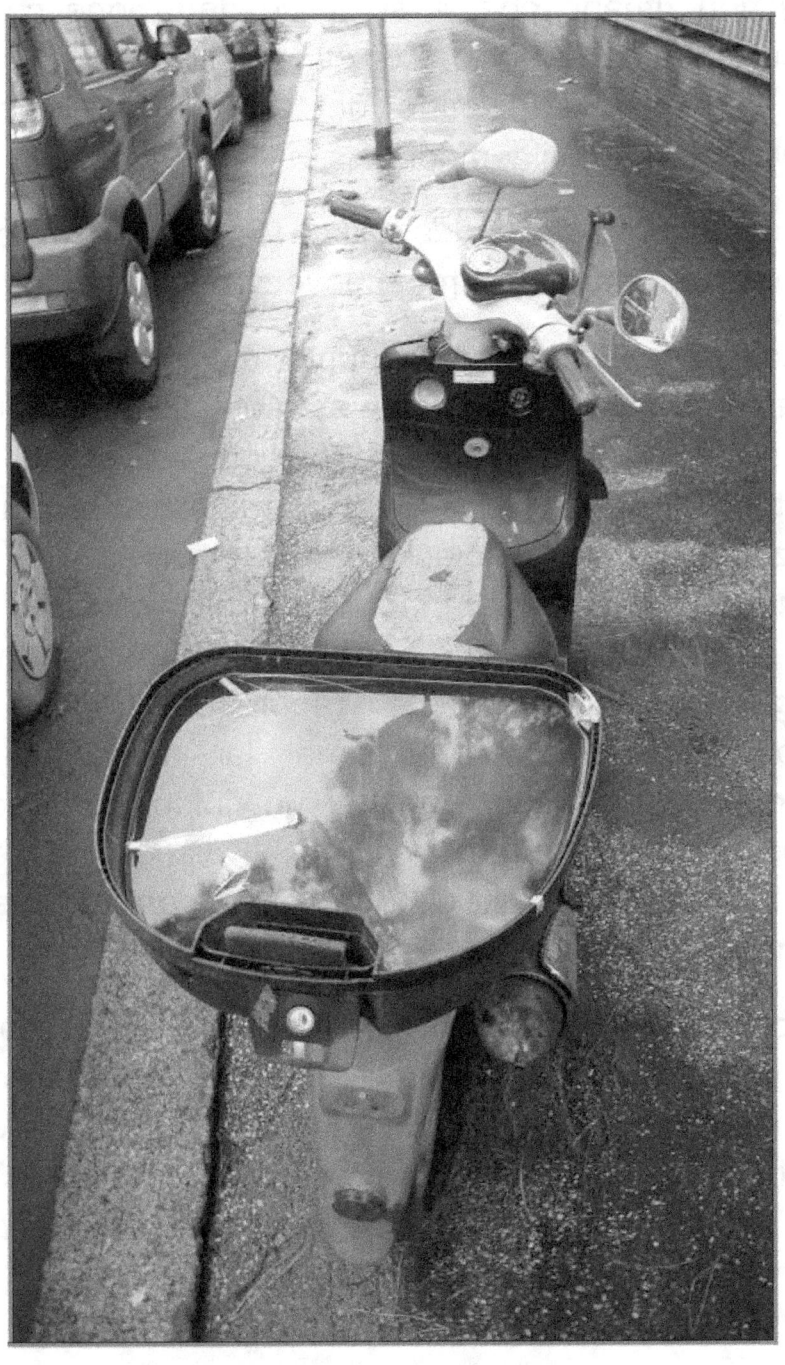

Nessuno riempirebbe il bauletto del proprio motorino con l'acqua e se si esclude che qualche malintenzionato lo abbia fatto, non rimane che la semplice deduzione che un forte temporale lo ha riempito. Per evitare gli equivoci, nella foto è stato annesso gran parte del marciapiede che essendo bagnato conferma il temporale.

La costruzione, delle due ultime foto, è libera e lascia al lettore la decisione di come muoversi nell'immagine.

I giochi d'acqua sono lo spunto per narrazioni descrittive solitamente strutturate in maniera semplice e lineare. Questo genere di fotografie non ha bisogno di grandi attenzioni eccetto le decisioni dei valori d'otturazione e di diaframma da utilizzare con il dettaglio sulle parti in movimento. Il diaframma determinerà quanto saranno definiti gli elementi di contorno della massa d'acqua che sono gli elementi che introducono maggiori variazioni nella rappresentazione. Il tempo d'esposizione determina come la massa d'acqua in movimento sarà rappresentata: un fluido uniforme o con il dettaglio sulle parti in movimento. Il diaframma determinerà quanto saranno definiti gli elementi di contorno della massa d'acqua.

Le costruzioni delle scene di questi soggetti possono essere semplici o complesse in funzione delle necessità espressive che ha l'autore. Tutte in ogni caso devono rispettare la regola che l'azione dell'acqua deve avere sufficiente spazio per il suo completamento e non deve essere chiusa, tranne rari casi specifici, in un'inquadratura troppo stretta.

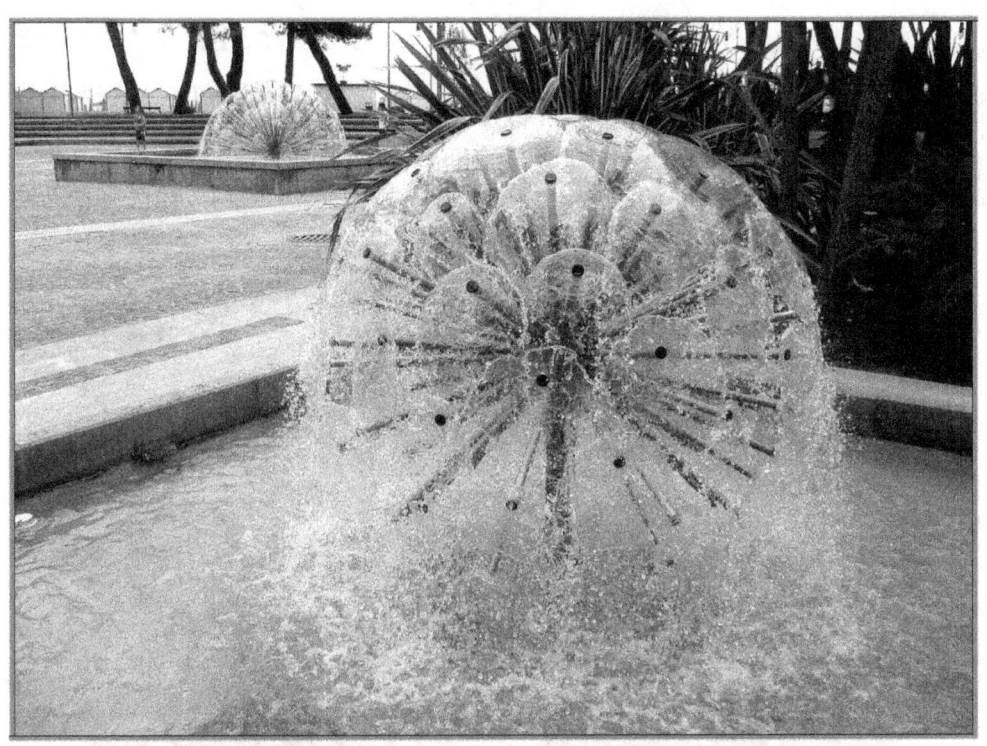

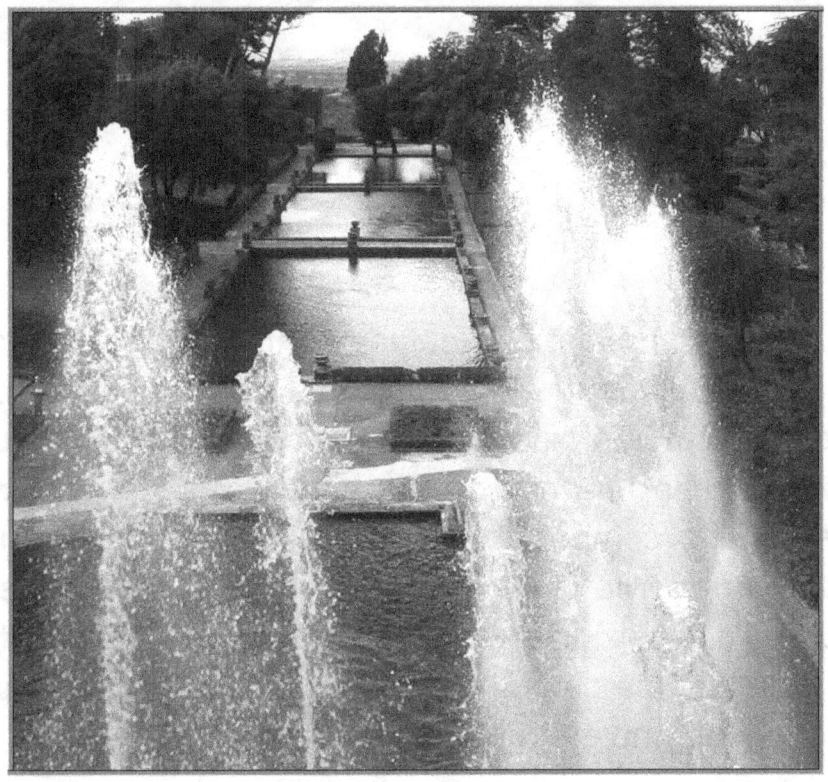

123

Temi di difficile svolgimento

Gli insetti

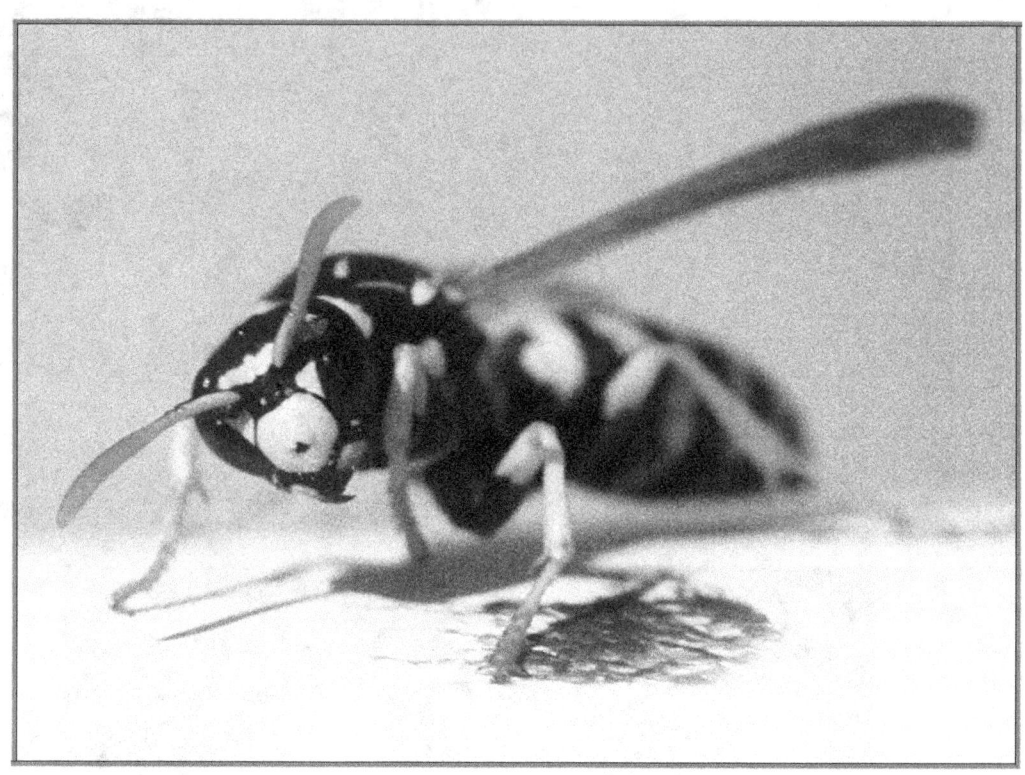

Fotografare un insetto è tecnicamente difficile tanto quanto la composizione degli elementi a disposizione. La distanza di ripresa è molto ravvicinata per evitare di rappresentare l'insetto come una macchietta scura su di un ampio sfondo. Questo fatto comporta una ridottissima profondità di campo, un'alta probabilità che la foto sia mossa e una ridotta quantità di luce a disposizione. Siamo nel campo della macrofotografia dove l'immagine che si forma sulla pellicola non è più piccola del soggetto, ma è uguale o più grande.

Per capire immaginate di fotografare un dipinto di grandezza 2,4X3,6 metri. Se l'immagine che si forma sulla pellicola occupa tutto lo spazio del fotogramma, l'immagine risultante avrà dimensioni di 2,4X3,6 centimetri. Quindi rispetto al soggetto l'immagine è 100 volte più piccola. La stessa cosa accade con un paesaggio, dove sono registrate centinaia di metri della scena come pochi centimetri. L'obiettivo standard non consente riprese a breve distanza perché non è stato progettato specificatamente per questa funzione. Comunque sia un obiettivo non mette a fuoco a una distanza come quella della foto in questa pagina che corrisponde a pochi centimetri. Si può spingersi a distanze così ridotte principalmente con due sistemi: il primo aumentando il tiraggio (cioè la distanza posteriore tra l'obiettivo e il piano dove si forma l'immagine) tramite un soffietto estendibile, il secondo aggiungere delle lenti addizionali davanti all'obiettivo. Inserendo elementi però la quantità di luce disponibile è minore e quindi ci costringe a usare il diaframma maggiore disponibile e a usare tempi di posa più lunghi. Quindi abbiamo una ridotta profondità di campo e un alto rischio di mosso che possiamo parzialmente parare utilizzando pellicole più sensibili che però introducono l'effetto di granulazione dell'immagine. Da un punto di vista compositivo è necessario utilizzare la ridotta profondità di campo in modo tale che le parti sfuocate non disturbino la lettura dell'immagine. Similmente le parti mosse devono coincidere con ciò che la memoria accetta come tali. In questo caso vedete che il mosso riguarda un poco l'ala, ma non la testa.

Una soluzione tecnica, che ci consente una buona diaframmazione e un tempo sufficientemente rapido, è l'utilizzo di un flash anulare. L'illuminatore è in pratica montato intorno e davanti all'obiettivo e fornisce un'illuminazione uniforme staccando bene il soggetto ed esaltando i particolari.

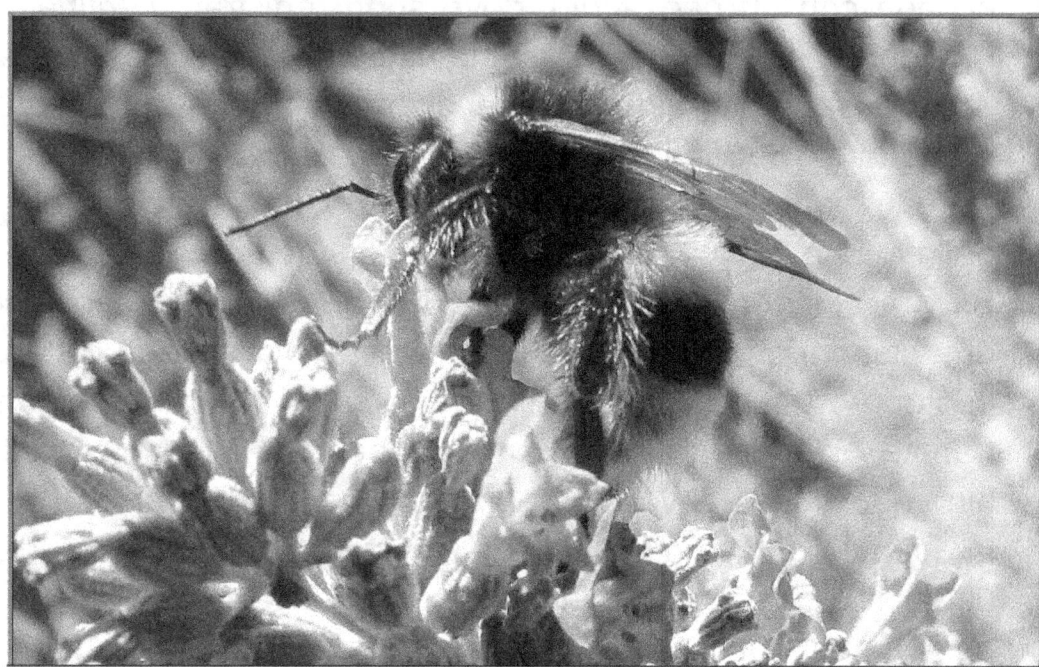

Personalmente preferisco sfruttare i giochi di luce presenti nell'ambiente, quando è tecnicamente possibile, altrimenti mescolo questa con una sorgente lampo.

In ogni caso, il principio da seguire nella realizzazione è lo stesso che vale per tutti i soggetti animati: persone animali insetti. Questo principio ci suggerisce un racconto realistico e naturale, senza forzature (ad esempio congelando l'insetto) e porlo in una situazione creata da noi. Altresì è necessario un angolo di ripresa che correli in modo idoneo il soggetto nel suo ambiente e una focale e una distanza che non mortifichino il soggetto.

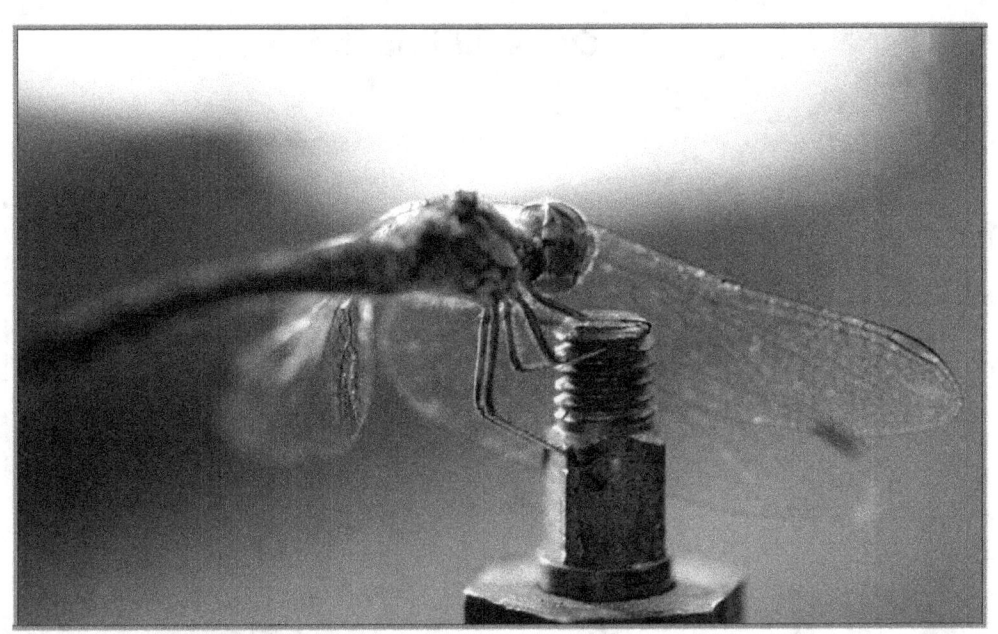

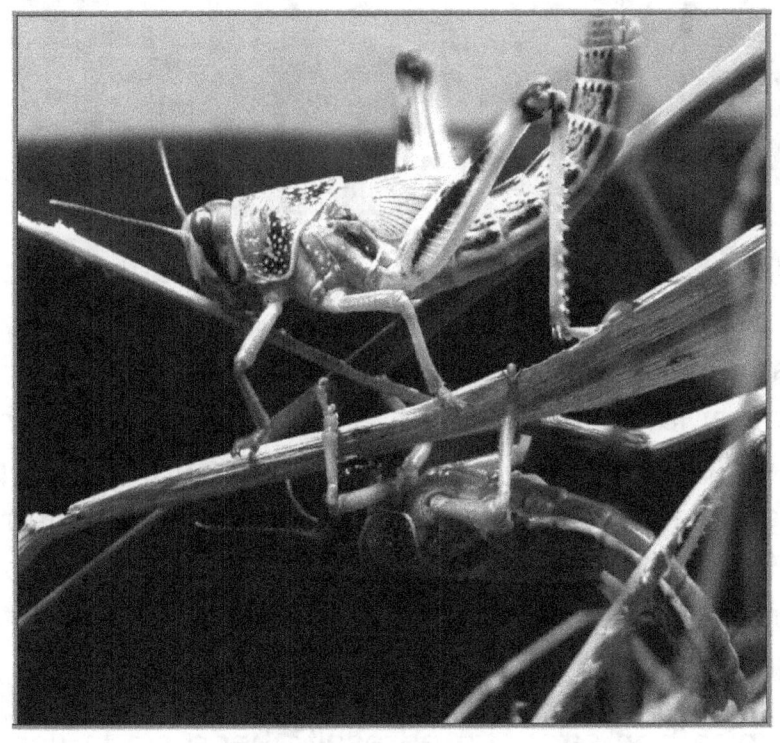

Quasi silhouette

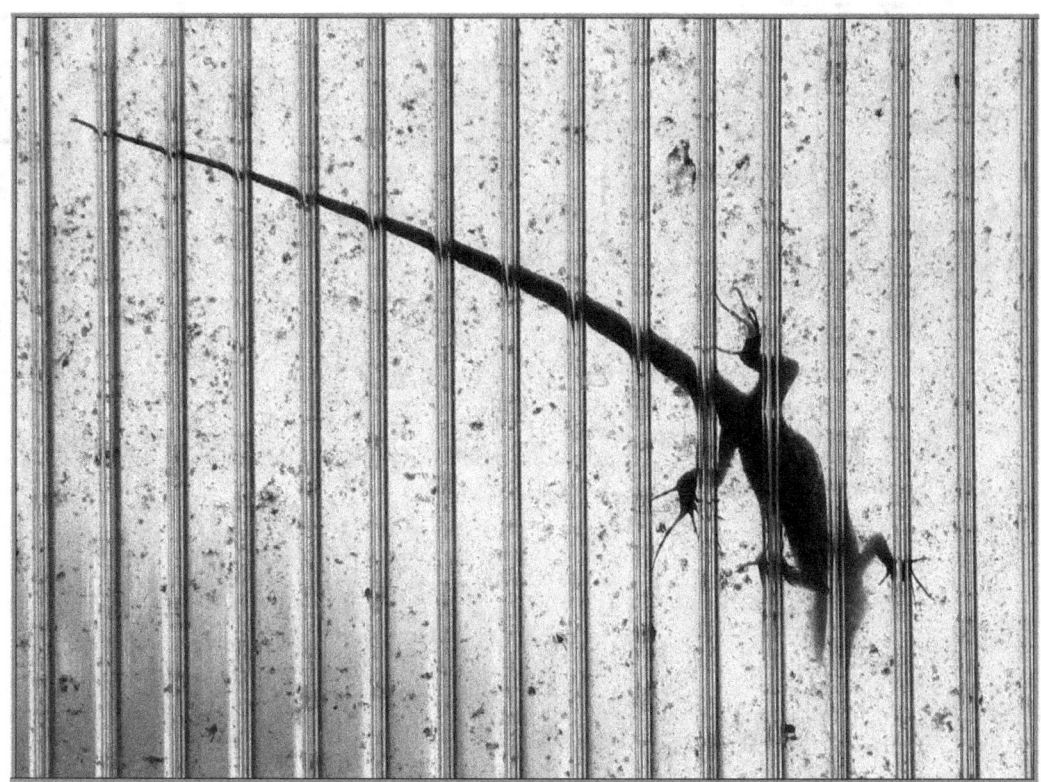

La silhouette è una tecnica di disegno d'origini antiche, diffusa in tutto il mondo. In fotografia la silhouette si realizza, quando poniamo il soggetto in controluce ed esponiamo in modo giusto per la fonte luminosa. Ad esempio una persona che ha alle spalle il sole, ha la parte anteriore in ombra e pertanto la differenza tra l'esposizione necessaria a registrare bene la parte anteriore e quella illuminata dal sole è tale che se esponiamo per il sole tutto ciò che in ombra sarà scuro e illeggibile.

La tecnica ben si adatta ed esalta bene sia la composizione, che ha elementi portanti completamente statici, sia quelle con azioni deboli o forti.

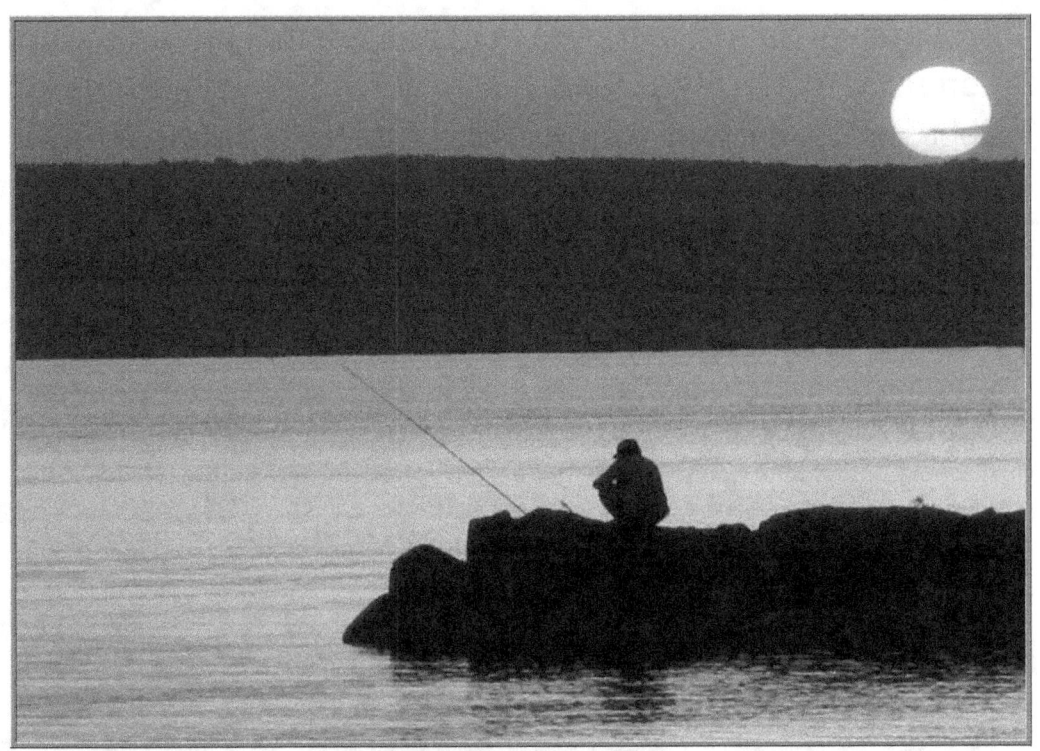

La negazione della possibilità di leggere dentro le forme in gioco generalizza l'immagine e tende a mutare la foto in un simbolo di una classe di soggetti o d'eventi. Inoltre concentra l'attenzione sull'ambiente non stilizzato che circonda la silhouette. E' un modo di creare un elemento simbolico e di correlarlo a un ambiente realistico.

Ad esempio nella foto del lago, il pescatore non è una persona riconoscibile è simbolo di una classe ed è calato in un tramonto dalla rappresentazione classica. Le costruzioni e gli elementi sintattici in gioco nelle realizzazioni amatoriali di solito non sono complessi, mentre nella fotografia professionale possono essere talmente articolate da obbligare il lettore solo a certe sequenze di lettura.

Provate voi da soli a capire, in questi esempi riportati, come e perché si sono fatte certe scelte di composizione che sono abbastanza evidenti come nella foto del pescatore dove le linee dei monti, della riva e degli scogli sono tutte parallele tra loro ed anche ai lati orizzontali della fotografia. Soprattutto cercate di capire perché il centro del campo si trovi in quella posizione e non in altre.

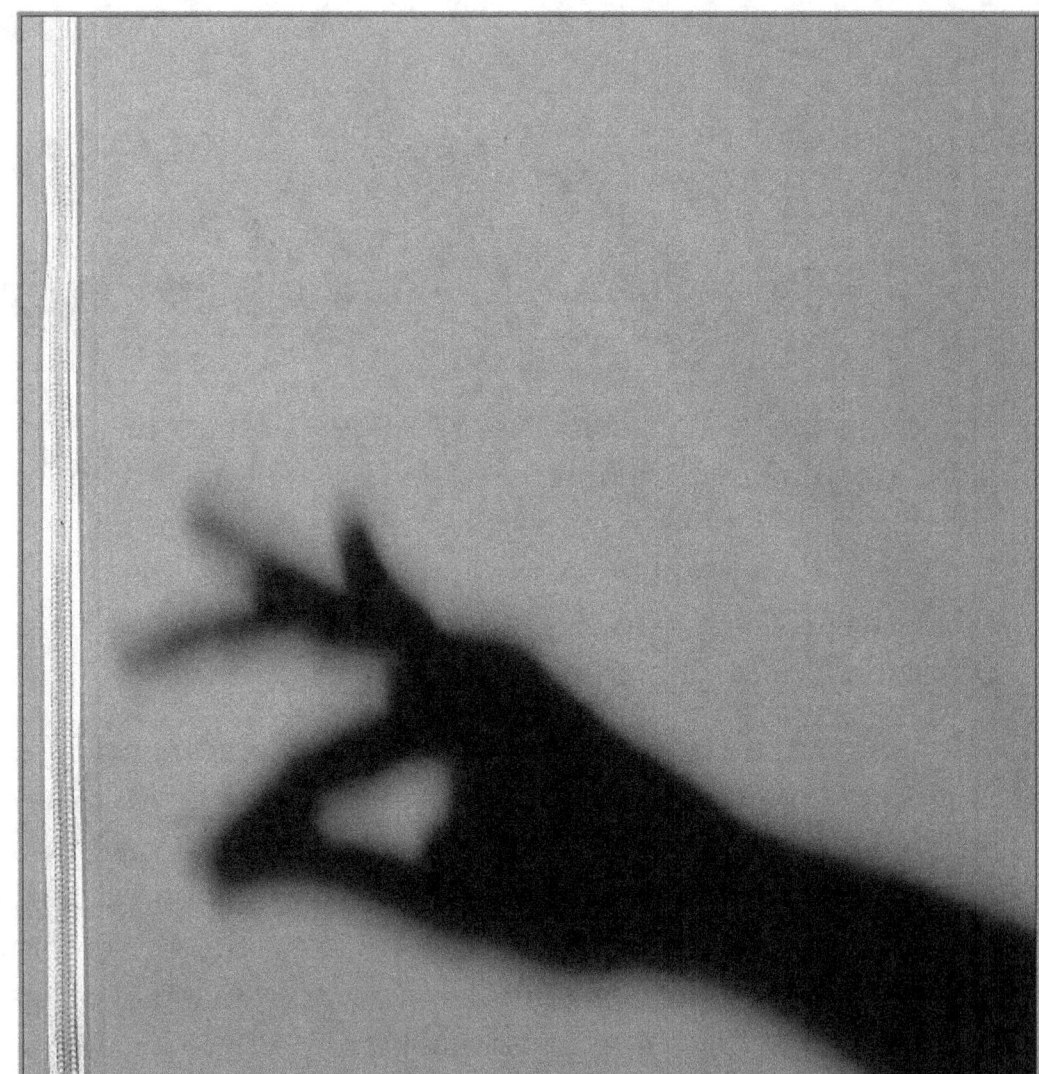

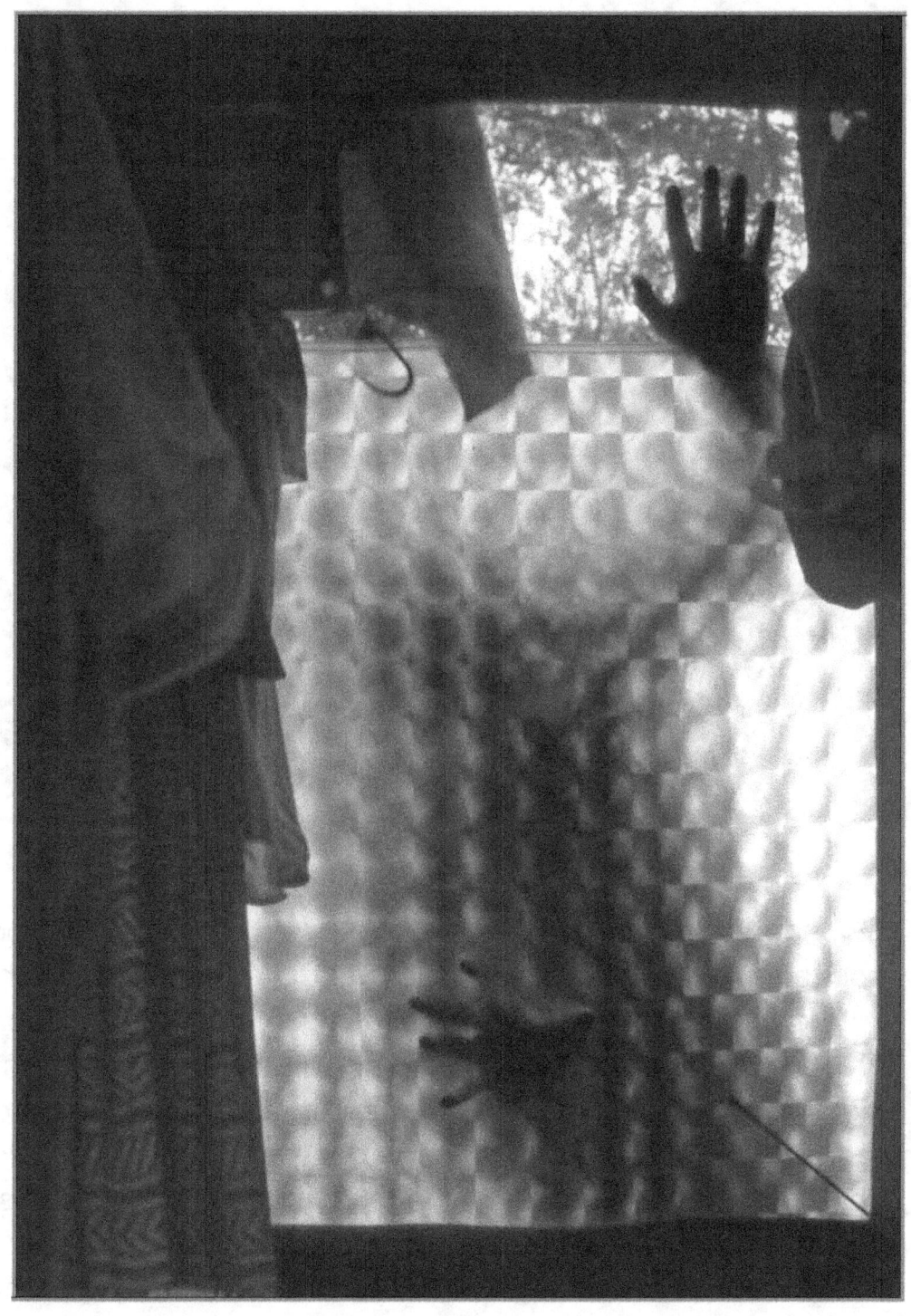

La regola del pertugio e
l'esaltazione con piani sfalsati

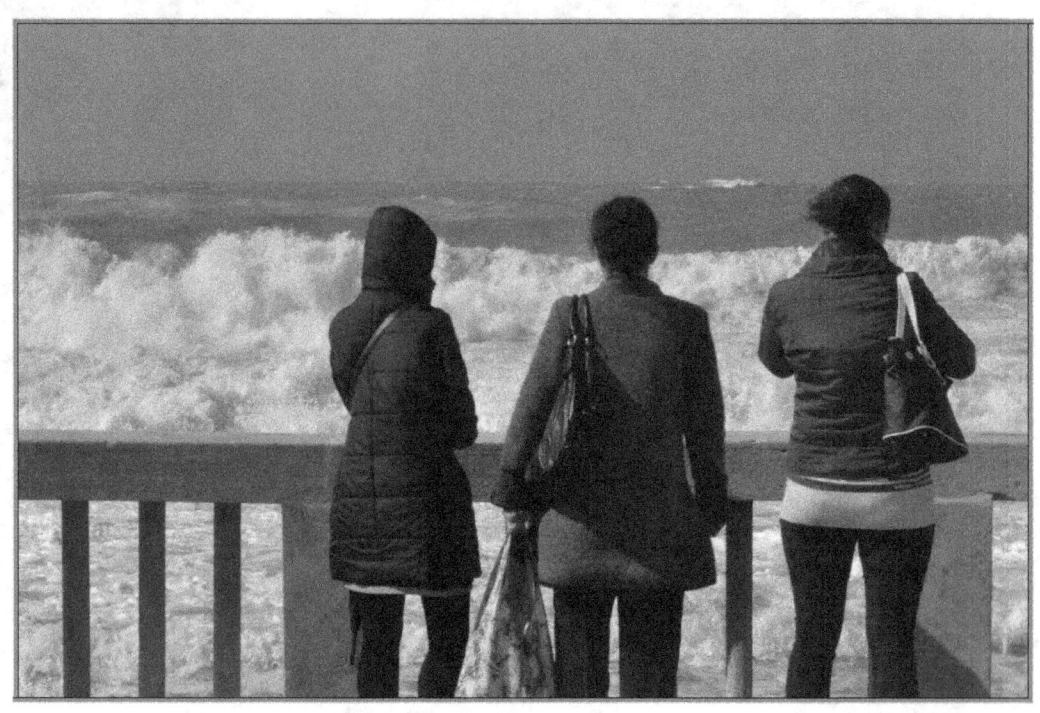

Quando un'azione, vasta e forte, è posta dietro un gruppo di soggetti, è bene lasciare un pertugio lateralmente affinché il lettore possa percepire senza ostacoli parte dell'azione e crearsi un'idea precisa anche delle parti non visibili. Il caso classico è esposto nella foto qui sopra dove un gruppo di ragazze osserva dal molo l'irruenza delle onde. Se avessi chiuso completamente con un altro soggetto sulla sinistra, allora la forza delle onde sarebbe stata mitigata di molto. Ho trasformato la foto in digitale ed elettronicamente ho montato un'altra persona sulla sinistra.

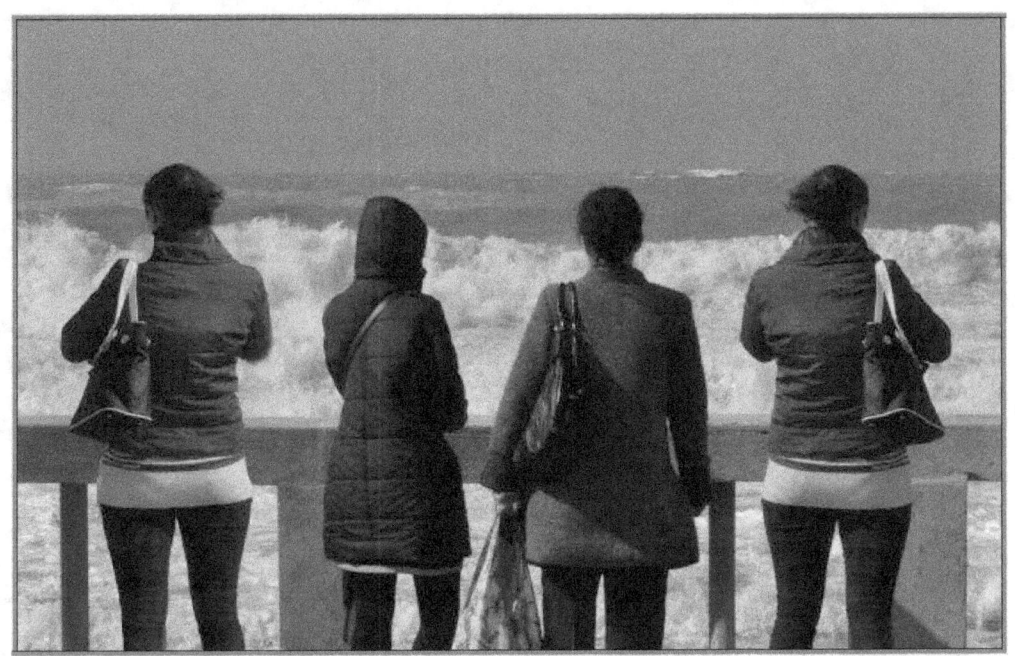

Nella foto qui sopra vedete com'è mitigata la forza del mare, che non incute più timore, perché tra noi e le onde è posta una barriera umana senza falle.

Potete sbizzarrirvi su dove lasciare il pertugio e sul numero di elementi che fanno da barriera tra il lettore e l'azione. Solitamente il pertugio è lasciato a sinistra, al centro o a destra.

La prospettiva che si adotta, combinata con l'obiettivo idoneo, può esaltare l'azione che si riprende soprattutto se la combinazione sfalsa il piano su cui si svolge l'azione rispetto ai piani degli elementi statici.

Nella foto seguente, la linea dell'orizzonte che divide il mare dal cielo è più in alto di quello che dovrebbe essere.

Il cervello deduce la posizione dell'orizzonte dall'altezza del pilone del molo rispetto alla zona di rottura delle onde ed

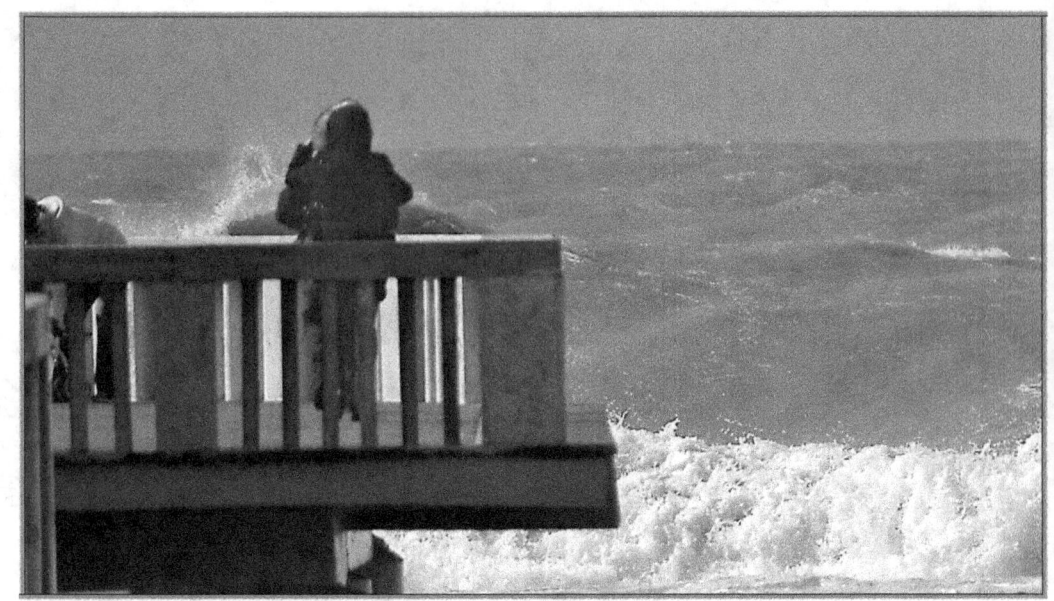

estrapolando questa posizione verso il largo con inclinazione condizionata dalle prospettive in gioco.

Poiché manca il riferimento pilone-acqua, il cervello istintivamente si aggrappa all'orizzonte comprimendo l'altezza del molo. Il risultato è la percezione non più di un mare agitato, ma di un vero e proprio muro d'acqua che si sta per abbattere sulle persone sul molo.

Elettronicamente ho ripreso il mare agitato e l'ho spostato più in basso.

Nella foto vedete che variato il punto prospettico, anche se non è percepibile il valore pilone-acqua, comunque il molo sembra più alto e il mare non incute paura.

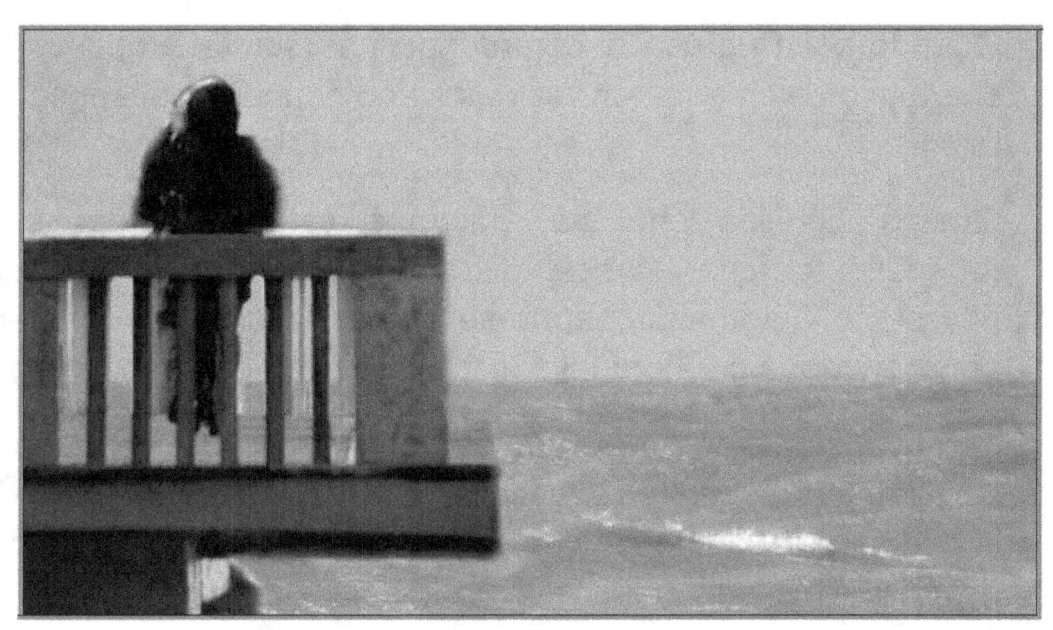

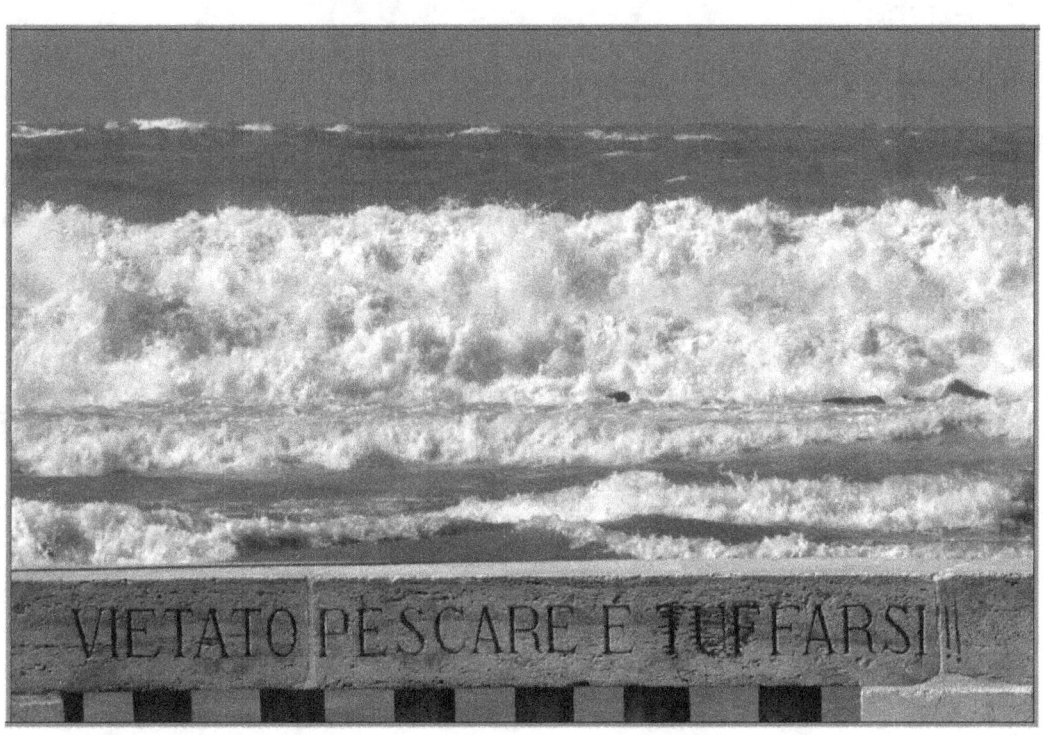

Quando nella ripresa si comprende una scritta è necessario che tutti gli elementi non testuali siano concordi col senso del testo.

Questo significa che già un mare calmo inficerebbe la fotografia perché invece di ottenere dal lettore quella riflessione automatica rappresentabile dalla frase: Io credo bene! Avrebbe creato quella: Il fondale è forse basso?

La costruzione dell'immagine è particolare e di tipo classico che relega la scritta e utilizza il supporto come quando, impaginando una foto, si crea un rettangolo, sotto la foto, dove s'inserisce la didascalia.

C'è poi un motivo che lega le foto presentate in questa sezione.

Le foto sono state scattate tutte nel medesimo luogo a poca distanza e quasi nello stesso momento.

Volevo farvi toccare con mano come, nella stessa situazione generale, era possibile applicare regole sintattiche, di composizione e tecniche di ripresa diverse e tutte ugualmente valide. Quindi quando giungete su un luogo, non scattate subito a vanvera, non è la quantità che vi permette di ottenere la qualità.

Guardatevi intorno e decidete che cosa volete raccontare e se l'occasione non c'è, aspettate perché se la vostra immaginazione vi ha suggerito un evento possibile, molto probabilmente fra poco accadrà.

Fotografare gli animali

Molteplici possono essere le tecniche di composizione che vanno bene per questo genere di soggetti. Senza perderci in lunghe liste aride e improduttive vediamo qui quelle tecniche che finora abbiamo tralasciato.

La saturazione

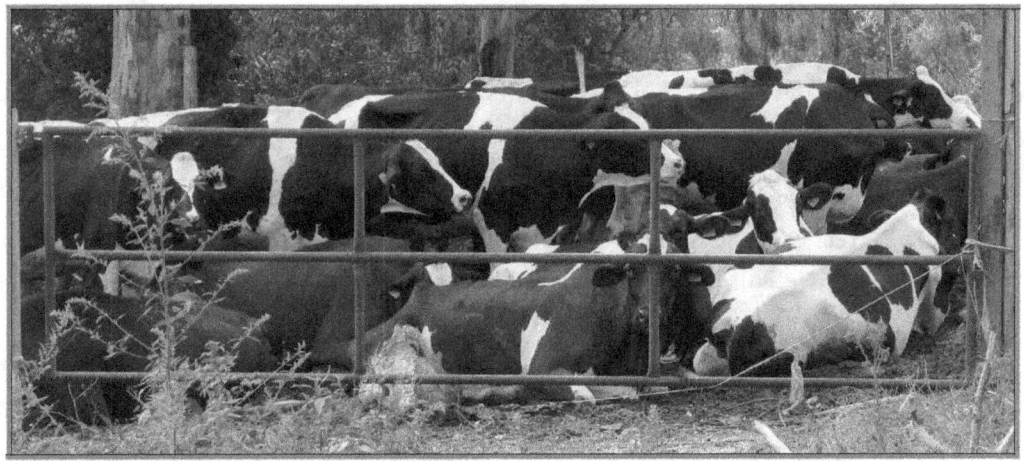

Questa tecnica è applicabile a qualsiasi elemento significante e consiste nel saturare l'area del fotogramma con un tipo d'elemento ripetuto. Secondo del soggetto base e d'altri elementi significativi presenti si ottengono effetti diversi. Nell'esempio riportato sopra, anche se le mucche non sono gemelle o cloni, l'occhio umano trascura le differenze e la composizione è assimilabile alla saturazione. Il fatto poi che sono tutte chiuse in un recinto, infonde un senso di disagio e oppressione. Nella saturazione se il centro del campo non contiene elementi significativi, come in questo caso, il lettore inconsciamente ripete la lettura generale più volte aumentando il senso di disagio.

La saturazione può procedere lungo un percorso orizzontale, come in questo caso, o verticale oppure in una direzione inclinata.

Se la direzione della saturazione è la stessa di un elemento significante, allora si dice che la saturazione è contenuta perché l'elemento significante fa da contenitore alla zona saturata.

Le saturazioni possono essere molteplici, vale a dire costituite da più soggetti di base che mescolati a gruppi o divisi ognuno satura una zona dell'immagine. La saturazione può essere realizzata con poche ripetizioni o con molte secondo delle dimensioni dell'elemento base rispetto all'area dell'immagine.

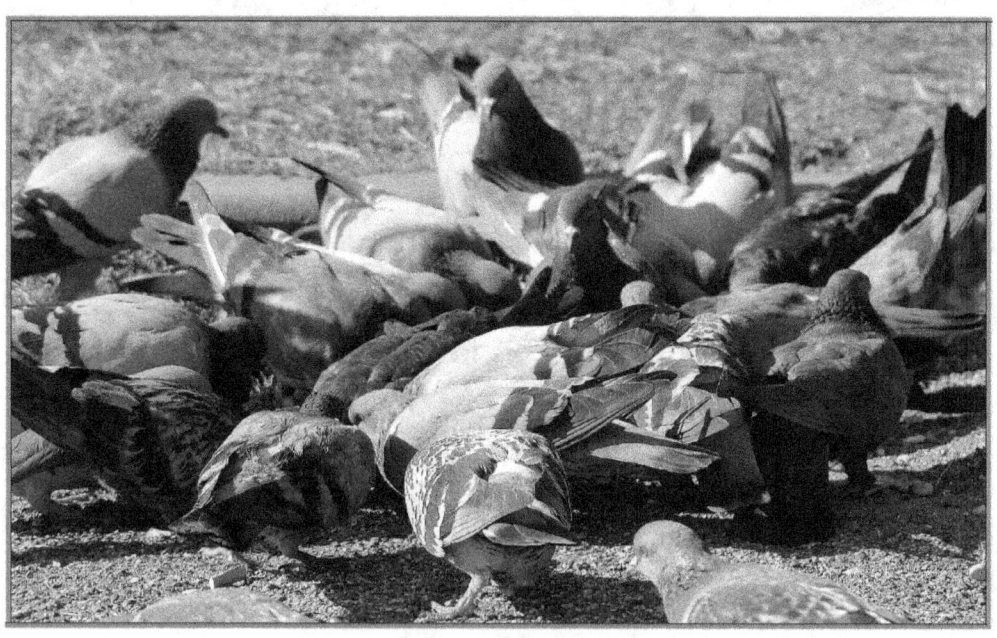

I due triangoli rettangoli vincolati

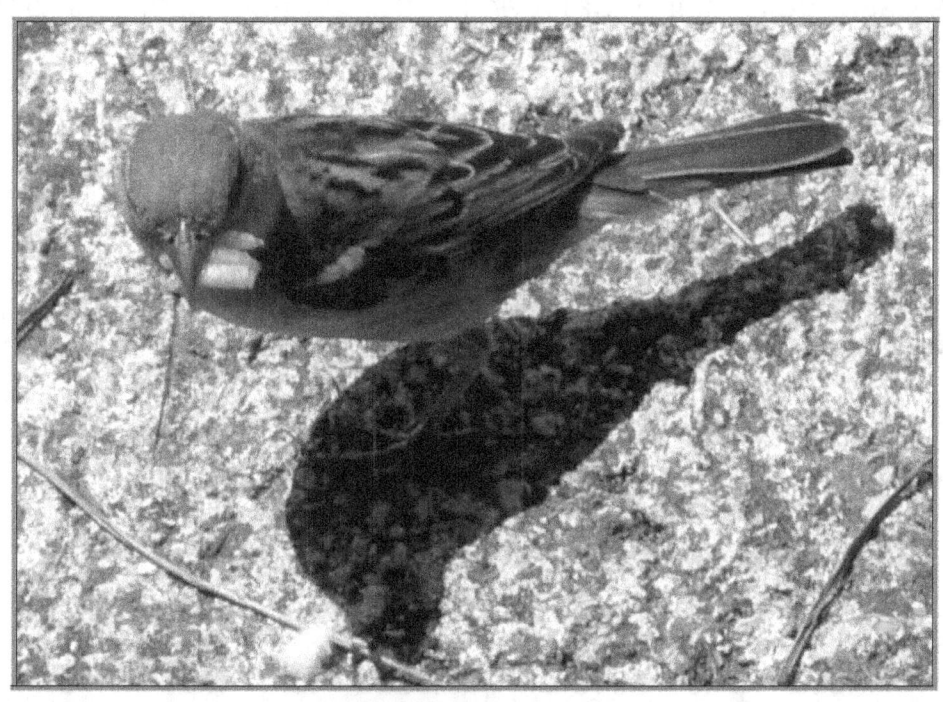

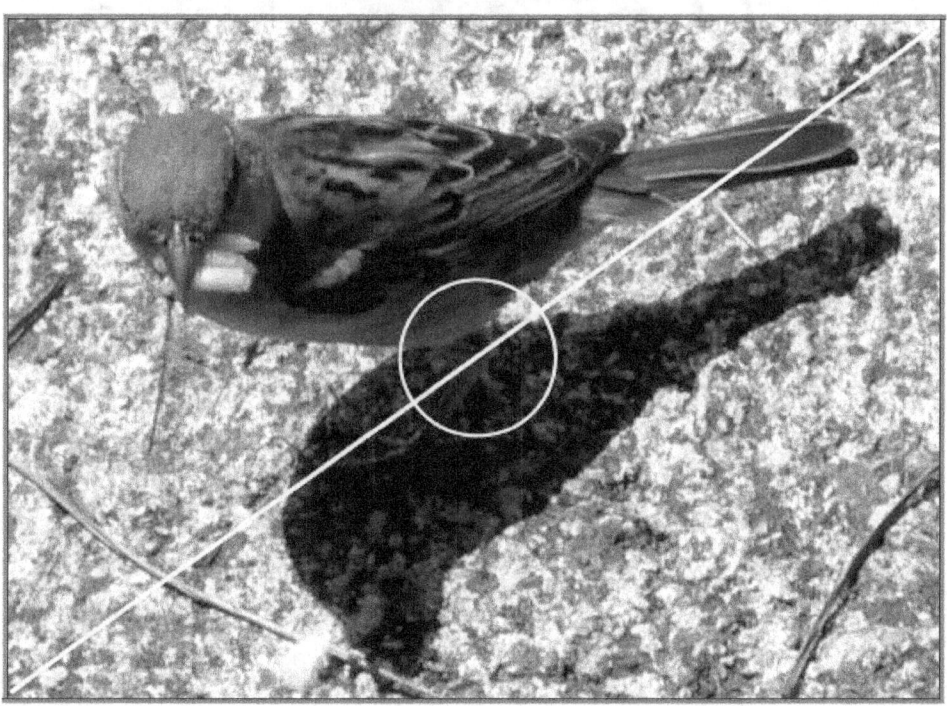

Se i due triangoli rettangoli contengono uno il soggetto principale e l'altro un elemento che vincola il soggetto a se stesso nella zona del centro del campo allora si parla di lettura guidata attraverso un vincolo.

Nell'esempio riportato, il piccolo uccello è, quasi tutto, nel triangolo di sinistra mentre la sua ombra in quello di destra.

Concettualmente un'ombra è vincolata per definizione al soggetto e inoltre nella zona del centro del campo la curva del corpo incontra la corrispondente dell'ombra.

Le zampe sono poco visibili perché in ombra e quello che si percepisce è l'incontro delle due curve.

Questo fatto comporta una continua lettura dell'uccelletto andando e tornando dai vincoli dell'ombra.

Il vincolo può essere qualcosa che non è un'ombra, importante è che sia posto al centro della fotografia e che sia parte in comune di entrambi i soggetti limitati nei due triangoli rettangoli.

Questa tecnica è di difficile realizzazione in ripresa, di solito si realizza in fase di post produzione, inquadrando ad hoc.

La divisione orizzontale a due

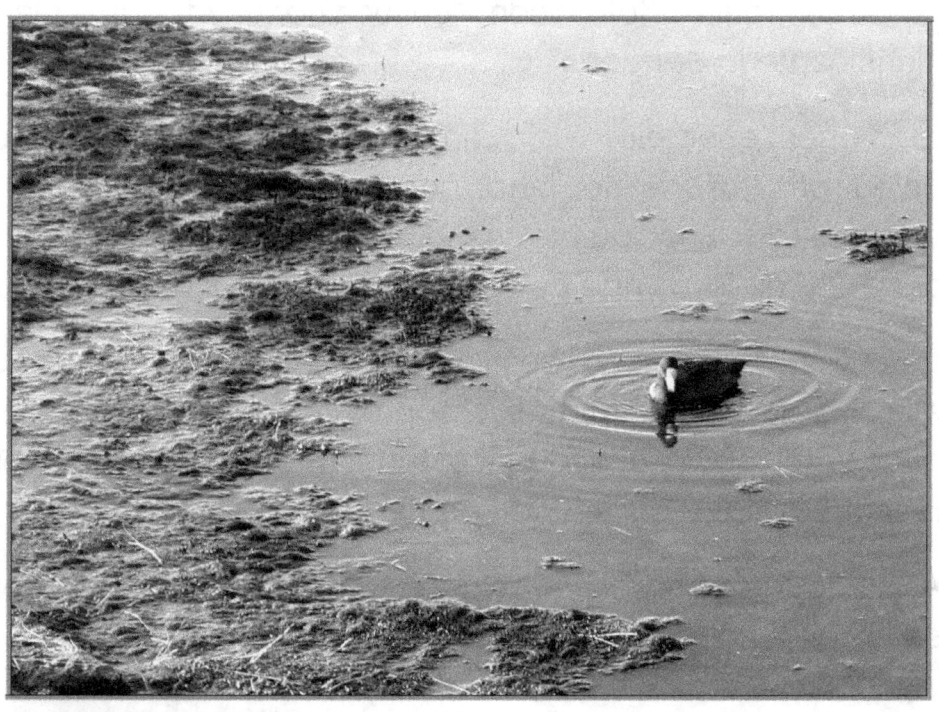

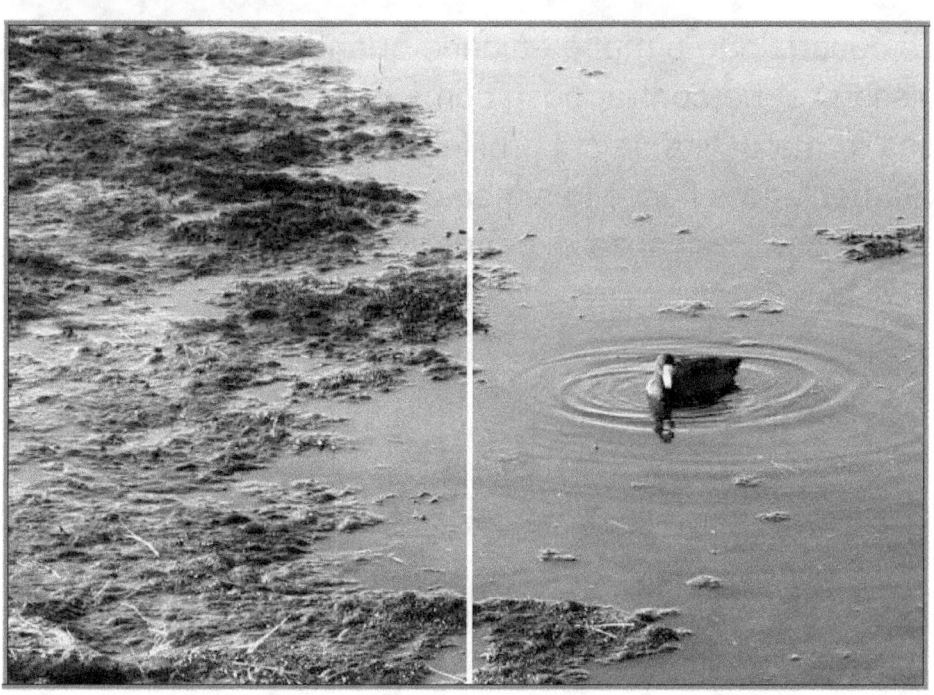

Avevo accennato nella concordanza alla divisione in due zone dell'area della foto con collocazione di un elemento significante in ognuna.

In quest'esempio le limacciose alghe, segno di un'eutrofizzazione del lago, non contengono azioni e tutto è pervaso da una quiete assoluta. Perfino le piccole onde generate dalle zampe dell'uccello sono di forza modesta.

Le due storie quella di destra dell'uccello che vaga sconsolato alla ricerca dell'ultimo pesce sopravvissuto e quella di sinistra causa del deserto acquatico tutto intorno si legano proprio laddove la linea di costruzione passa.

Anche questo tipo di costruzione gode della proprietà per cui se si dividono le due aree, si ottengono due fotografie significanti.

La costruzione è molto efficace quando i contenuti dei due discorsi sono contrapposti come nel caso riportato. Le alghe, una forma di vita, la cui proliferazione porta alla morte nella vita nel lago e l'uccello simbolo di vita ancora esistente che presto per mancanza di pesce potrebbe soccombere.

Senza soluzione di continuità con interruzione

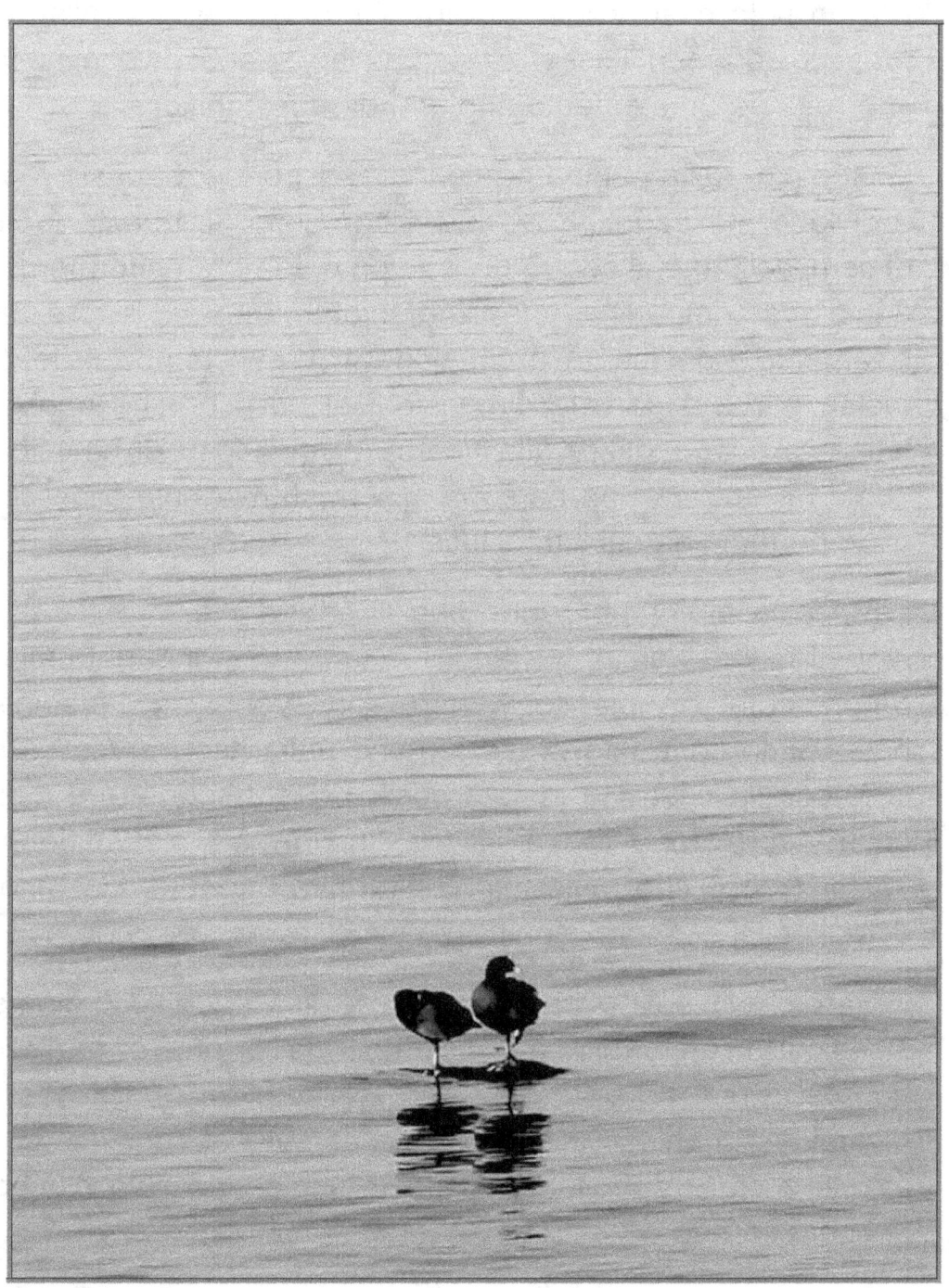

Nella fotografia in bianco e nero, di solito si evita che un grigio uniforme invada tutta l'immagine.

C'è un solo caso in cui, durante la lettura, è ben tollerato e proficuo: quando l'assenza di una soluzione di continuità è interrotta da un elemento non grande ma significante.

L'esempio, nella pagina precedente, risponde a questa regola e diviene messaggio coerente e completo. In questa tecnica di composizione, il centro del campo è sempre uniformemente grigio per impedire che immediatamente il lettore trovi l'elemento significante e concluda in breve tempo la lettura. Inoltre serve a dare le dimensioni dl nulla perché obbliga il lettore a scandagliare alla ricerca di qualcosa di definito. E' come far entrare una persona in una stanza buia alla ricerca di un pertugio da cui filtri la luce.

La tecnica di composizione ben si adatta a elementi come il lago, il mare, il cielo, ma anche a tutti quei fondi naturali che rappresentati in bianco e nero forniscono un'immagine a bassissimo contrasto. Specifico che nulla ha che vedere con la fotografia costruita in sala posa, dove il soggetto è messo contro un fondale artificiale uniforme. La differenza sostanziale è che nella foto l'uniformità ottenuta è composta di molteplici elementi significanti simili: le piccole onde.

E' vero che in sala posa potete ricostruire fondali con elementi significativi uniformi, ma diciamoci la verità è preferibile andare in riva ad un lago a cercare la situazione o passare diversi giorni chiuso in un locale a cercare di convincere due uccelli a stare appollaiati su un trespolo artificiale e magari anche a sorridere?

Scherzavo....

La verità è che preferisco fare foto in ambienti naturali e non forzare la mano costruendo scenografie ad hoc, sono un purista lo ammetto della fotografia.

La foto in sala posa la vedo solo finalizzata a casi in cui sono necessarie attrezzature complementari difficilmente trasportabili.

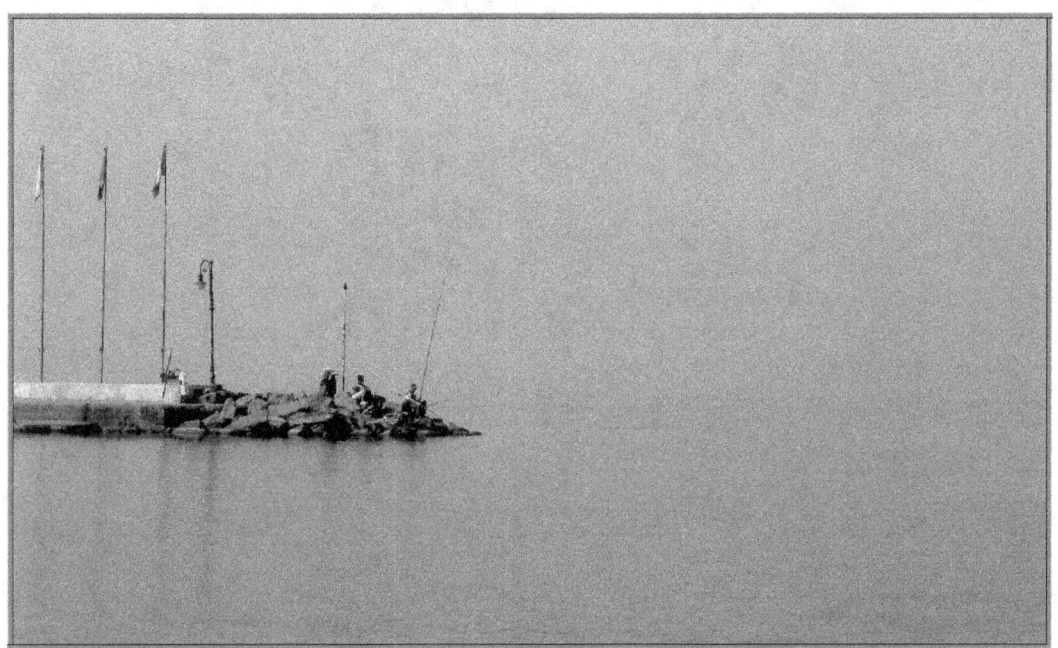

Situazione o punto di vista insolito

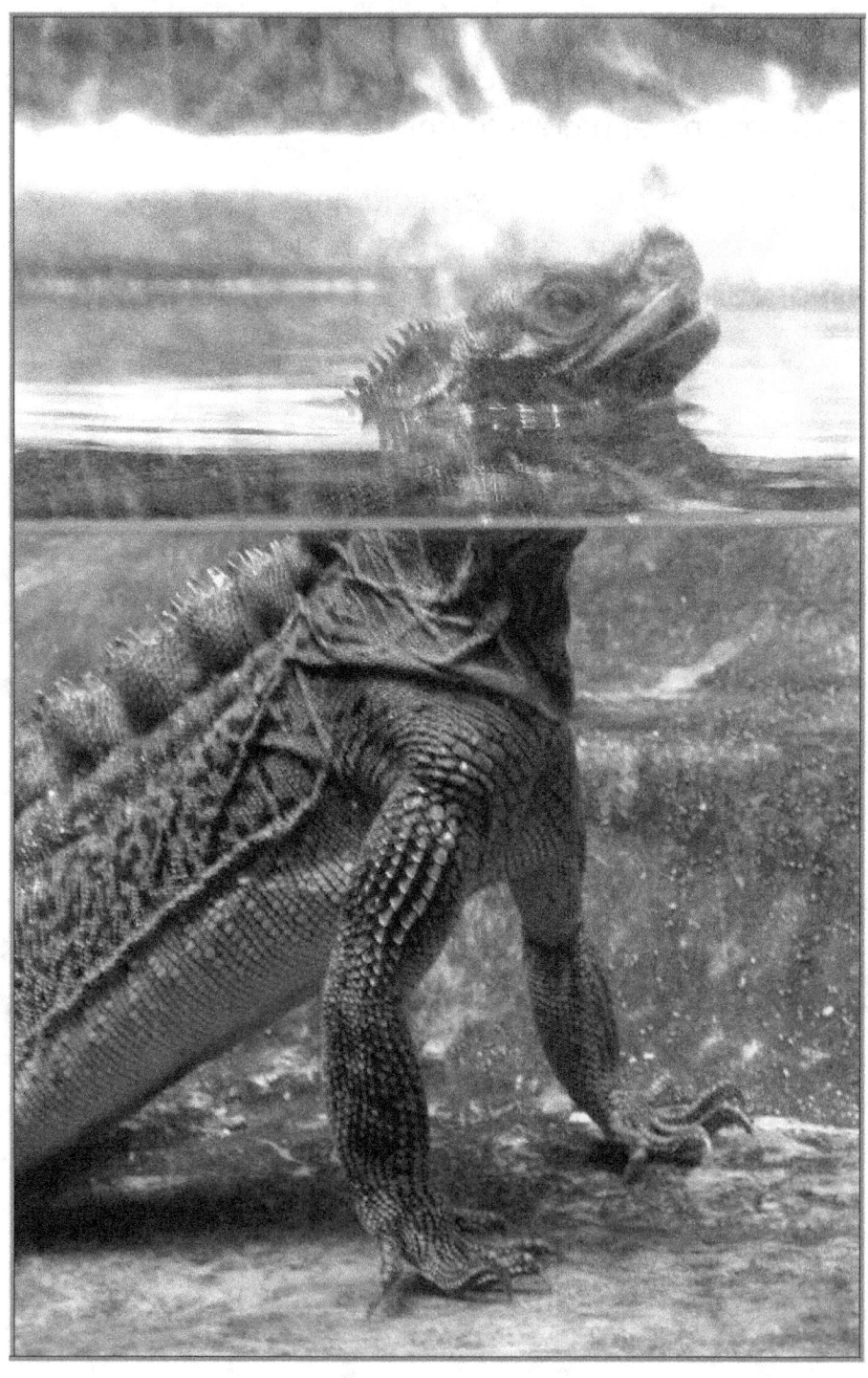

Rappresentare utilizzando un punto di ripresa non convenzionale significa destare curiosità nel lettore.

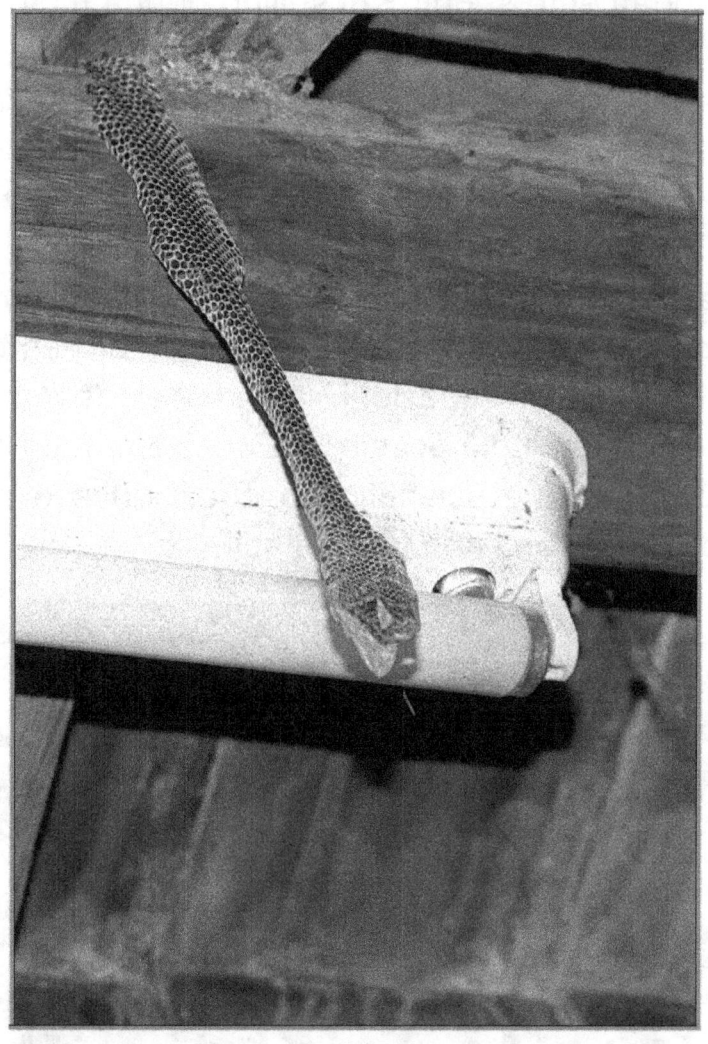

Vedere contemporaneamente sopra e sotto l'acqua non capita tutti i giorni e questo fatto si può sfruttare per aumentare l'interesse del lettore.

Similmente non è comune che la muta di un serpente avvenga tra le travi del soffitto e questa penzoli sopra di un lampadario al neon. Situazione insolita anche quella del gatto che fa le pulizie, non in strada o in giardino, ma comodamente seduto sul sellino di una moto. Le strutture di composizione che si possono adottare sono molteplici: si va dalla leggera sfasatura del soggetto rispetto al centro del campo (nella foto del gatto) a quella della pelle del serpente che è posta quasi sulla diagonale del fotogramma e la lampada al neon inclinata per aumentare l'effetto di penzolamento. Qualsiasi metodo scegliete, ricordatevi che sono soggetti che dovete riprendere nel loro ambiente di vita e non costruire situazioni artificiose. Insomma cercate d'essere veritieri il più possibile. Eccezione fatta per quei casi di documentazione scientifica o quelli dove è richiesta una situazione altrimenti non fotografabile.

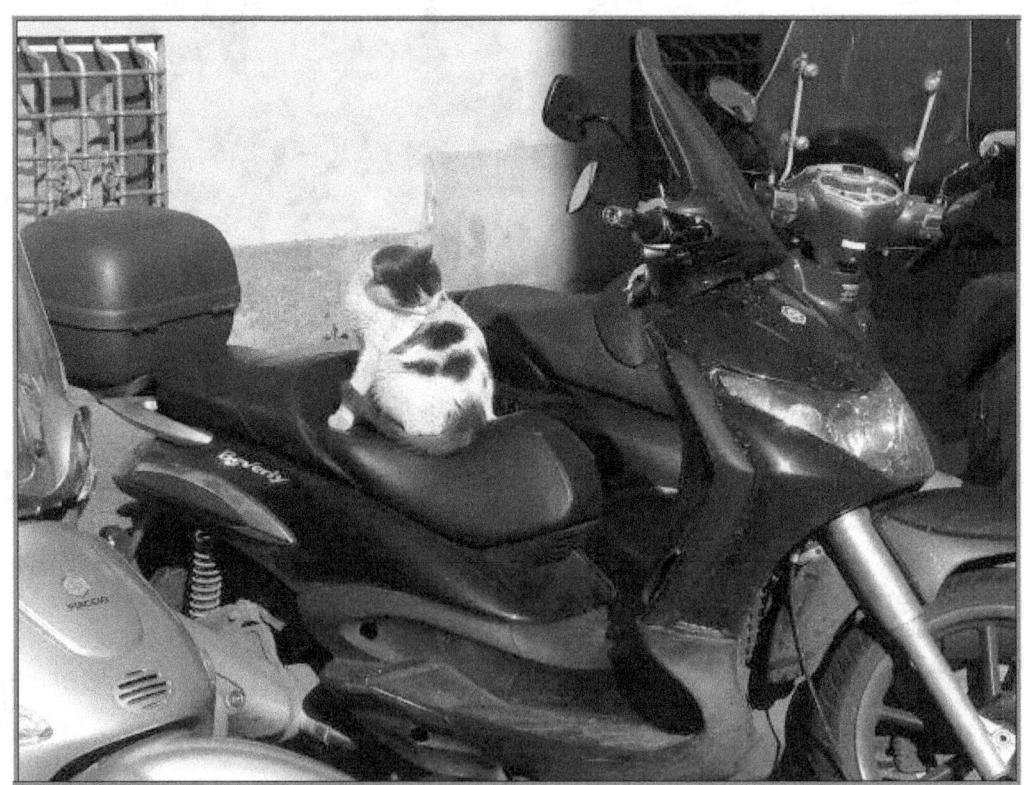

Fotografare le sensazioni

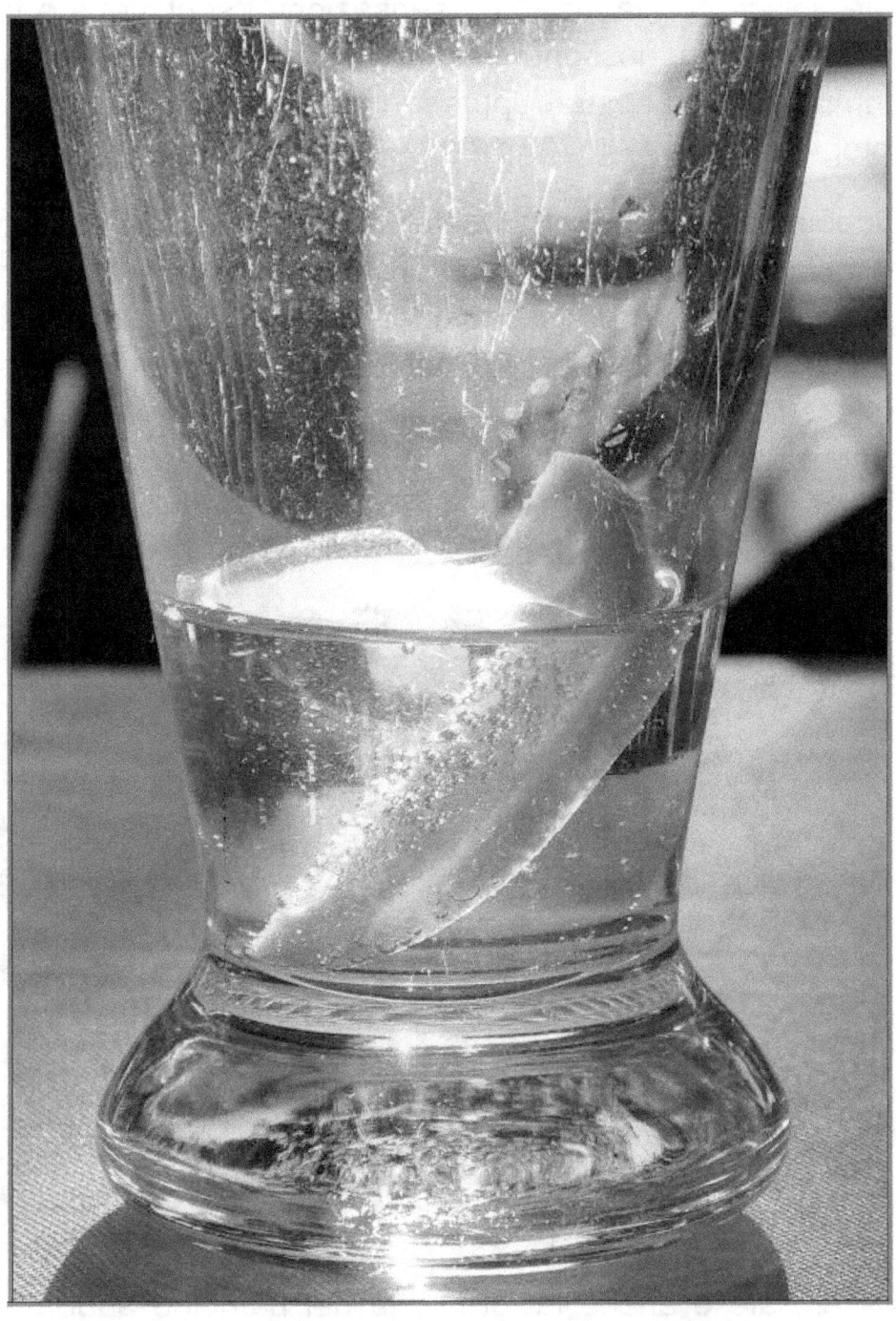

Che cosa c'è di più difficile da fotografare di qualcosa che non interagisce con la luce? Le sensazioni, i sentimenti e tutte le emozioni non possono essere utilizzate come elementi da comporre nella nostra rappresentazione perché non possiamo fotografarli.

Dobbiamo farlo indirettamente fotografando altri soggetti che stimolano la memoria del lettore. L'intenzione, realizzando la prima fotografia, era di trasmettere una sensazione di sete dovuta al caldo. Al centro del campo è posto il riflesso del sole sulla superficie dell'acqua minerale, dove il limone in ombra delinea un tipo di bevanda tipicamente dissetante. La fotografia è essenziale e nulla concede al lettore al di fuori del bicchiere e della bevanda.

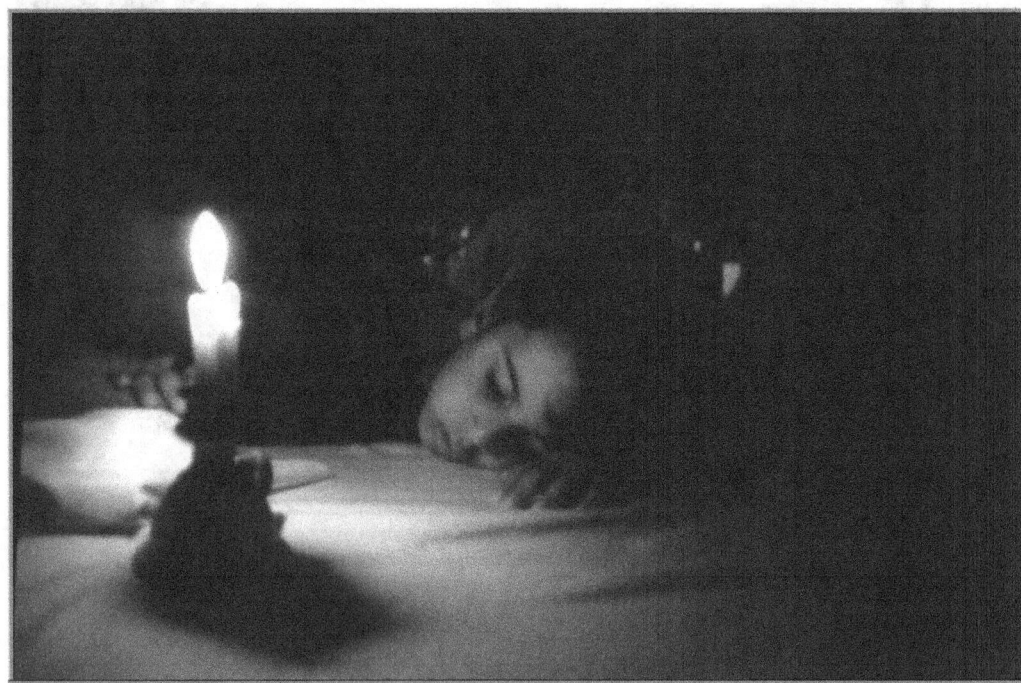

Essenziale è anche la fotografia del bambino addormentato dove solo due elementi e non perfettamente delineati sono vincolanti: il viso e la candela. La stanchezza che trova refrigerio nel sonno sereno è la sensazione che questa fotografia dovrebbe infondere.

La costruzione è semplice: eliminazione di tutto ciò che è superfluo con la presenza del buio, viso al centro del campo e candela sfuocata per non vincolare la lettura a questa e farla tornare sul viso del bambino.

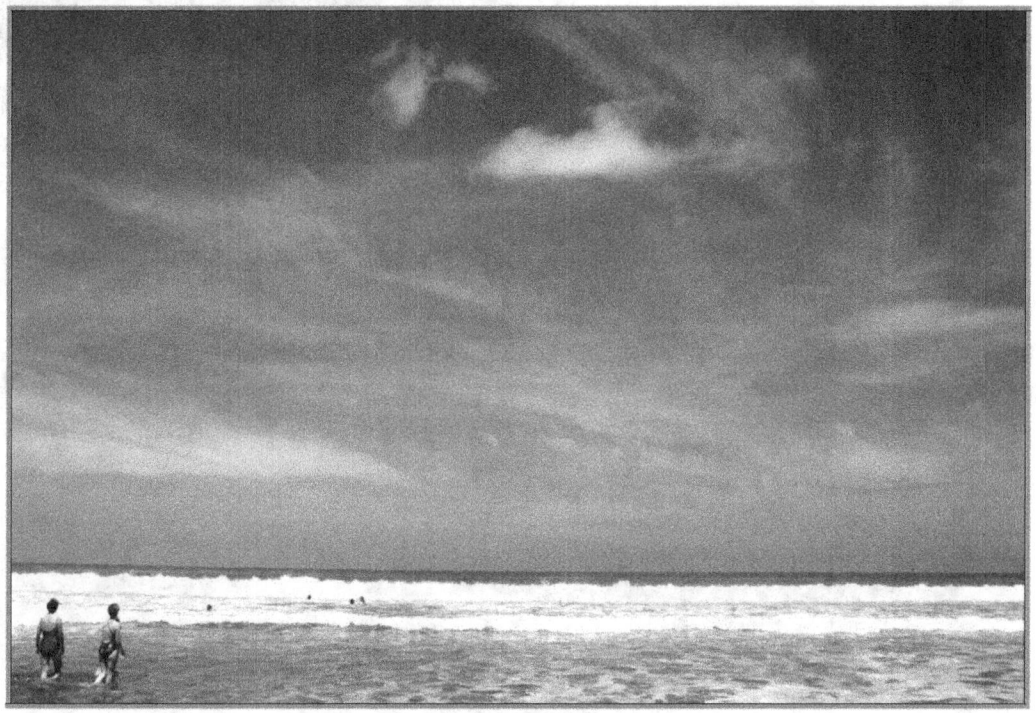

La sensazione d'infinito nella foto sopra è ottenuta dando quasi tutto lo spazio al cielo e rapportandolo prima al mare, qui limitato, e poi a delle minuscole persone. Il cielo è più grande del mare e sembra avvolgere tutto. Il cielo non occupa solo la parte superiore del fotogramma, invade la zona che di solito compete al mare schiacciandolo verso la terra. Le persone sono piccole ed escono dal vertice inferiore sinistro come per affacciarsi su quest'immensità.

Simmetrie

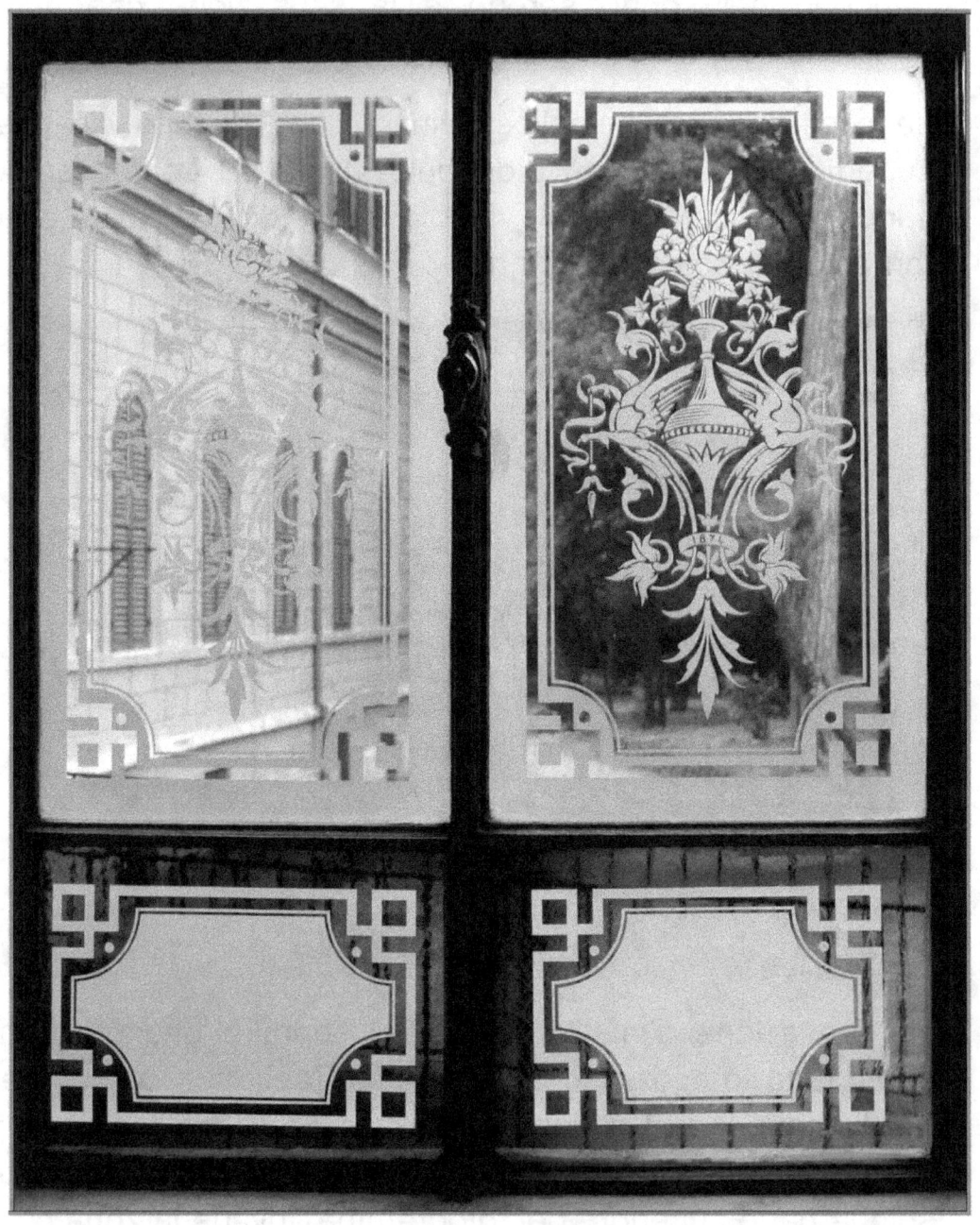

Le simmetrie possono totali o parziali, intere o interrotte, solo orizzontali o solo verticali ed entrambe le dimensioni.

Sfruttare le simmetrie significa creare le linee guida della lettura in funzione dello sviluppo geometrico all'interno della forma che è simmetrica. Ad esempio, la finestra che è certamente una simmetria totale, è però anche interrotta dal fatto che alcune zone dei vetri lasciano intravedere lo sfondo esterno.

Personalmente preferisco questo tipo di simmetrie dove il fatto non coinvolge totalmente tutta l'immagine.

Gli elementi delle strutture architettoniche danno vita a innumerevoli tipi di ordinamenti simmetrici e sono quelli che meglio si adattano a questo tipo di costruzione.

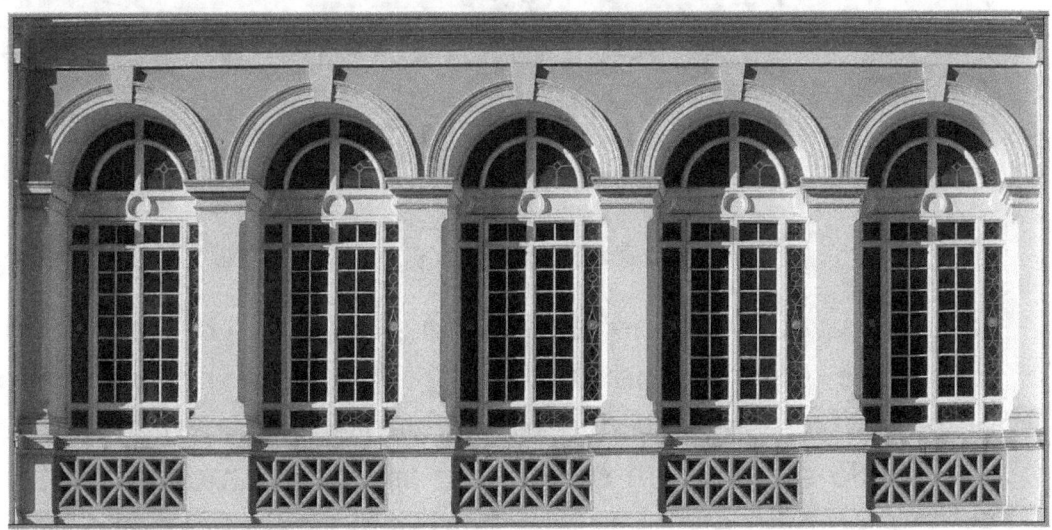

Se all'interno della forma principale, le geometrie contenute sono anch'esse simmetriche, si crea una staticità che genera una percezione che in gergo è definita *fredda*.

La foto che vedete è simmetrica in ogni sua parte *gelando* il coinvolgimento emotivo del lettore. L'unico fatto che scioglie un po' il lettore, è che in verticale, nel totale, non c'è simmetria.

E' meglio far giacere le simmetrie non piatte su un fondo o ambiente non simmetrico per non creare ridondanze perfette nella lettura.

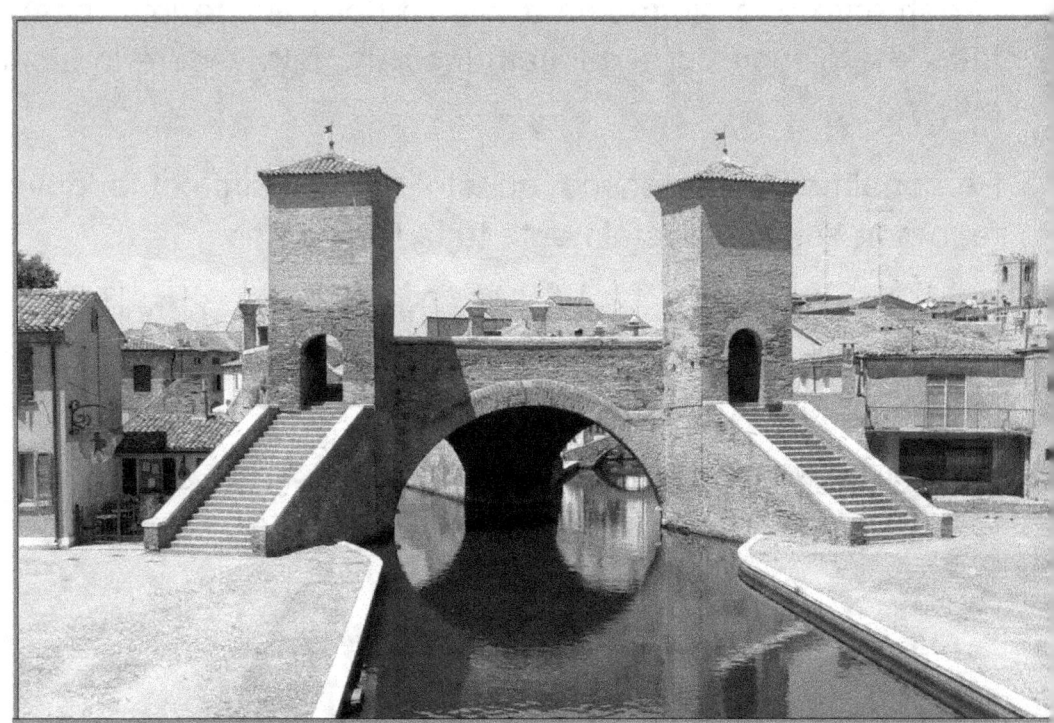

Nella foto vedete come la struttura simmetrica dell'arco con le torrette è inserita, per motivi prospettici e naturali, in un ambiente non simmetrico. I marciapiedi sono discordi e le case sullo sfondo non si ripetono simmetricamente. Inoltre la stessa simmetria non lo è affatto, è il nostro cervello che lo ammette come tale perché deduce, in base alle prospettive in gioco, che le due torrette sono fatte allo stesso modo, anche se di una si vede la parte sinistra in un modo e dell'altra la parte destra in un altro. Questo fatto dà un leggero dinamismo alla foto che altresì sarebbe talmente immobile da non consentire un'agevole lettura.

Nel caso che mi fossi messo in asse con l'arco e con i marciapiedi, in modo tale che prospetticamente questi fossero appariti simili e abbassati e chiuso l'inquadratura in maniera tale da oscurare le case sullo sfondo, avrei ottenuto una simmetria totale che però avrebbe immobilizzato la fotografia.

Quindi siate cauti con le simmetrie, possono creare linee di lettura valide, ma anche rendere la foto talmente piatta e immobile da essere inaccettabile.

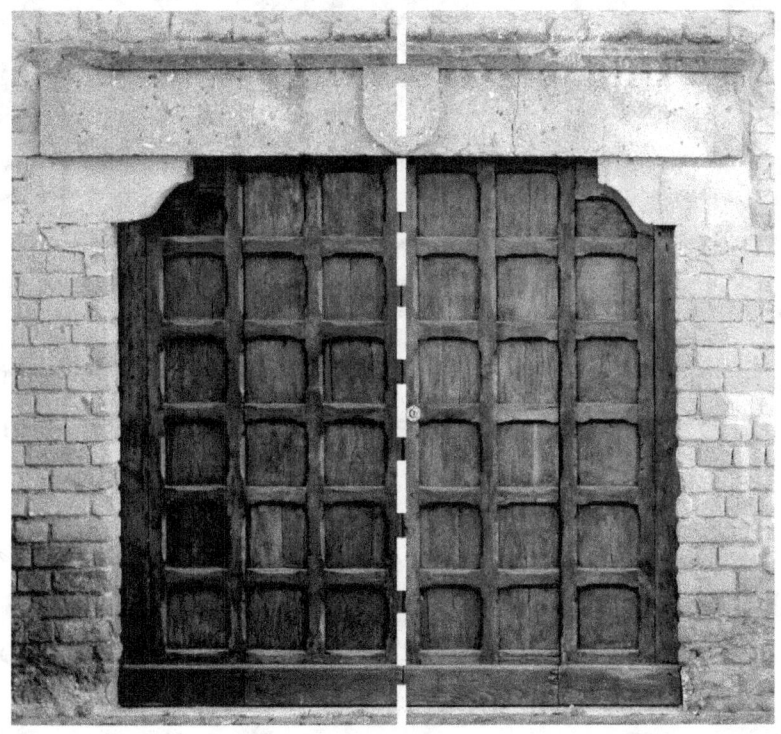

Riporto un ultimo tipo di simmetria (tracciata con la linea bianca spezzata) di facile lettura. L'attenzione nel lettore è destata dal fatto che seppure le due parti sembrino uguali, sono soltanto molto simili e il corpo costruito dalle due metà, ha andamento non simmetrico in verticale. Le imperfezioni (dei mattoncini, dei riquadri della porta...) tengono attiva l'esplorazione della foto fino a quando tutta l'immagine assume significazione per il lettore.

Sfruttare le geometrie

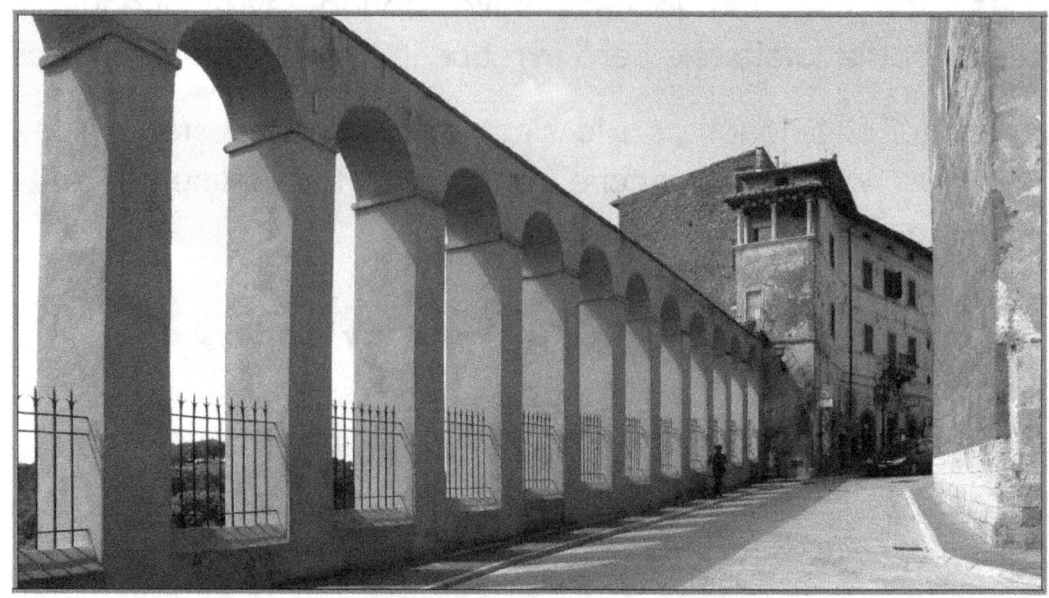

Non lasciate scappare mai l'occasione di utilizzare le geometrie che naturalmente trovate in luogo per creare delle linee di lettura.

Il caso più eclatante è quello della profondità in cui le geometrie, ben disposte, ci danno il senso della lunghezza che dovremmo percorrere per raggiungere un altro elemento verso il quale la geometria tende.

E' il caso dell'immagine in alto in cui ho esaltato l'andamento delle arcate utilizzando una prospettiva che dalle zone dei vertici di sinistra va restringendosi verso la zona centrale laddove altri elementi sono presenti.

Il muro a destra che poteva essere omesso è stato inserito per aumentare l'effetto di profondità e per bloccare la lettura nella parte destra del fotogramma e consentirla sull'andamento delle arcate o sul soggetto d'arrivo.

Qui sotto vedete come la mancanza del muro soffochi tutta la scena e come le geometrie portano troppo in basso l'attenzione del lettore.

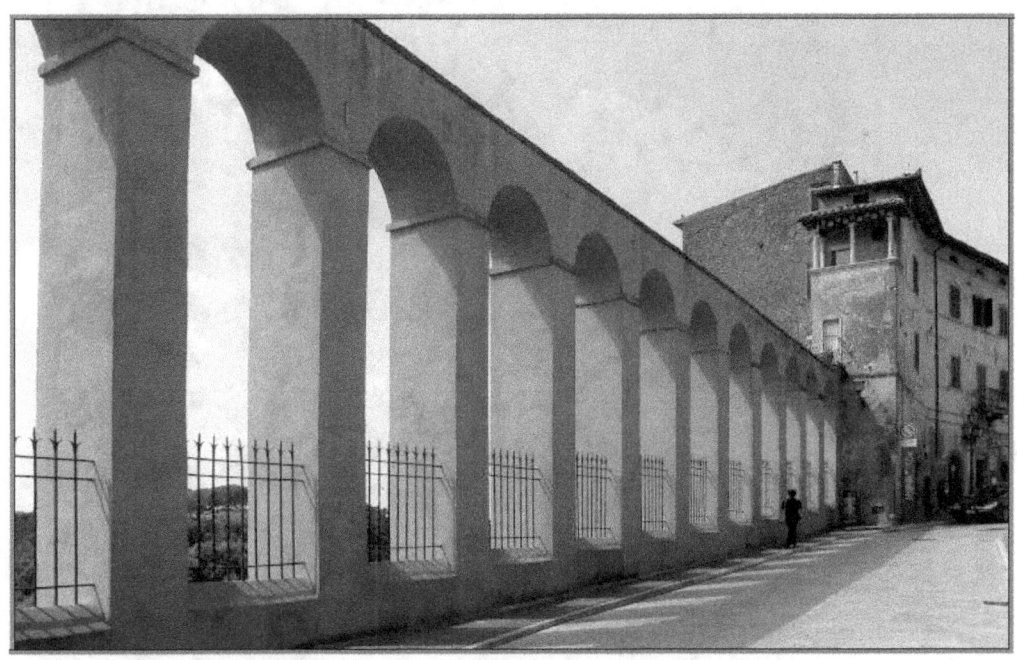

I casi principali nello sfruttare le geometrie sono: c'è il punto di partenza della geometria, ma non c'è quello d'arrivo oppure la situazione è inversa o mancano entrambi. Quando le linee della geometria sono inquadrate, in modo tale che da parallele divengono convergenti o divergenti verso un punto, è bene che tali linee partano o transitino per due vertici di uno dei triangoli che si creano suddividendo l'immagine con le diagonali. Inoltre la linea di mezzadria della fuga deve mantenersi parallela al lato della fotografia e il vertice del triangolo di cui si sono utilizzati i vertici cadere su questa linea. Se poi si riesce a far coincidere i centri del campo e della fuga prospettica, si ottiene un effetto coinvolgente che rafforza la stabilità dell'immagine.

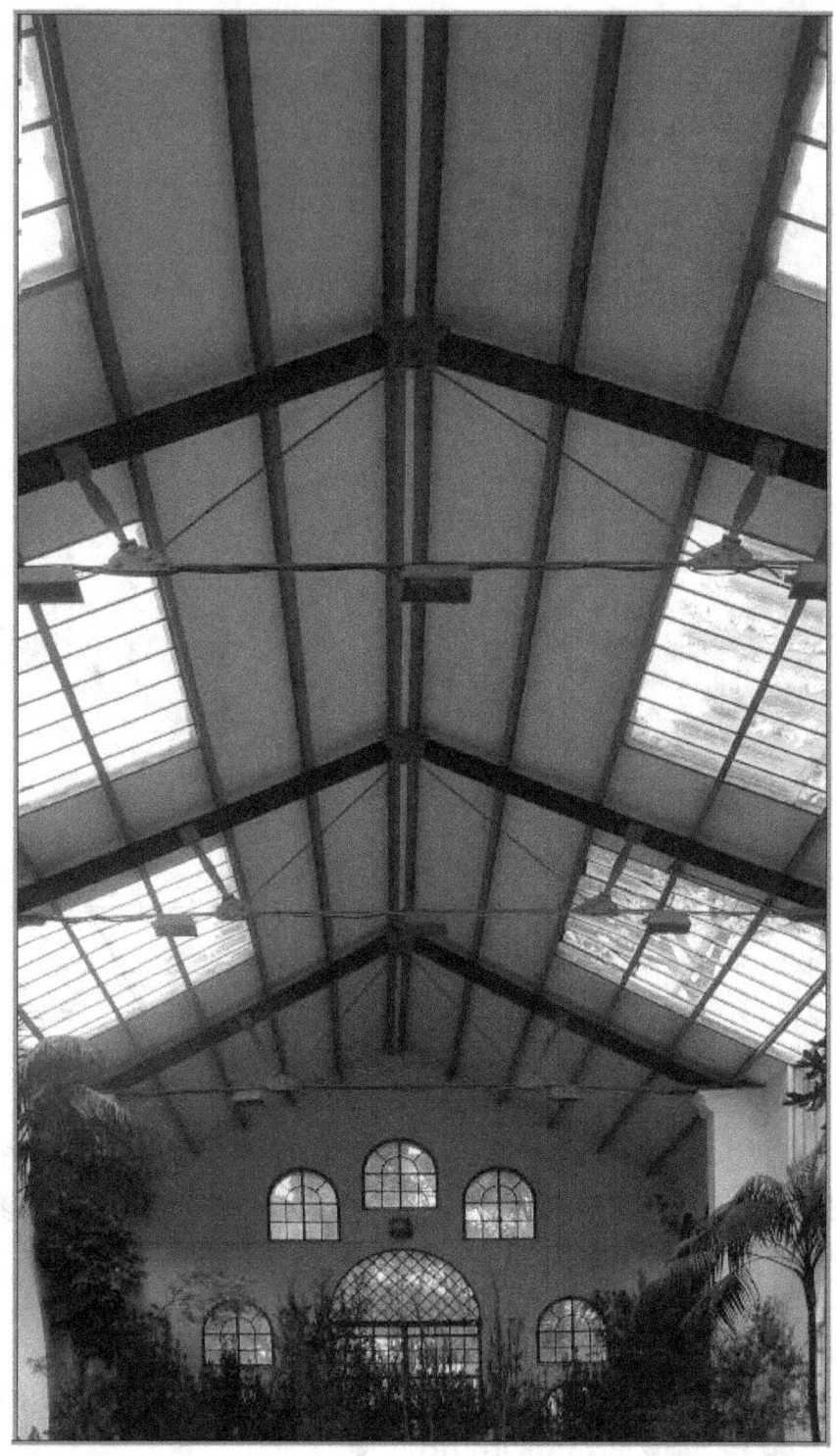

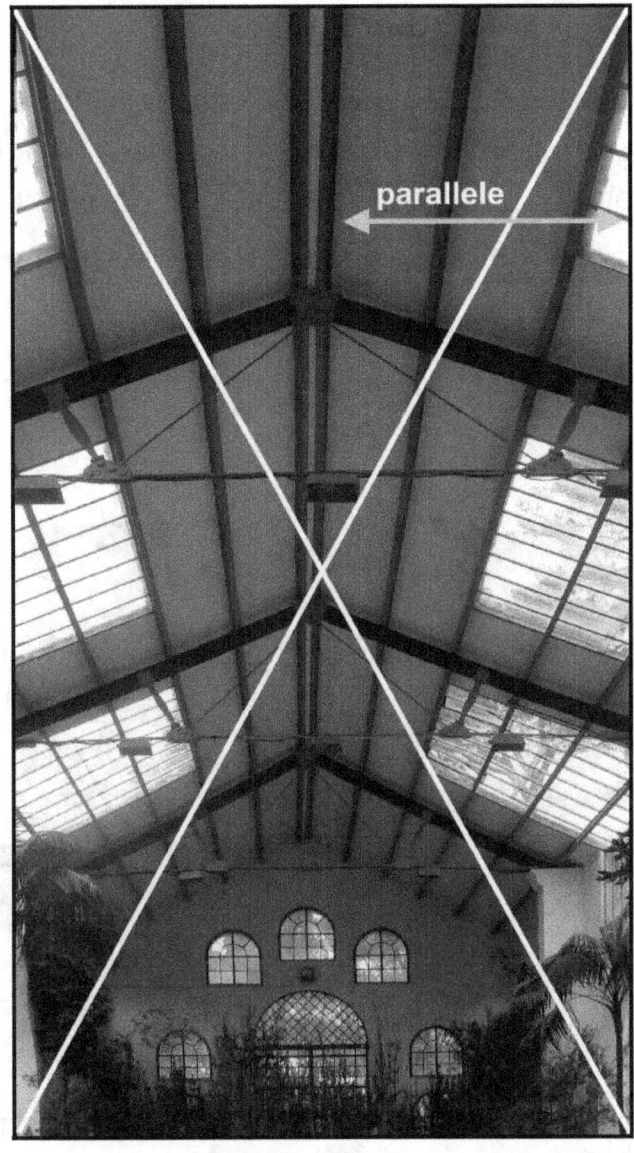

Nel caso riportato, vedete che si è riusciti a realizzare quanto esposto tranne il fatto di coincidere il centro del campo con quello della fuga prospettica. E' bene anche che non ci siano linee cadenti soprattutto se la struttura, prospetticamente deformata da noi, poggia su colonne o strutture che per definizione e per abitudine il cervello è abituato a vedere perpendicolari alla linea di terra.

Dal punto di vista tecnico, tali immagini si ottengono mandando fuori asse con un'inclinazione forzata la geometria e utilizzando un grandangolare spinto per accentuare l'effetto. Anche se sembra una tecnica facile da utilizzare, in realtà, si riesce ad applicare con successo dopo molta esperienza. L'ostacolo maggiore da superare, soprattutto all'inizio, è far in modo che le linee che dovrebbero essere perpendicolari, non siano troppo cadenti.

Fotografare i luoghi non urbani

Bisogna mettere in chiaro che le possibili scenografie e le tecniche da applicare sono infinite per questa classe di luoghi. Il numero di soggetti, azioni, elementi, è incalcolabile e quindi la mia è solo un'indicazione per ogni genere principale.

Deserto di sale

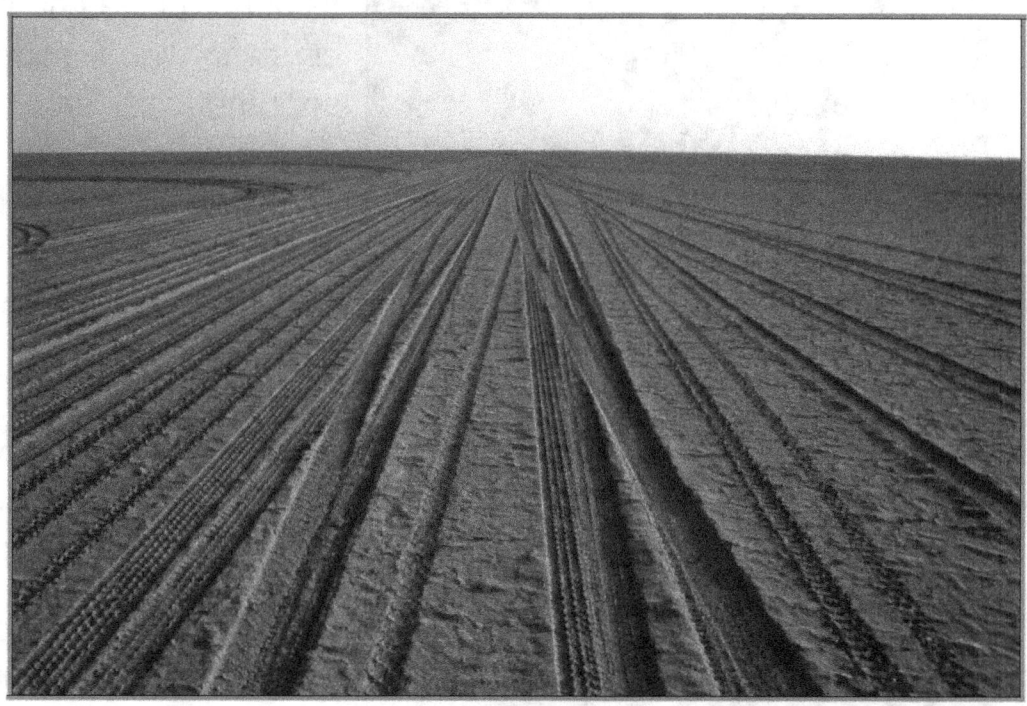

E' il deserto più deserto che potete immaginare, nonostante ciò, sono riuscito a raccontare qualcosa che si verifica in questa landa desolata.

I segni degli pneumatici che convergono all'infinito raccontano di persone che vengono a scorrazzare con le loro jeep in questa zona e che nulla, da dove siamo all'infinito, esiste di vivo.

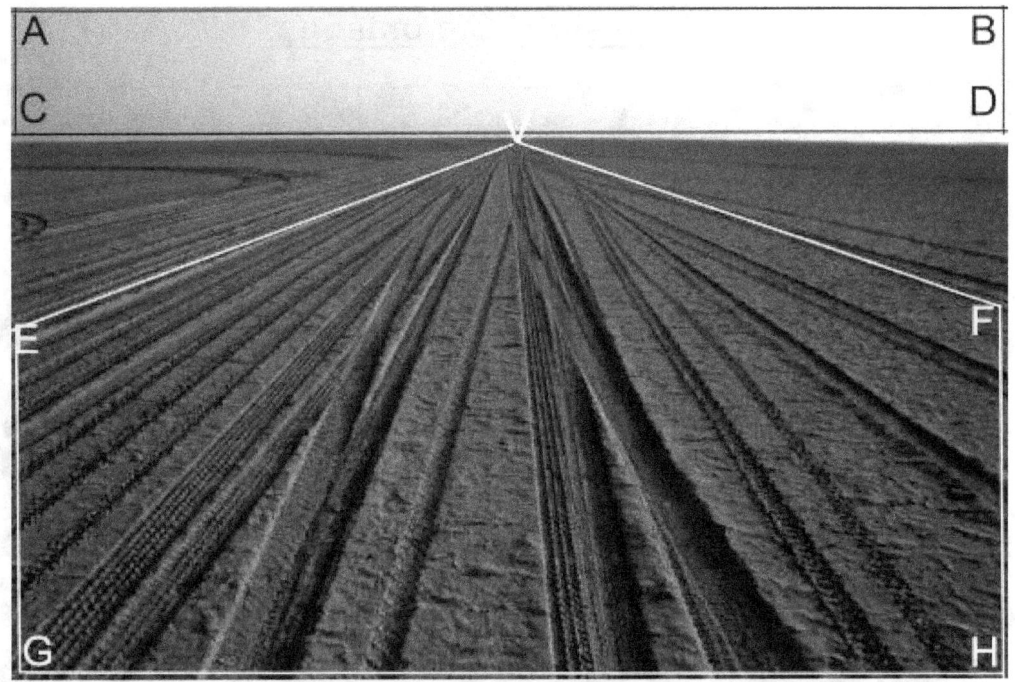

Inoltre la convergenza dei moti all'infinito è il simbolo delle vite che corrono e scompaiono nel nulla. Tecnicamente realizzare fotografie in questi posti soprattutto per noi cresciuti in climi completamente diversi è difficile. Questa foto è stata scattata di sera e nonostante l'ora tarda il caldo insopportabile ci ha indotto ad agire rapidamente e rientrare nella jeep con l'aria condizionata. Il riverbero della luce è accecante e il rischio che l'immagine sia compromessa è molto alto. Da notare, sintatticamente parlando, che è stata creata una divisione di lettura (retta CD) sfruttando l'uniformità del cielo, in modo tale che il centro di lettura classico è spostato nel vertice ipotetico, non visibile, su cui convergono le tracce degli pneumatici (V). Le zone triangolari CVE e DVF sono di dimensioni quasi uguali e prive d'elementi attrattivi e sono le colonne che sorreggono il rettangolo e rendono costante la lettura nel pentagono EVFHG.

Deserto di montagna

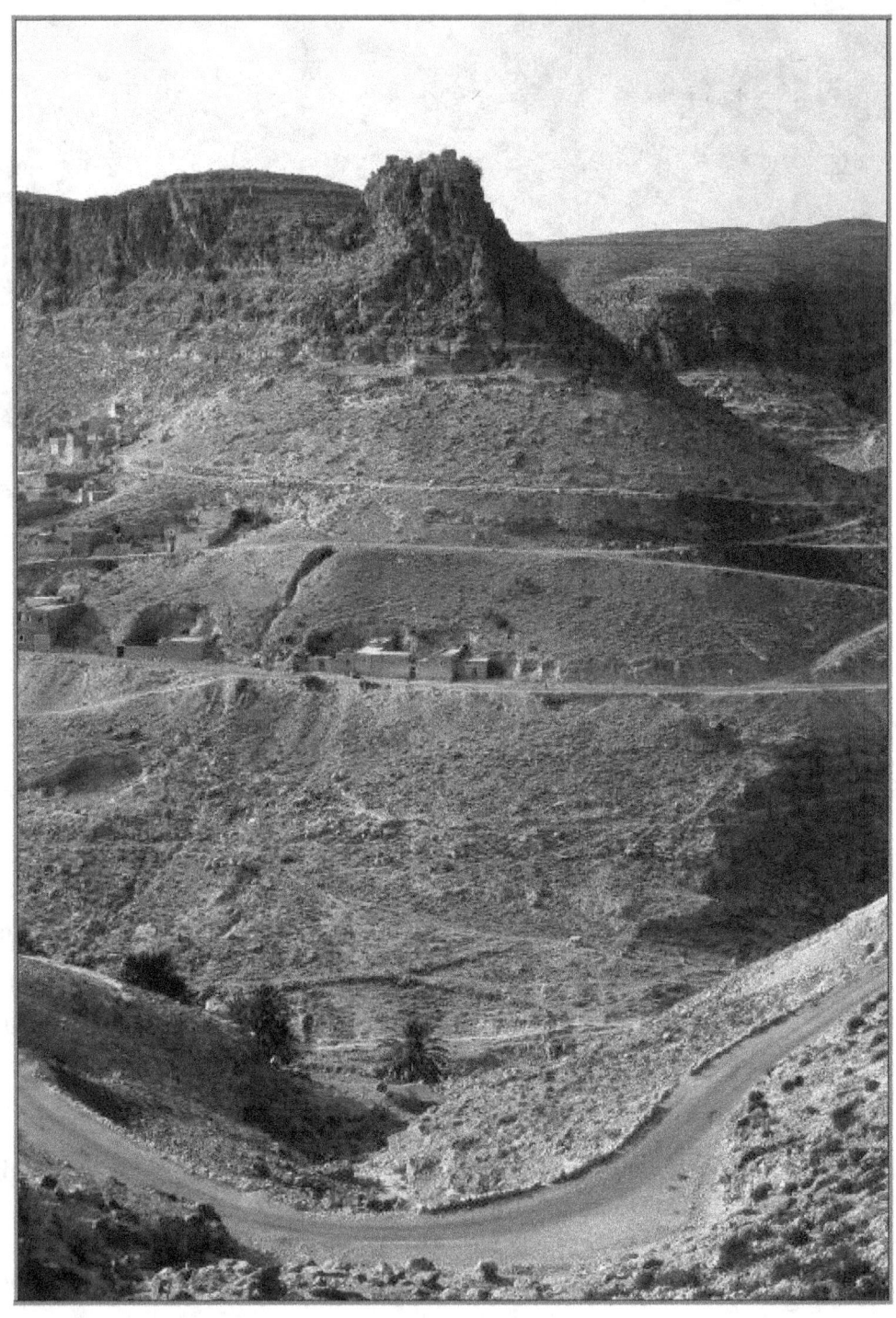

Il deserto di montagna è una situazione analoga dal punto di vista del disagio fisico a quella del deserto di sale. Però gli spunti narrativi sono molteplici e vari. Interessante e non sempre realizzabile, è la possibilità di descrivere il rilievo completamente. I vari tipi di deserti sono per definizione la mancanza d'elementi da usare nella rappresentazione, ma quando si è sul luogo, ci si accorge che in realtà non mancano gli spunti per una qualsiasi narrazione. Si può rappresentare la globalità della situazione o scendere nel particolare e collegare, ad esempio, un piccolo insetto con la vastità del nulla che lo circonda. Non siate mai banali o scontati in questi ambienti eccezionalmente anomali, cercate di vedere oltre che guardare ciò che vi circonda.

Coltivazioni e colline

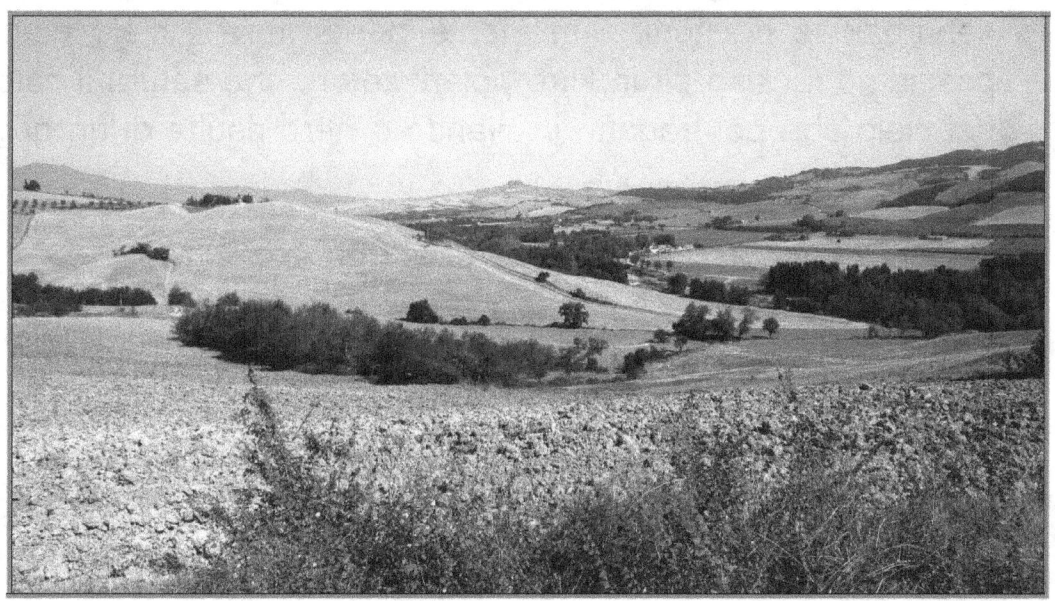

I campi coltivati, le colline sono il paradiso degli appassionati di macrofotografia e non solo. In bianco e nero però rappresentare, ad esempio, delle coltivazioni può produrre una fotografia, che dal punto di vista tecnico, è poco contrastata e di scarsa leggibilità. Questo si verifica in mancanza di colori contrastanti e d'illuminazione diffusa come quando c'è il cielo coperto. Altresì quando il sole è pieno e il cielo è limpido e splendente, si ottiene, in bianco e nero, un poco credibile e fastidioso cielo bianco assoluto.

Molto dipende dall'inquadratura, dalle zone scelte per la ripresa, ma anche dal fatto se ci sforziamo o no nell'addomesticare a nostro vantaggio la situazione.

Se abbiamo una situazione poco contrastata, è sufficiente porre un filtro giallo davanti all'obiettivo per migliorare la separazione dei toni. Similmente per evitare il cielo bianco possiamo far uso di un filtro polarizzatore che satura il colore del cielo che poi tradotto in bianco e nero risulta di un grigio pieno.

Cascate di acqua

Parliamo delle cascate per illustrare una tecnica di ripresa che riguarda l'acqua in movimento.

Quando non si vuole rappresentare l'acqua dettagliata e congelata, ma si vuole come un fluido uniforme con variazioni diffuse, allora è necessario che il tempo d'esposizione sia adeguato.

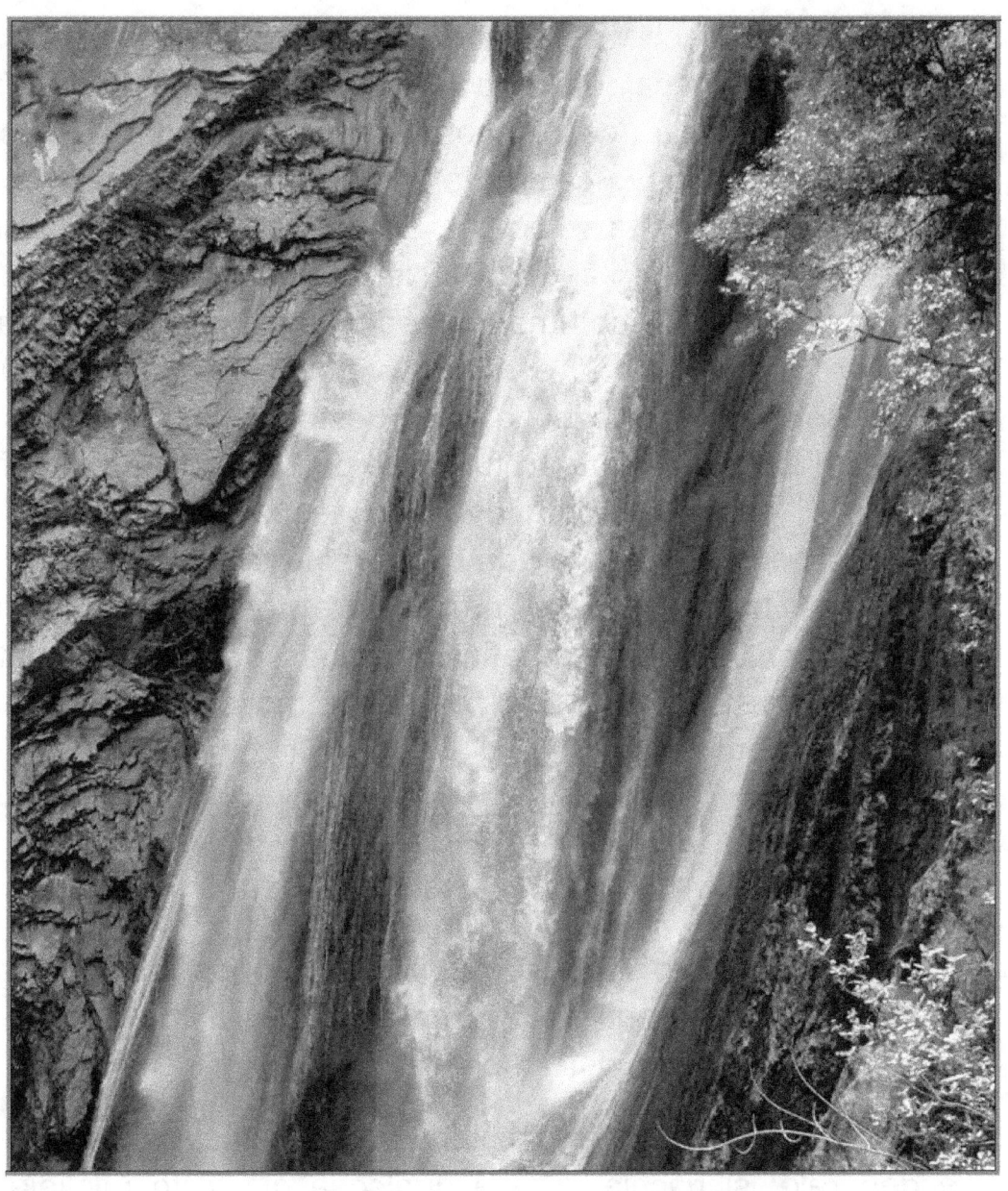

L'*effetto mosso* che cerchiamo dipende dalla distanza cui facciamo la ripresa, dalla focale usata, dalla profondità di campo e soprattutto dal tempo d'esposizione e dalla velocità dell'acqua. L'esempio che vedete riguarda una cascata dove l'acqua cade con alta velocità e quindi il tempo d'otturazione usato non è molto lento (1/300). Nel caso per esempio invece di tratti di fiumi con scorrimento medio-lento bisogna allungare il tempo di esposizione e andare verso valori come 1/30 o 1/15. Soltanto l'esperienza in questo caso v'insegna a scegliere il tempo adatto in funzione della situazione in cui vi trovate. L'occhio fotografico e il senso della luce si acquisiscono col tempo e non basta realizzare 10-100 o 1000 fotografie, bisogna avere pazienza e tenacia. Qui potrei mettervi centinaia di fotografie di cascate o fiumi con relativi tempi d'otturazione, ma non servirebbe molto. Dovete alzarvi e andare a fotografare.

I laghi

Il lago è un altro di quei luoghi in cui possiamo trovare innumerevoli elementi da utilizzare. Qui vediamo il caso di una ripresa generale dell'ambiente.

Quando si riprendono gli ambienti naturali, in campo allargato e generale, si rischia di fare qualcosa già visto migliaia di volte e restare insoddisfatti della fotografia realizzata. Per evitare ciò è bene cercare un punto d'osservazione che ci consente di far capire al lettore la conformazione del lago mettendo in evidenza alcune caratteristiche che lo distinguono da altri.

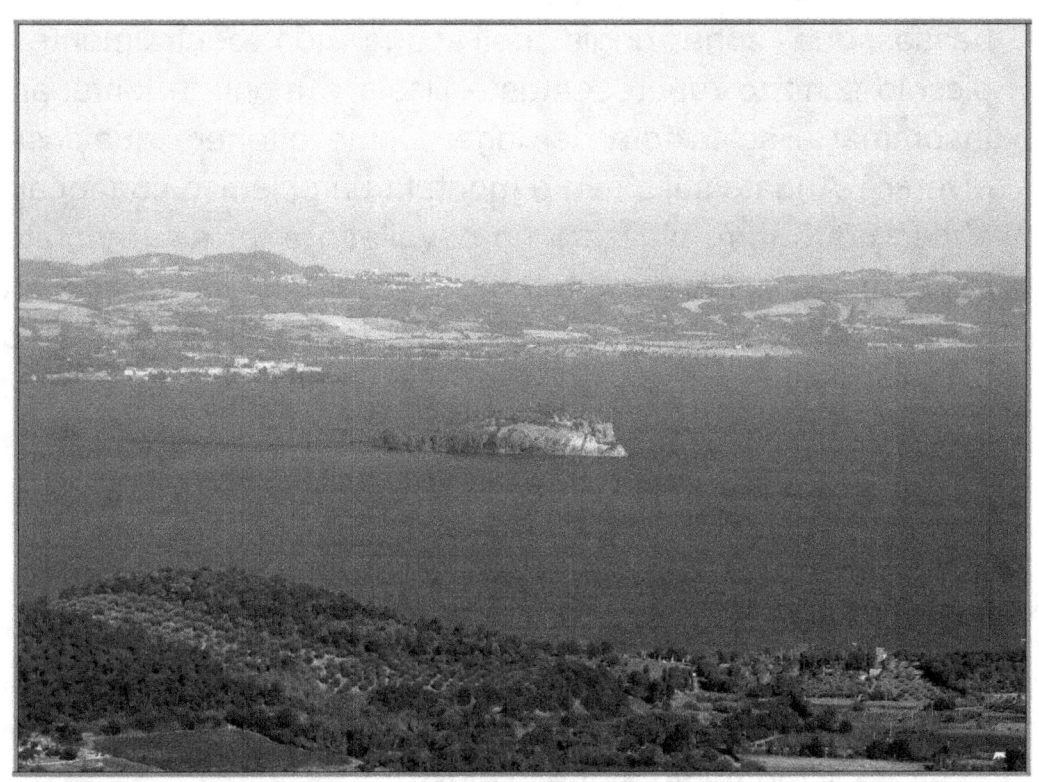

In questo caso la presenza di un'isola al suo interno è l'elemento che volevo evidenziare. La costruzione è semplicissima: linea dell'orizzonte, cioè la separazione monti-cielo, è parallela al lato del fotogramma, l'isola perfettamente nell'area del centro del campo. Saturazione del cielo, dell'acqua e delle campagne, prospicienti il lago, fanno il resto. Non è niente d'eccezionale, ma come narrazione descrittiva è abbastanza efficace e non proprio comune.

Si poteva rendere evidente l'isola anche facendo una ripresa dalla riva del lago, ma qui il rischio del banale è altissimo. Come si può evitare? Quando vi fate questa domanda, usate l'immaginazione. Domandatevi come apparirebbe la scena. Sicuramente l'isola sarebbe piccola e lontana e l'immagine finale sarebbe un pezzo di terra in basso, una zona grigia dell'acqua con centralmente un piccolo schizzo rappresentante l'isola e monti in lontananza. Insomma la solita foto del lago. Come ottenere qualcosa di diverso? Andate sulla riva e montate un obiettivo con focale di almeno 300 mm, piazzate un cavalletto a terra e montate la fotocamera. Appena mettete l'occhio all'oculare, vi accorgete della differenza. Ora l'isola è grande sul fotogramma, ben visibile come se foste su una barca nelle vicinanze. Quindi potete costruire una scena diversa. Dedicate la parte sinistra del fotogramma all'isola che comincia dal bordo e finisce nelle vicinanze del centro del campo. Sullo sfondo piazzate i monti, che avvicinati dal teleobiettivo, sembrano essere vicini all'isola. Poi aspettate perché vi serve un elemento per riempire la parte destra del fotogramma. Ecco l'occasione: una barca di pescatori transita nella vostra area di ripresa. Scattate, il momento è quello giusto.

Insomma, coniugate immaginazione, conoscenze tecniche, capacità d'osservazione e avrete lo strumento che modellerà tutte le vostre opere.

I fiumi

Correlare l'ambiente generale con una sua modesta parte non è semplice, ma può produrre fotografie interessanti.

Nell'esempio che vedete, la descrizione generale del fiume è correlata a due assi di legno che non sono altro che il pertugio visivo di un casotto per l'appostamento della caccia fotografica.

La rappresentazione inusuale del fiume stuzzica il lettore che legge volentieri la fotografia.

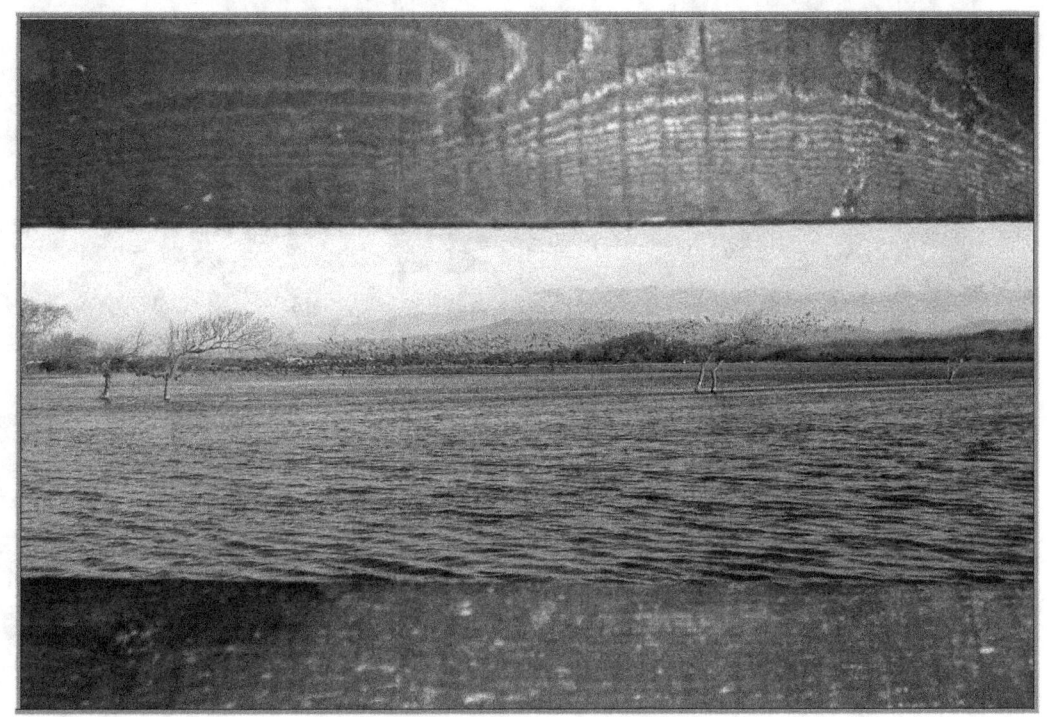

La costruzione obbliga il lettore a leggere più volte in senso orizzontale il fiume perché racchiuso tra le due tavole che inizialmente sono scandagliate, ma poi per la loro mancanza di molte variazioni significative sono abbandonate e considerate come un riquadro amorfo. Contribuisce a quest'indirizzo forzato della lettura anche il fatto che i lati delle tavole sono rettilinei e paralleli ai lati orizzontali del fotogramma.

Per fare delle buone foto *bisogna sporcarsi le mani* o quantomeno le scarpe perché alcune situazioni non consentono altrimenti.

Il fiume che tracima può essere ripreso in tante maniere: comodamente seduto su di un elicottero o infangato sul campo dell'avvenimento.

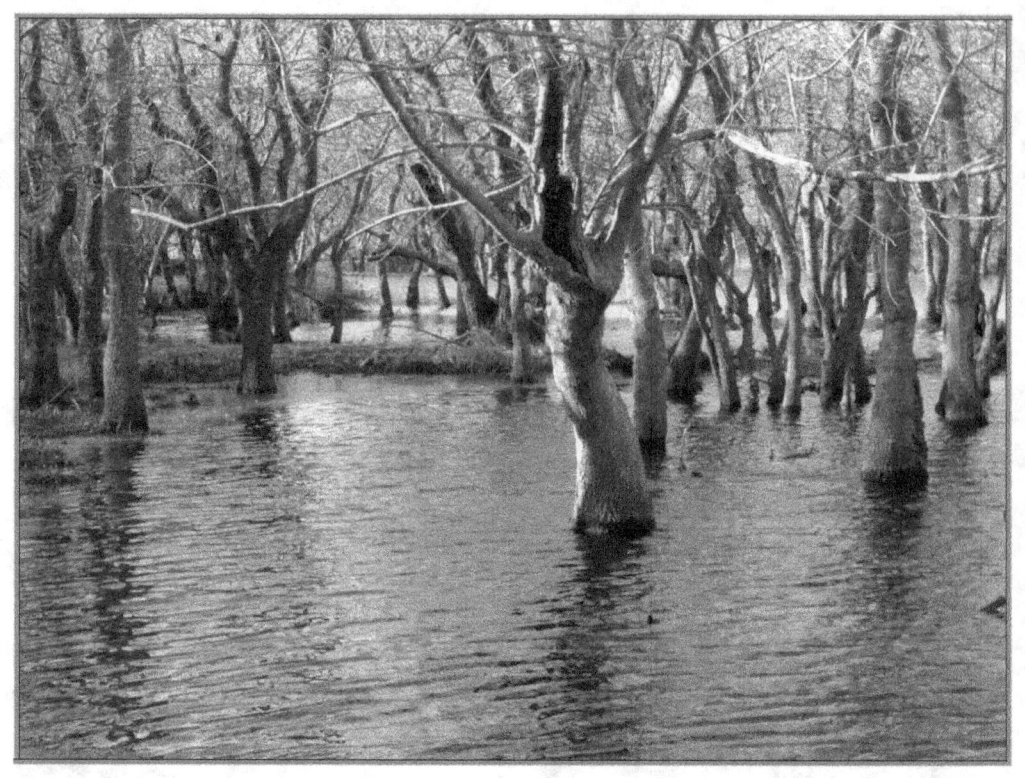

Questo non significa che una fotografia è più valida dell'altra, significa soltanto che, qualora stiamo documentando un fatto esteso come la tracimazione di un fiume, è necessaria più di una fotografia e ognuna deve essere un paragrafo di quel libro a immagini che narra l'avvenimento.

Il cosiddetto reportage non ha bisogno di guerre e morti ammazzati per essere importante, lo è nel momento che narra qualcosa di valido, sia esso una tracimazione di un fiume sia esso la vita quotidiana delle persone.

Provate a fare un piccolo reportage nel vostro ambiente quotidiano e vi accorgerete, se riuscite a realizzarlo, che le cose che vi sembravano insignificanti, articolate e strutturate, diventano qualcosa d'efficace.

La campagna e l'abitato

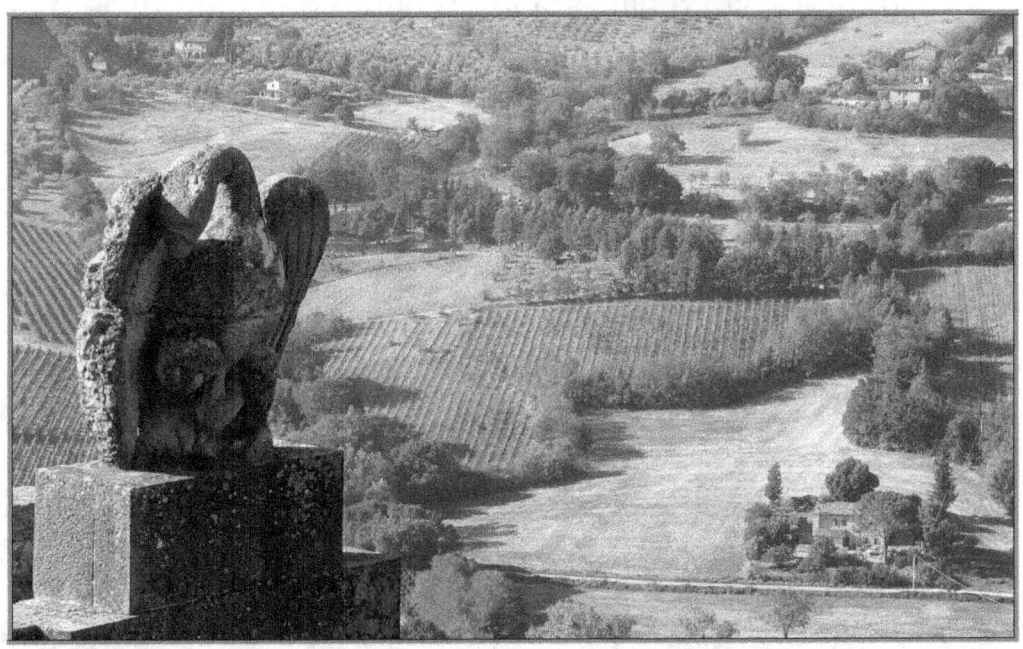

Molte persone vedono il mondo diviso in settori rigidi e incomunicabili tra loro mentre nella realtà noi sappiamo che non è così, anzi ogni elemento è dipendente dagli altri con cui è in contatto. Allora quando la campagna è vicina a un abitato perché non correlarla a esso?

La soluzione migliore è quella di porre la campagna sullo sfondo o viceversa e metter in primo piano un elemento che definisce il soggetto con cui è correlato lo sfondo.

In quest'esempio ho scelto di mettere sullo sfondo la campagna e di mettere in primo un elemento che identifichi luogo e città in modo inequivocabile.

Ovviamente il riconoscimento avviene per chi è stato in quel posto o quantomeno ne conosce le fattezze.

Per chi vive in quella città, non ci sono dubbi che questa fotografia è stata realizzata in un punto ben determinato (sulle mura esterne) e qual è la zona della campagna inserita sullo sfondo.

E' l'elemento sulla sinistra che fa da chiave di volta per tutta l'identificazione.

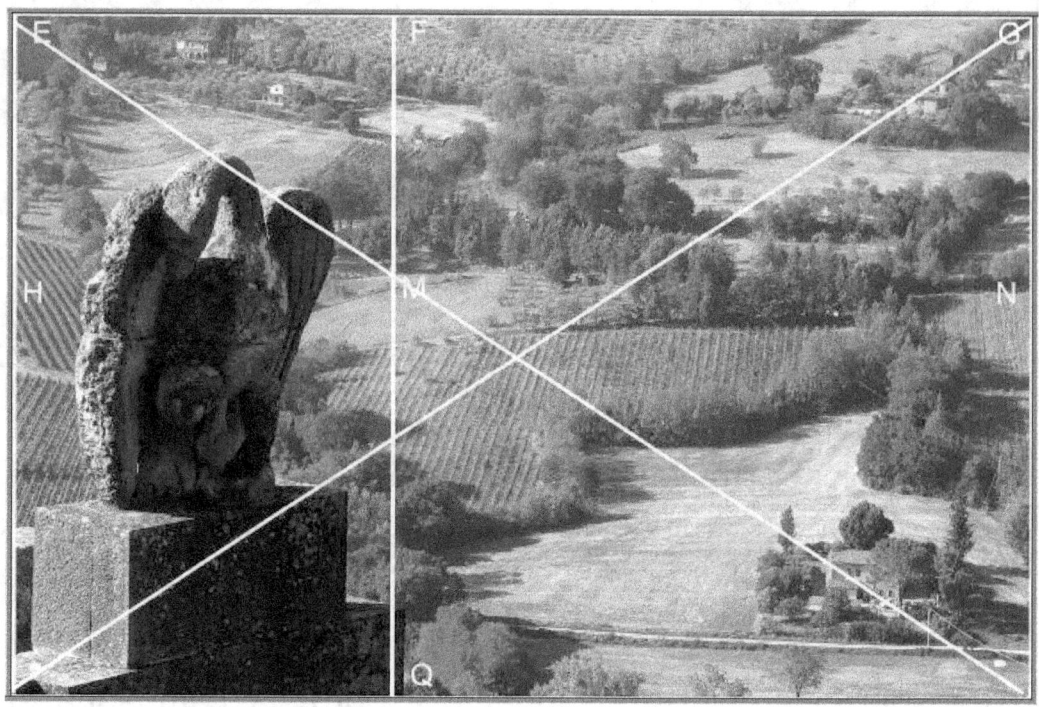

Vedete che la costruzione non è tra le più semplici perché pone perfettamente l'elemento a sinistra in una delle aree della sezione aurea.

Se avessi tagliato nell'inquadratura un poco di più, nella parte in alto, allora la percezione sarebbe stata vincolata solo alla costruzione aurea.

Fotografare il lavoro

Raccontare il lavoro include quasi sempre una o più azioni che possono essere coordinate o indipendenti, concordi o discordi. Se esiste solo un'azione portante, il sistema più semplice è porla nella zona centrale del fotogramma insieme al soggetto che la compie. Così facendo, si rischia però d'essere didascalici come nell'immagine della persona che falcia l'erba nelle prossime pagine. E' una foto leggibile, ma non stuzzica affatto la curiosità e dopo una rapida lettura è abbandonata.

Affinché ci sia continuazione nella lettura, è necessario mettere il lettore nella condizione di porsi delle domande, in questo modo cercherà le risposte nell'immagine.

La foto nella prossima pagina è stata realizzata proprio per ottenere questo risultato. Perché il lavoratore è parzialmente visibile solo dietro una struttura che sembra di metallo? Ci si può sporgere per vedere al di sopra dove non è inquadrato? Quale lavoro sta facendo? E' un tornio quello che sta usando? E così via...

Il centro del campo cade nella zona delle mani e se, insieme alla camicia, sono subito identificabili, non lo è l'azione che rimane abbastanza ermetica.

La ripresa non è stata fatta frontalmente, in questo modo il vano rettangolare non è ortogonale bensì sghembo. In questo modo il vano trasmette dinamicità alla macchina che nella rappresentazione non ha.

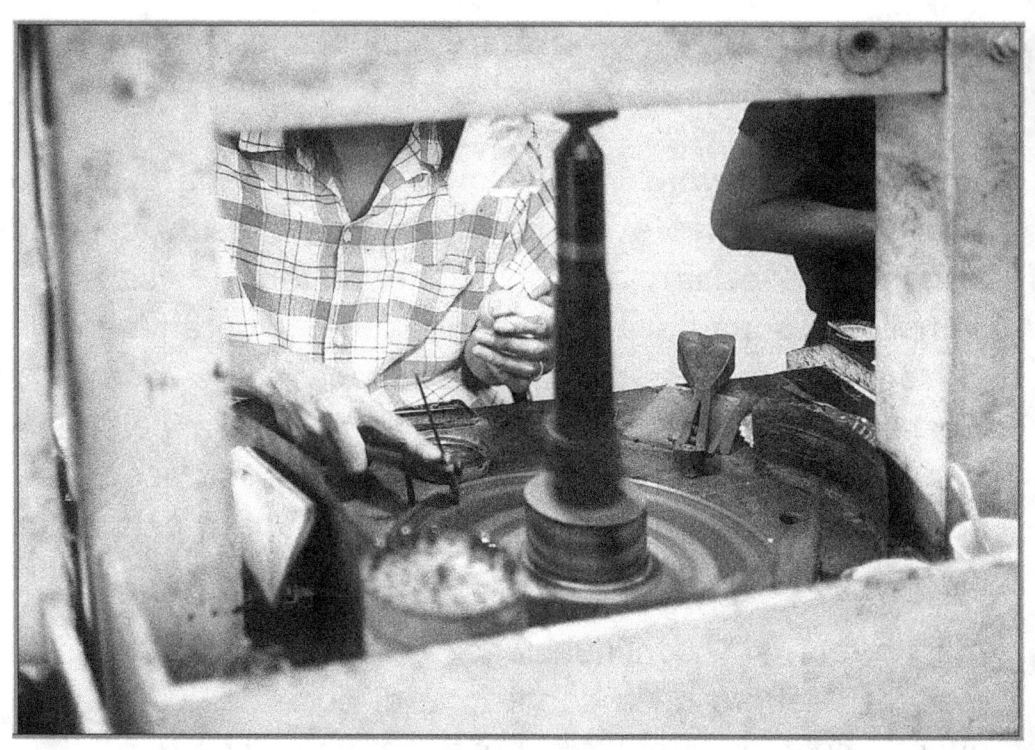

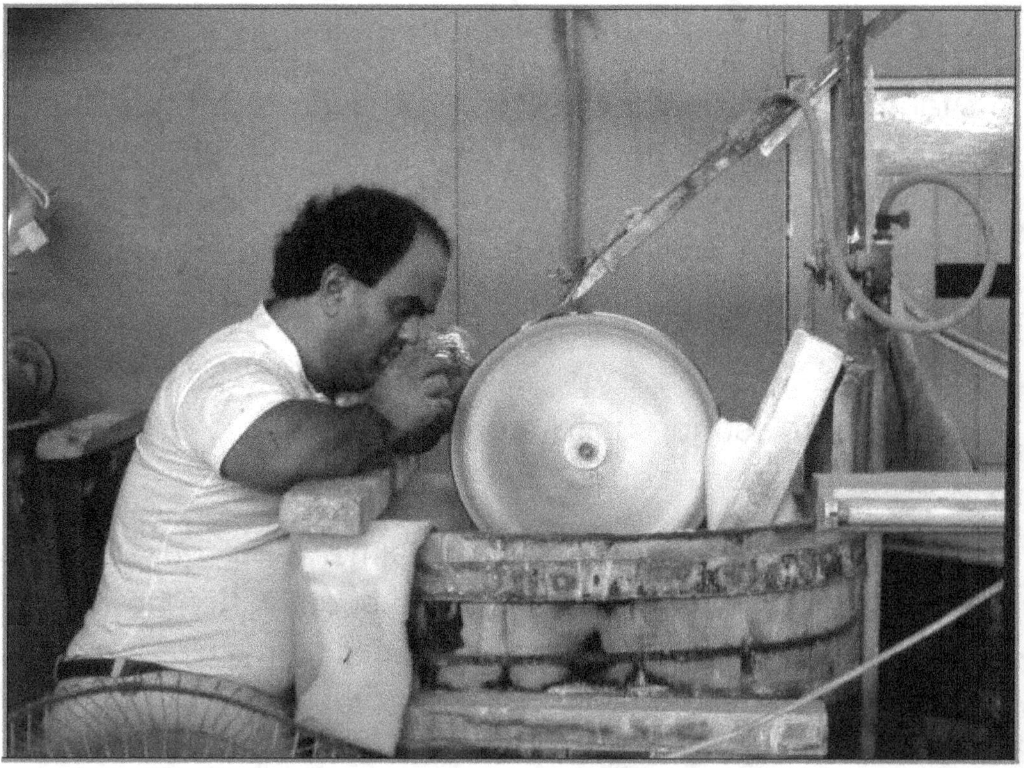

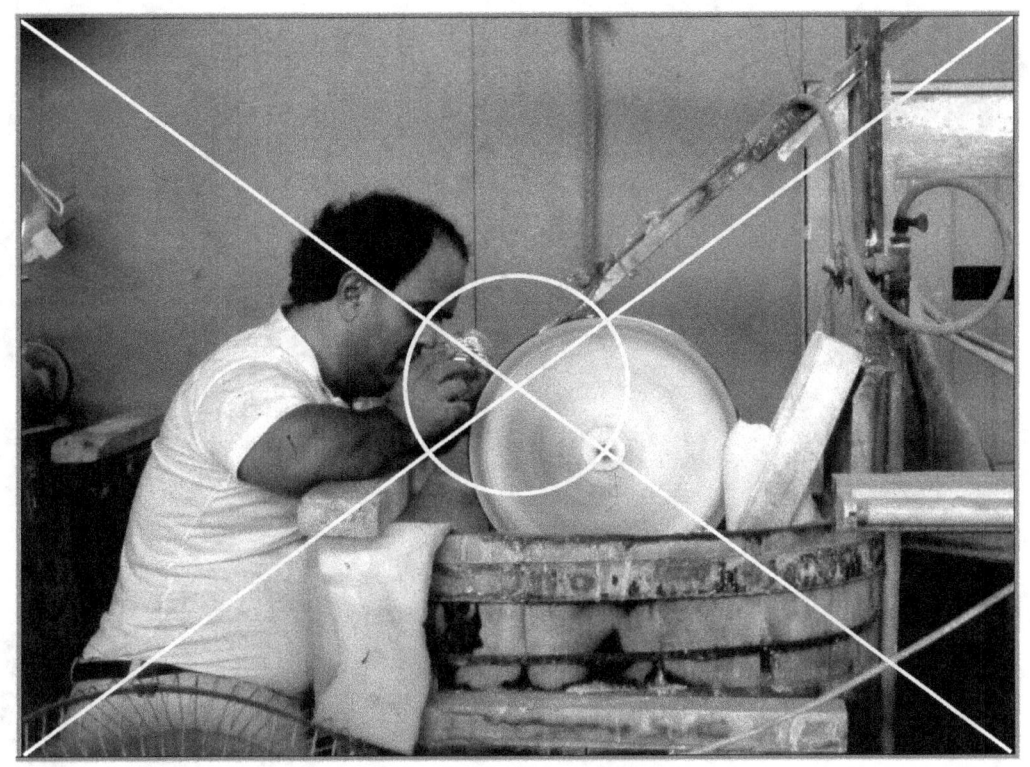

In questa immagine sono presenti due azioni portanti: la mola che gira e lo sguardo del lavoratore che posiziona il pezzo di vetro sulla mola. L'azione della mola quasi coincide con la zona della fovea intrappolando in questo modo l'attenzione in questa zona dove un altro polo attrattivo, lo sguardo, fa avanti e indietro dalla mola agli occhi. Provate a chiedere a un amico di guardare la foto. Poi chiedetegli se si ricorda dov'è la griglia del ventilatore nella foto. Molto probabilmente non riuscirà a rispondervi. Questo perché la trappola che costringe a leggere soltanto alcune *parole* e non altre anche se presenti.

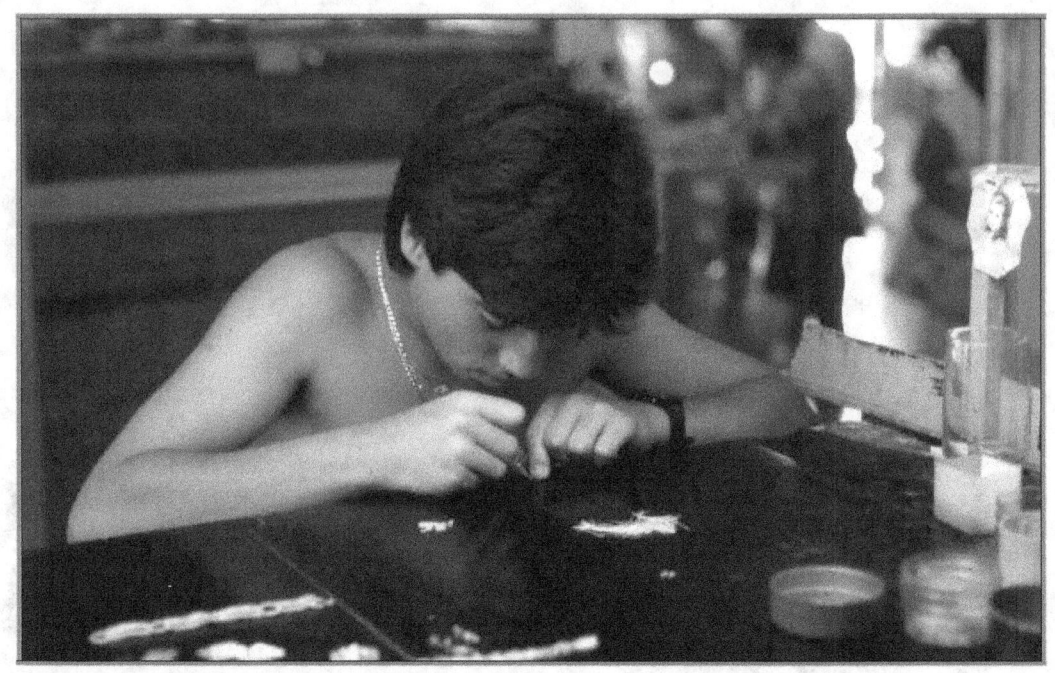

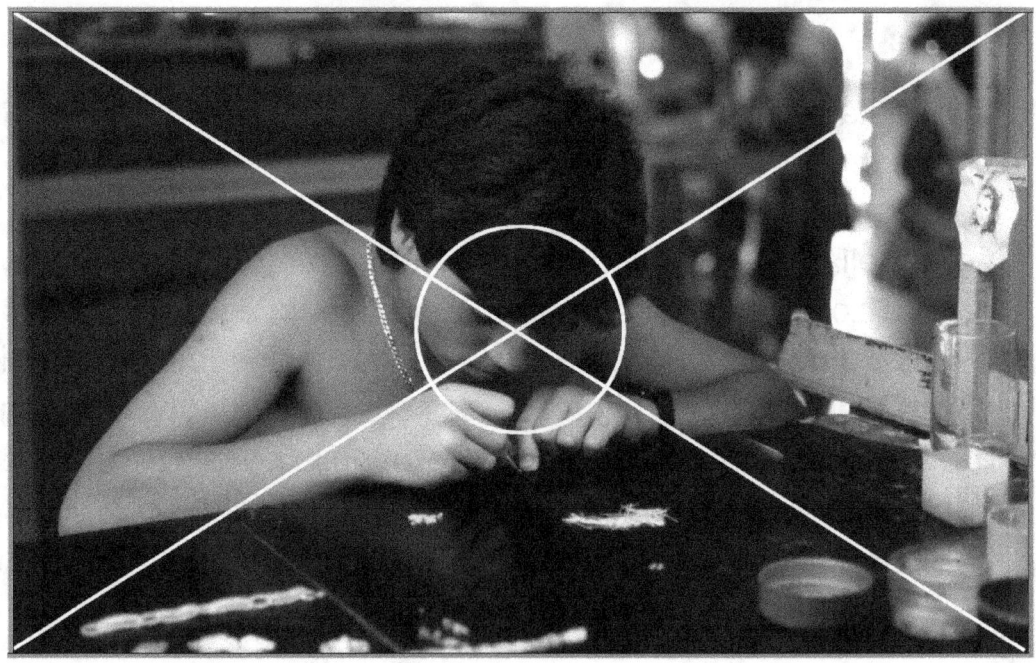

La foto in alto a destra e le due centrali hanno costruzioni libere abbastanza semplici. In particolare quella dell'orafo si regge in piede perché il centro del campo cade proprio sull'occhio del lavoratore guidando la lettura verso le mani e ciò induce al lettore a chiedersi che cosa sta guardando appurato che nella fotografia non è percepibile. L'anomalia che il lavoratore è a torso nudo è tale solo per chi ha poca conoscenza del clima d'alcune zone della Tailandia, altrimenti il fatto gli apparirebbe normale. Una foto può essere interessante per il lettore, anche se la sua costruzione è semplice e banale, è il caso della venditrice su barca che porta le mercanzie alle persone che vivono nelle palafitte sul fiume. E' la storia che si racconta che desta curiosità e anche se non bombardiamo il fruitore con termini forbiti e rifiniti, lui ci ascolta ugualmente.

Quindi facendo il punto della situazione, possiamo dire che innanzitutto è ciò che narriamo con la fotografia che determina il maggiore o minore interesse del fruitore e in secondo luogo il metodo che induce il lettore a leggere in un certo modo piuttosto che in un altro.

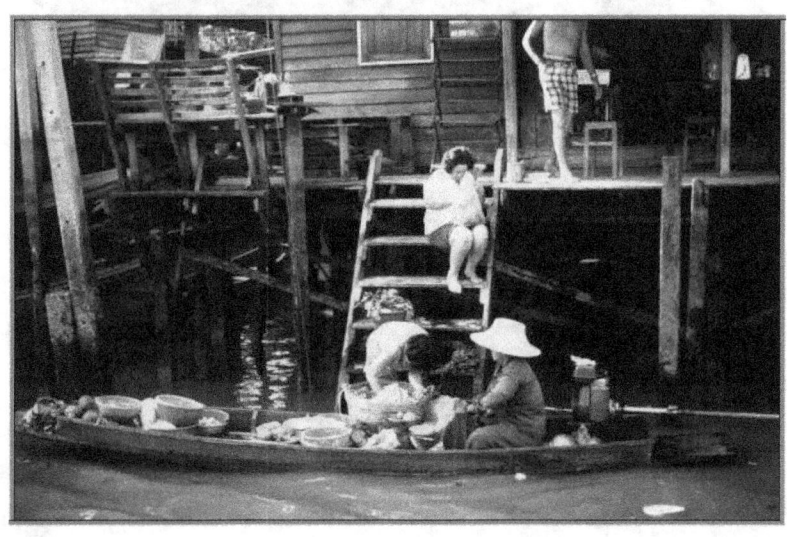

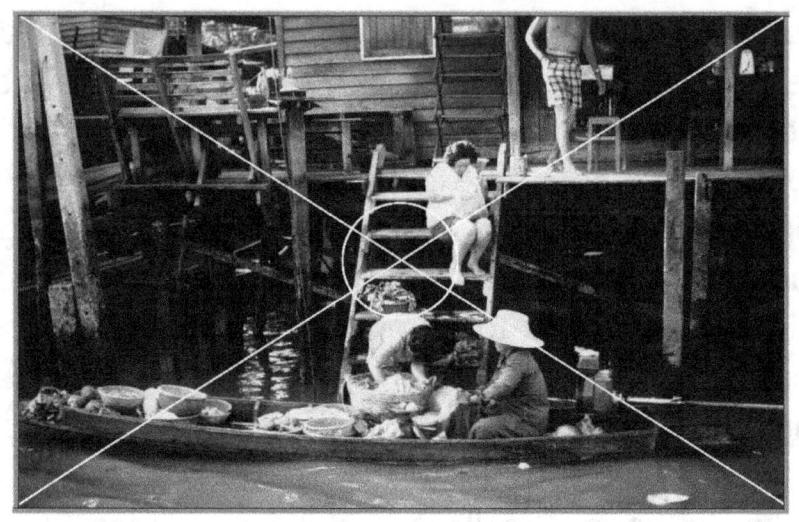

La foto in basso invece è sbilanciata nell'inquadratura e nella disposizione dei soggetti per creare un senso di disagio. Il centro del campo cade in una zona vuota e i soggetti sono in uno spazio risicato. I soggetti riempiono le due metà verticali del fotogramma.

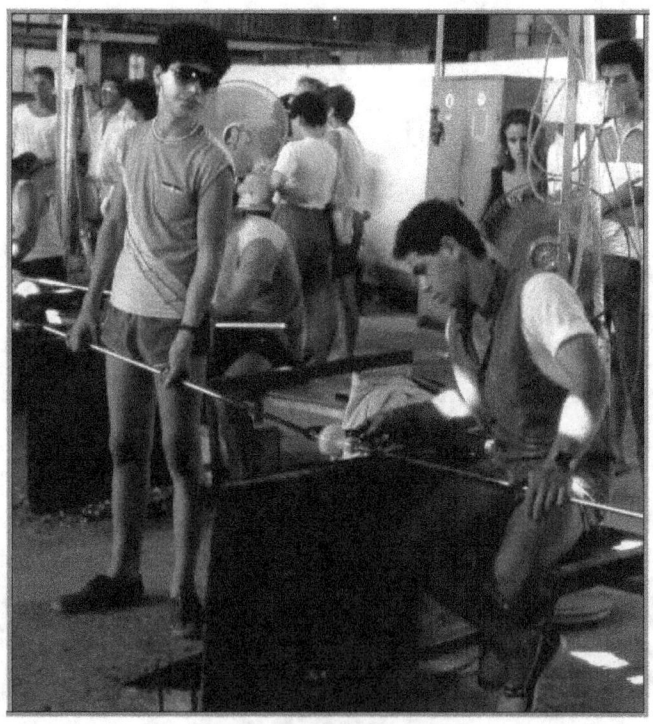

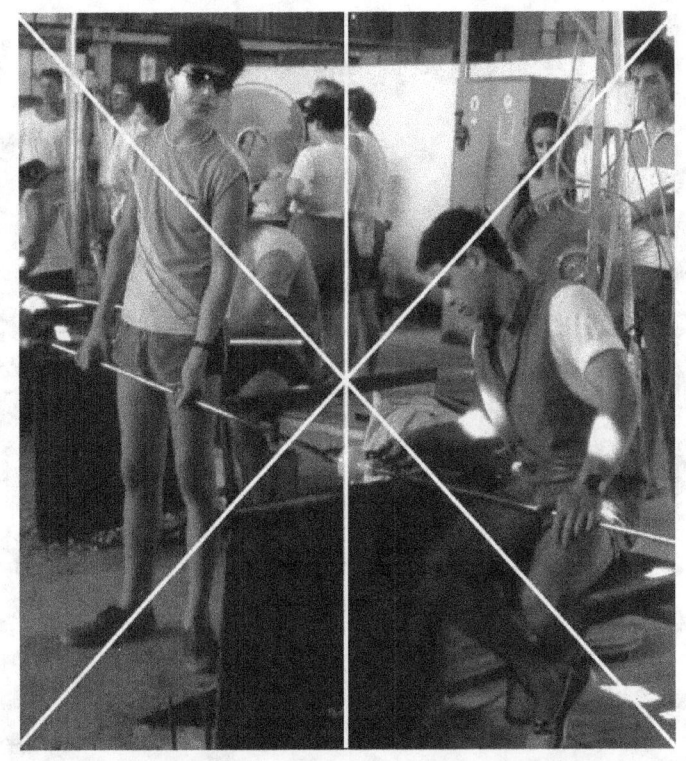

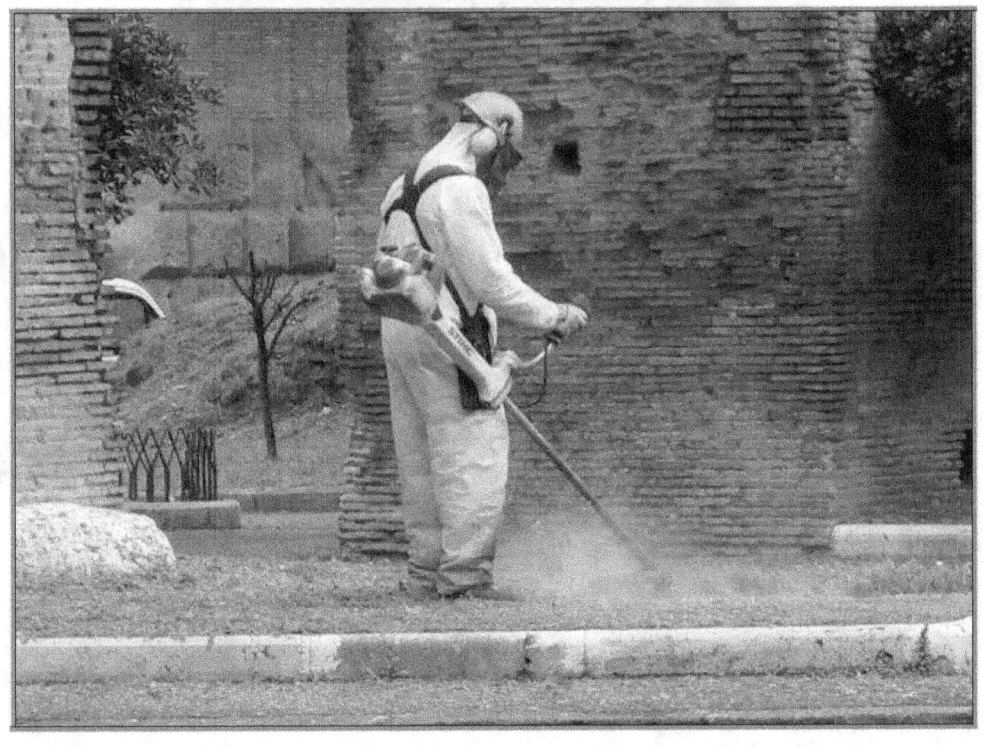

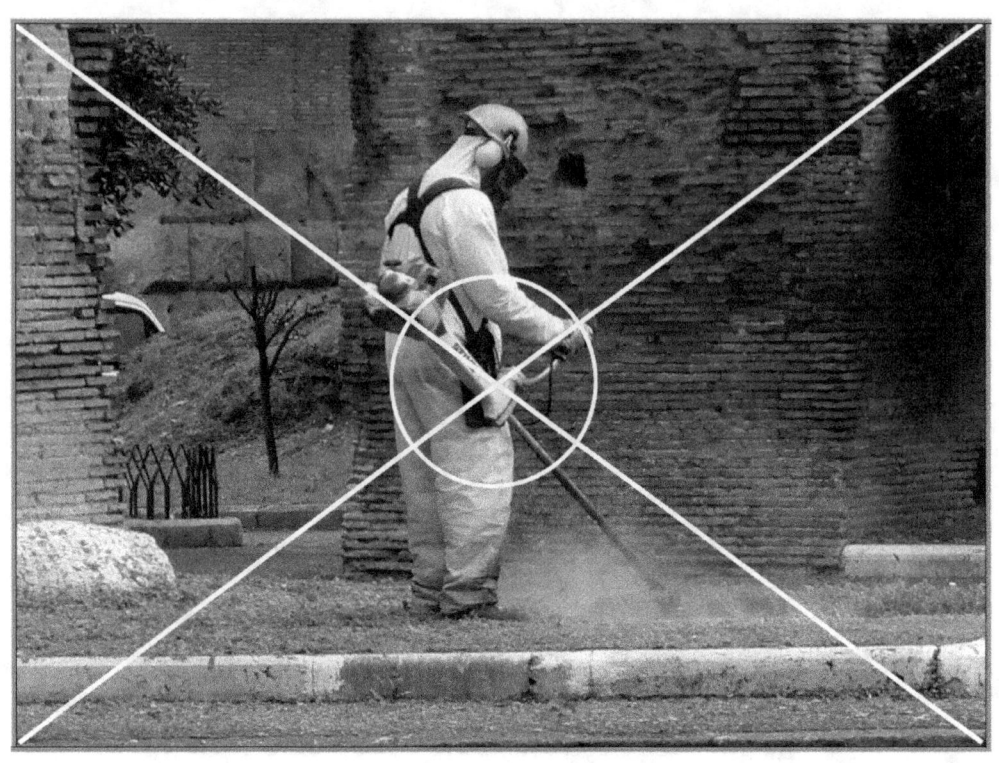

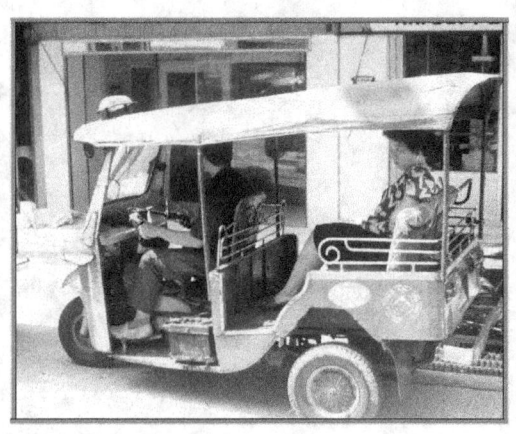 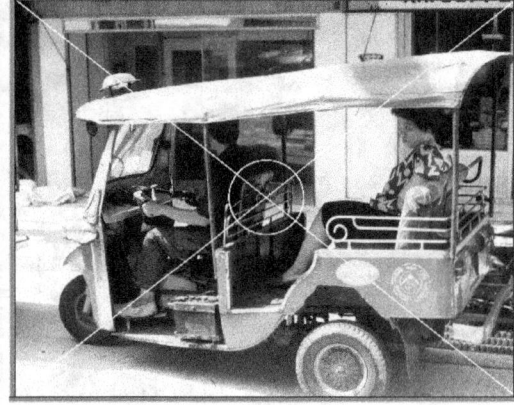

Fotografare i luoghi urbani

Raccontare un luogo con la fotografia può sembrare l'operazione più banale che ci sia. Si pensa subito a usare un grandangolo e fare una ripresa, la più allargata possibile, della scena. Invece non è così. La foto di un luogo, se si vuole che nel lettore ci sia interesse, deve essere fatta secondo certi criteri generali. Per capire bene di che cosa sto parlando faccio degli esempi concreti.

Far capire la dislocazione di un paese

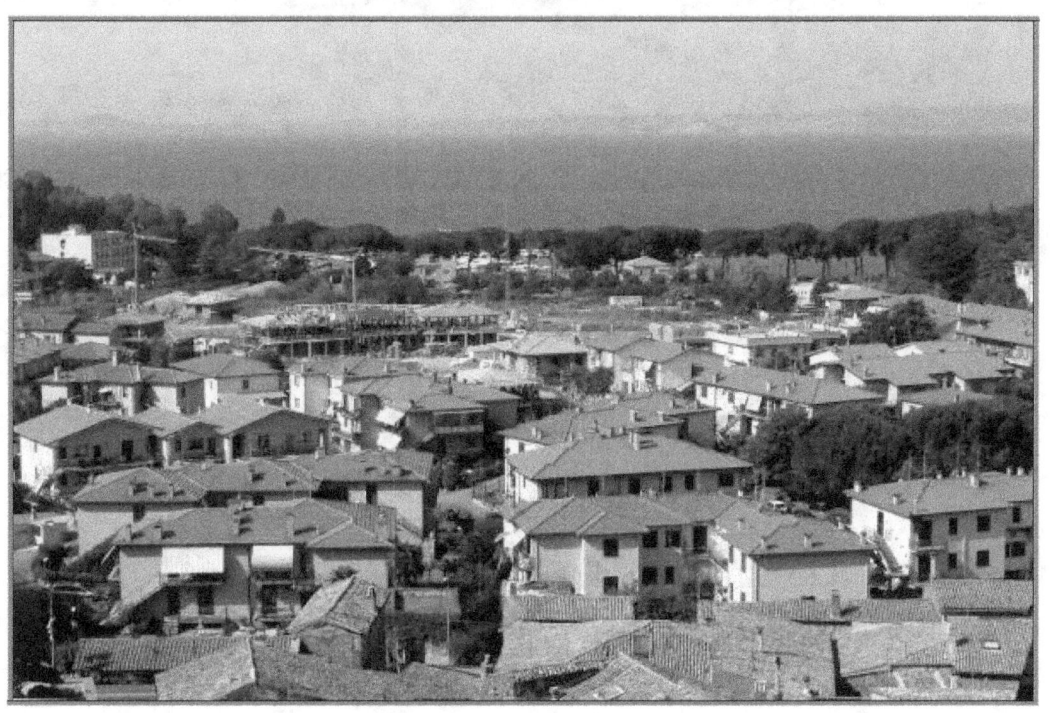

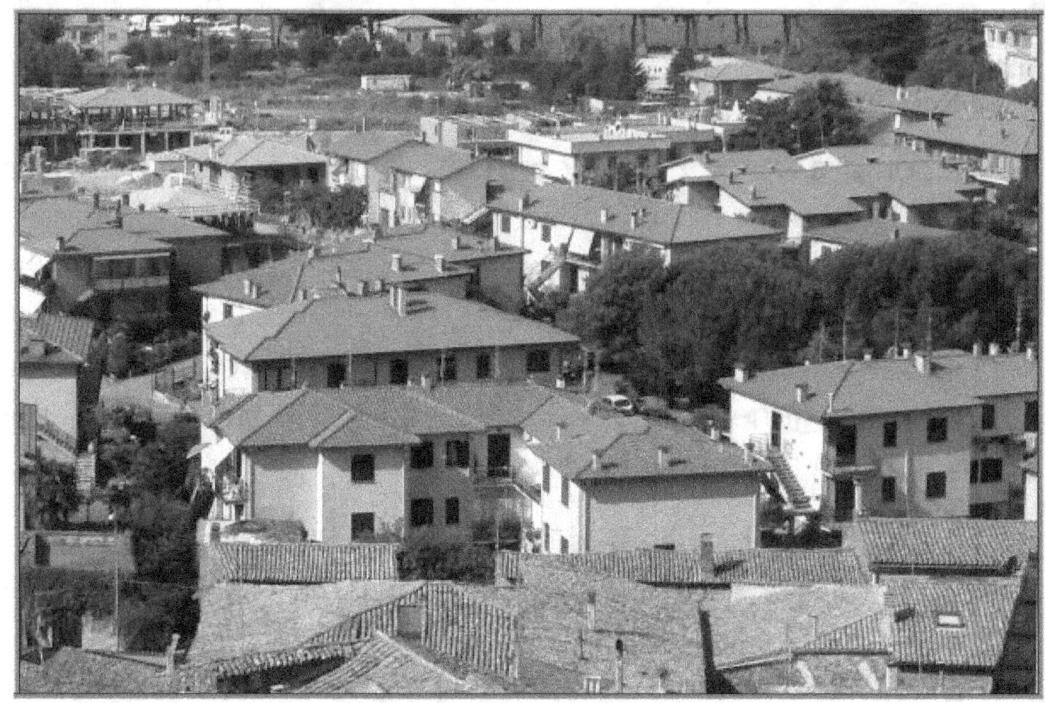

La prima inquadratura è certamente da preferire perché svolge un discorso più ampio e più ricco d'informazioni. Fa capire subito che è posto su un lago e che probabilmente si sviluppa sul fianco dei monti in cui è collocato il lago perché nonostante il punto di ripresa in alto non ha soluzioni di continuità di presenze abitative.

Descrivere una diramazione

Quando due strade si diramano, se è possibile, è bene porsi al vertice della diramazione in maniera tale che sono descritte entrambe le direzioni. Fotografare una soltanto delle vie non è un modo errato di procedere, ma un discorso diverso. In pratica si omette di dire qualcosa, il discorso è limitato a una delle due direzioni.

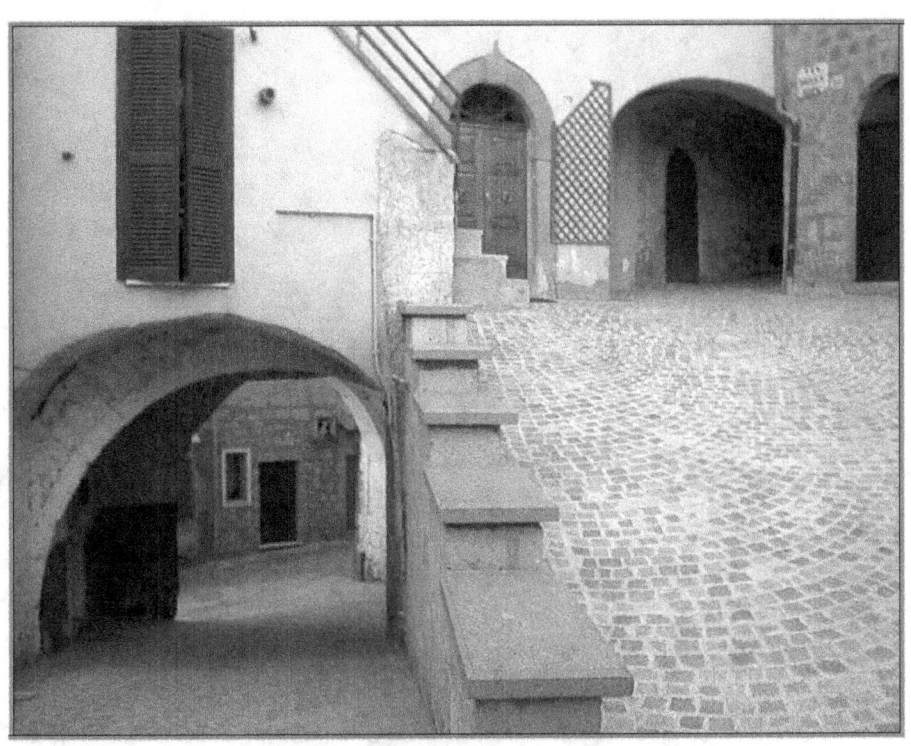

Il problema delle linee cadenti

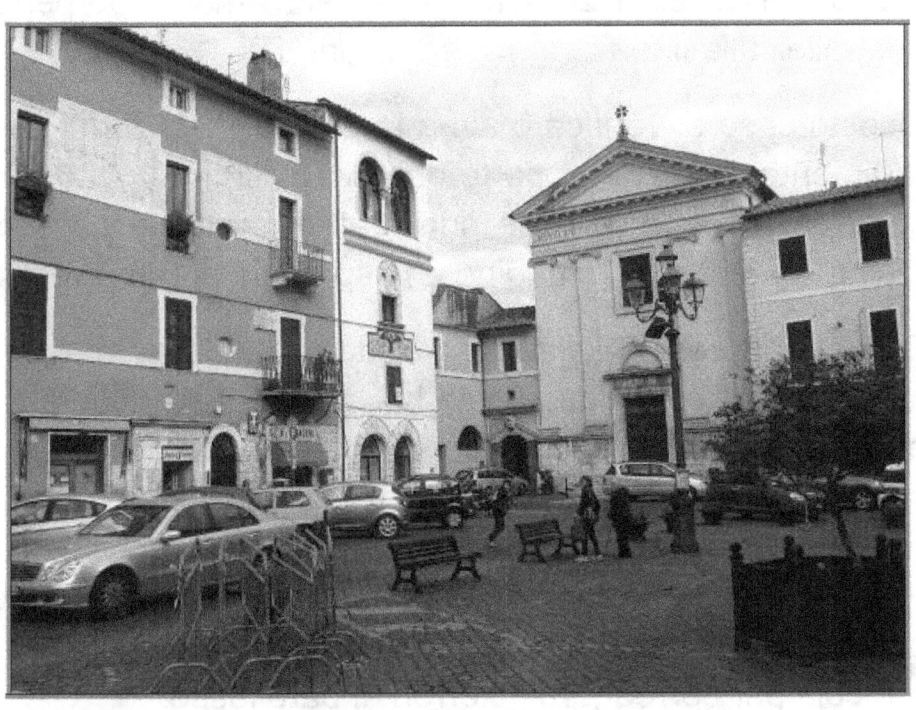

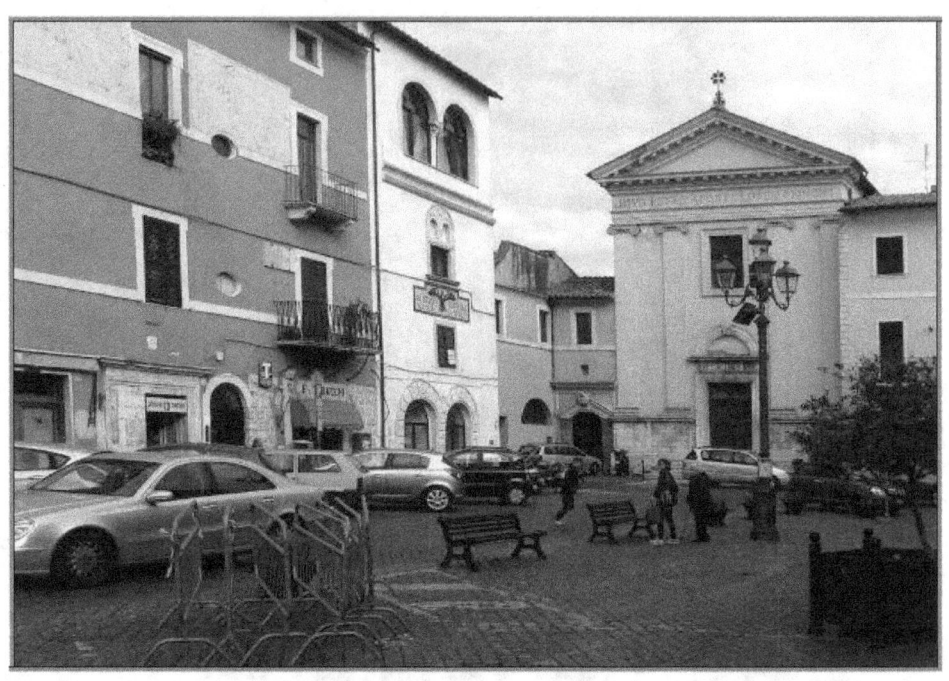

Quando si fotografa un palazzo e si è in asse con il soggetto e l'obiettivo non introduce deformazioni, i lati verticali e orizzontali del palazzo saranno rispettivamente perpendicolari e paralleli alla linea di terra (immagine B).

Questo caso si verifica o si ha la possibilità di farlo verificare, raramente; la maggior parte delle volte si ottengono immagini come la A, dove le linee principali dei palazzi sono cadenti (come si vede nell'immagine C) rispetto ai riferimenti esatti.

Questa rappresentazione è accettata e letta normalmente da tutti, però è bene evitarla e ottenere palazzi che effettivamente non danno l'impressione di un crollo imminente. Finché c'erano solo le macchine analogiche, il problema si risolveva bene soltanto utilizzando un banco ottico, macchina fotografica grossa e ingombrante, che però permetteva il basculaggio dell'obiettivo rispetto al piano pellicola per correggere gli errori di parallasse.

Attualmente, con l'avvento dell'immagine elettronica è sufficiente avere un buon software affinché, in fase di post produzione, si possa correggere questo genere d'errori.

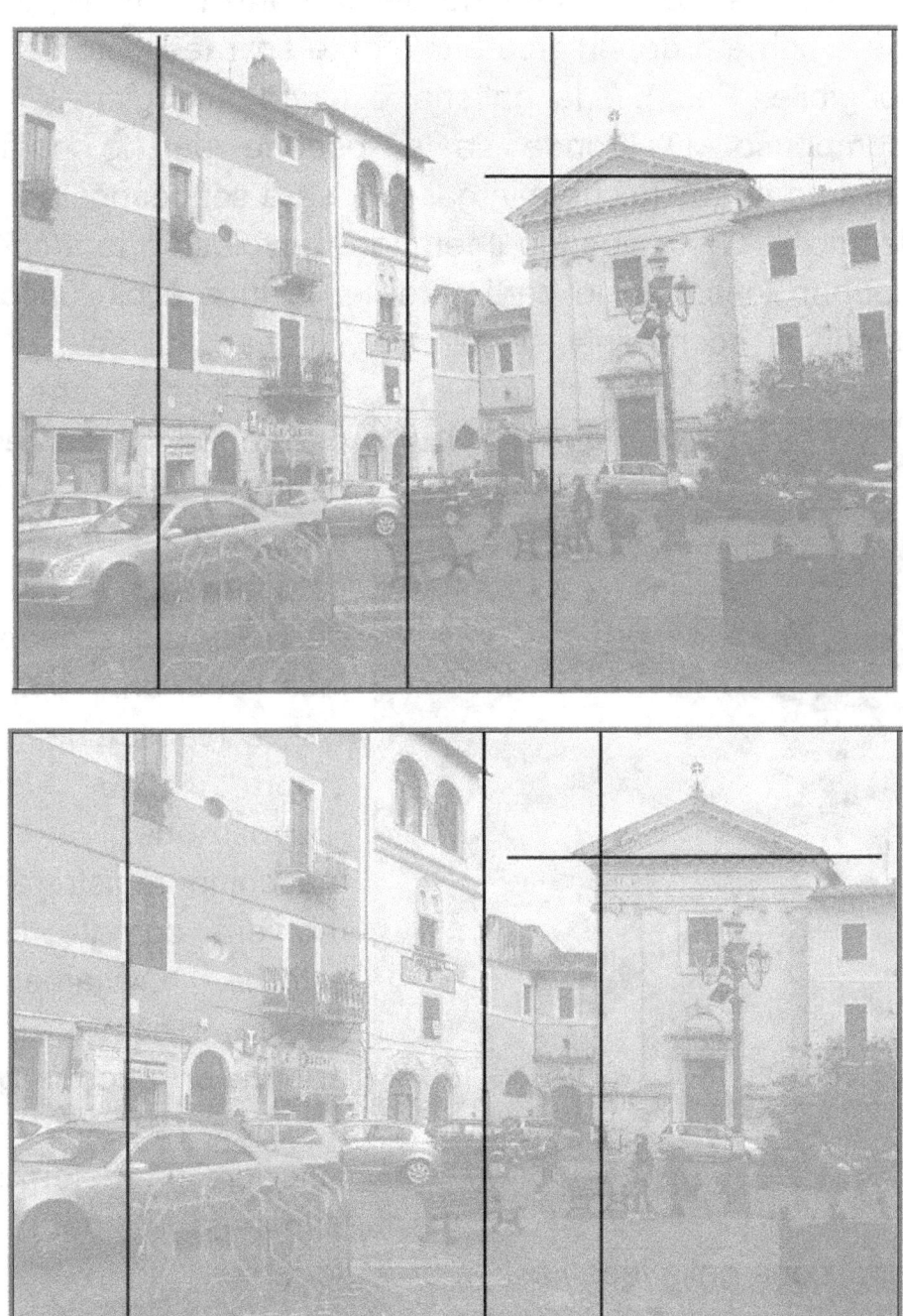

Vicoli che passano sotto arcate

Un arco su una strada determina una differenza d'intensità luminosa tale che si espone per la parte in ombra, tutto ciò che è prima o dopo l'arco è talmente sovraesposto da essere illeggibile. Poi, più la galleria è lunga, maggiore è questo scompenso. D'altronde se si espone per le parti fuori dell'arco, tutto ciò che è in galleria, sarà sottoesposto e quindi illeggibile. Certo quando il tempo è nuvoloso o le architetture mettono in ombra le parti esterne, la luce è più uniforme e quindi gli scompensi si colmano. In caso di sole pieno la

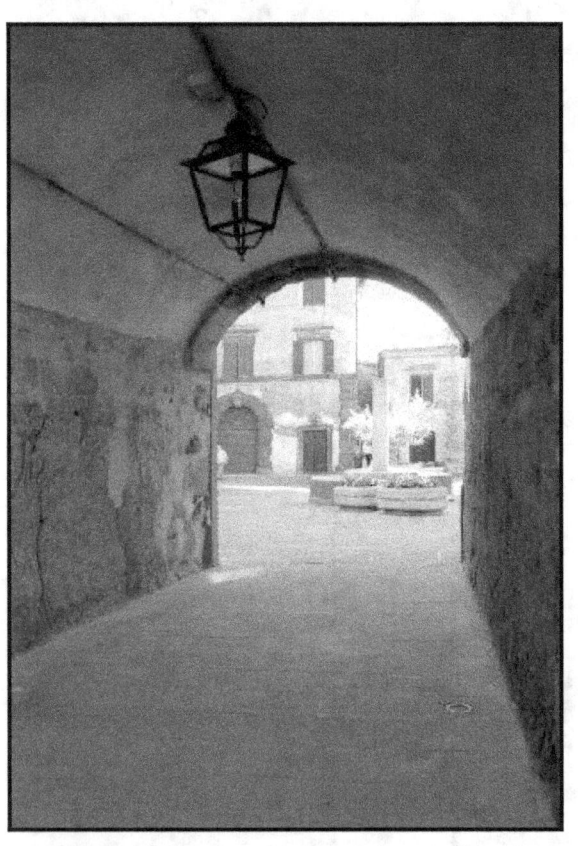

fotografia che si otterrebbe, conterrebbe degli errori tecnici invalidanti. Una buona compensazione si può ottenere utilizzando una luce ausiliaria tipo flash che schiarisce le parti in ombra, mentre l'esposizione della macchina registrerebbe in maniera corretta le parti esterne. Ovviamente in questo caso bisogna entrare un poco in galleria perché se la parte anteriore esterna è illuminata dal sole l'addizione della luce flash la brucerebbe.

Per fare una ripresa che va bene in ogni caso, bisogna utilizzare flash svincolati dall'apparecchio fotografico

e collocati in galleria a opportuna distanza uno dall'altro in maniera da non illuminare le parti esterne e schiarire uniformemente la galleria.

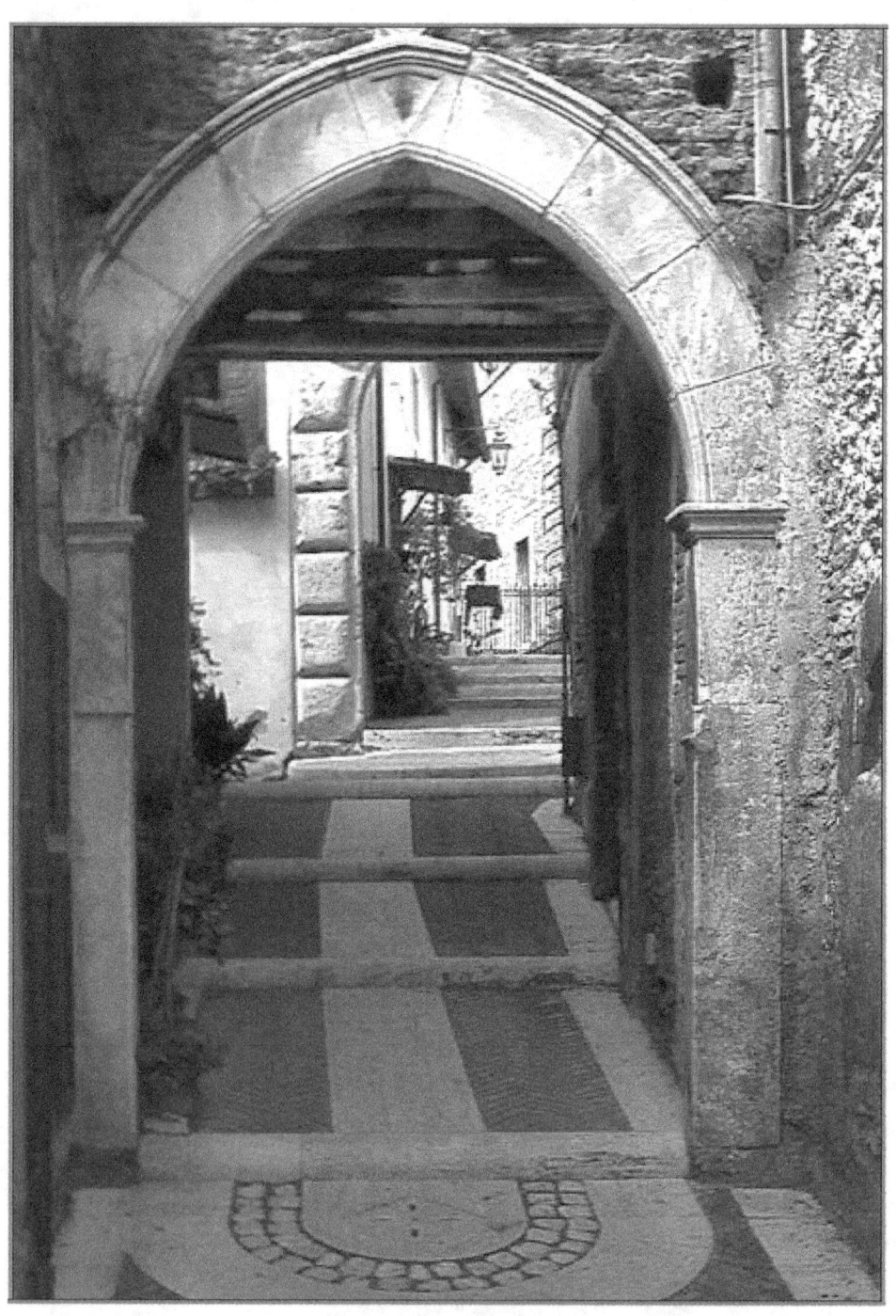

Descrivere una piazzetta

Difficilmente una piazza anche se piccola, è descrivibile con efficacia in una sola fotografia.

E' bene quindi che gli elementi che andiamo a inserire siano quelli che la contraddistinguono da una qualsiasi generica piazza e che siano coordinati tra loro. Nell'esempio si è messo in evidenza il piccolo portico e la chiesetta. Avrei potuto far la ripresa fuori del portico mostrando la parte destra della piazzetta che conteneva abitazioni, ma poiché nel paese sono del tipo abbastanza comune, ho preferito parlare degli elementi meno comuni riscontarti.

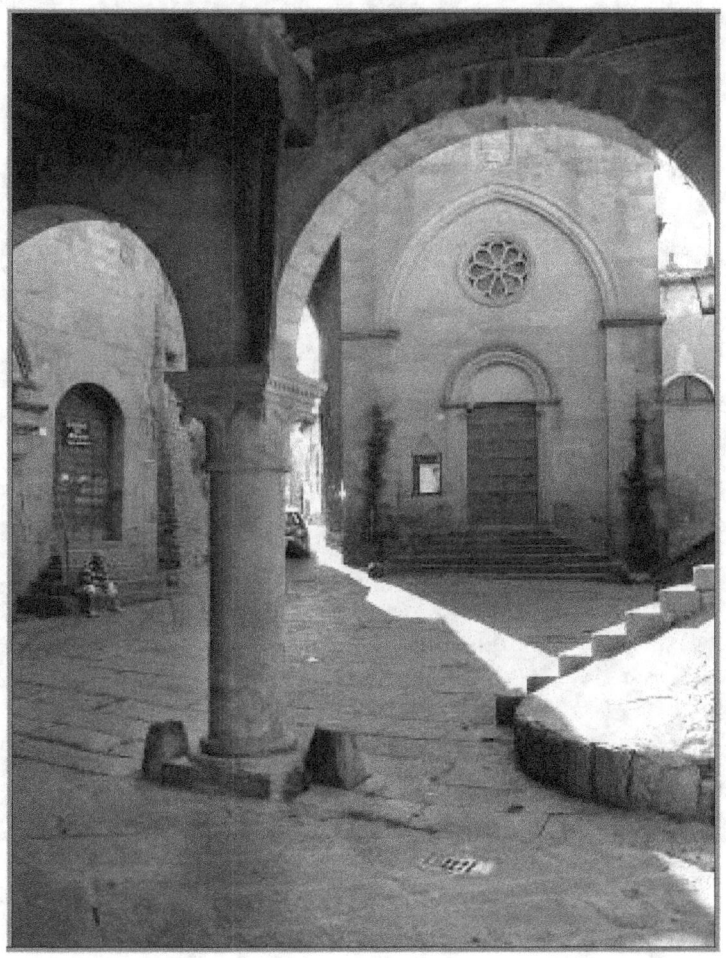

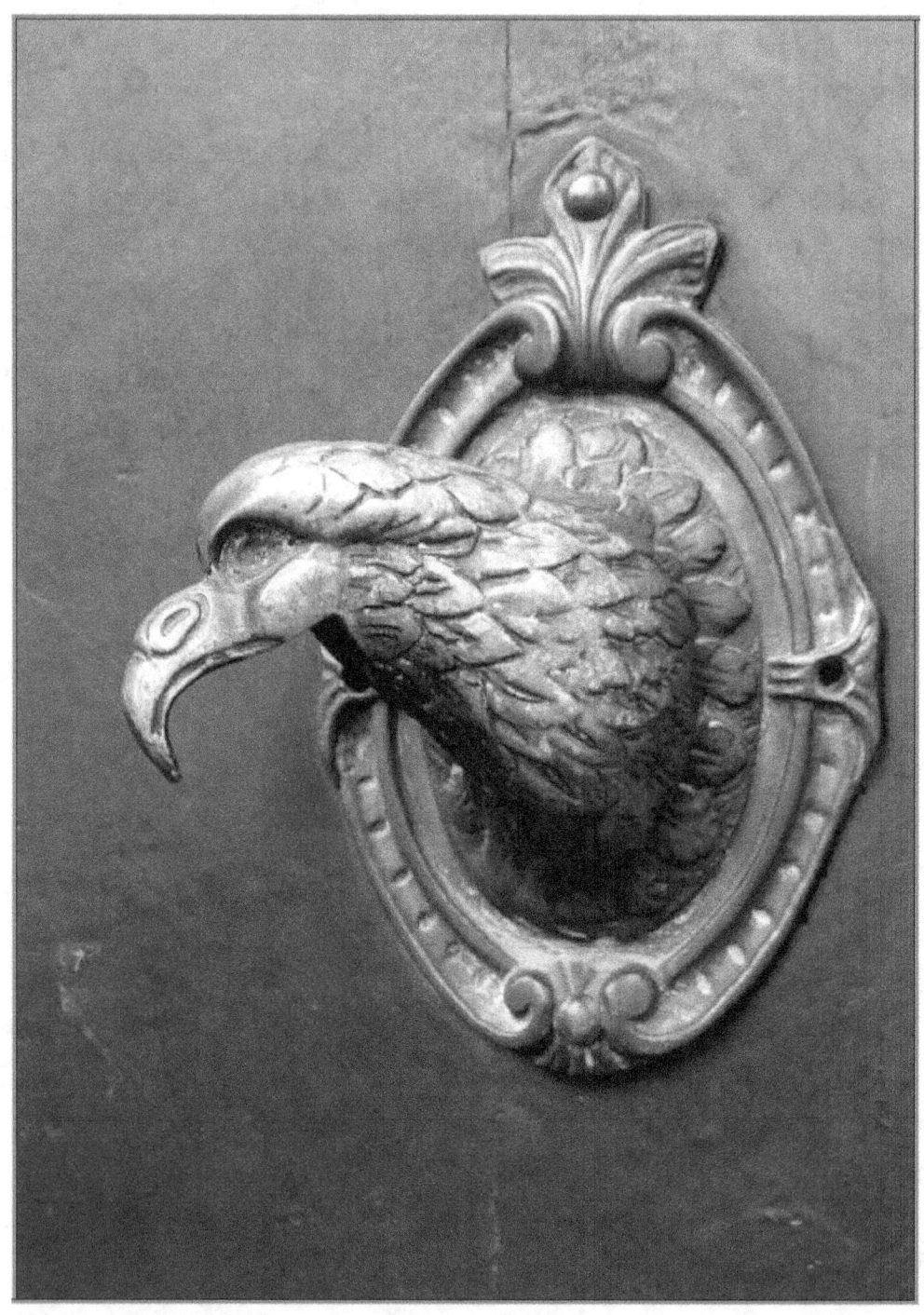

Gli oggetti possono essere rappresentati nella loro quotidianità d'uso o isolati dall'ambiente a scopo illustrativo della loro fattura. Io preferisco se possibile inserirli sempre in un'ambientazione che ne fornisce il senso e la misura dell'utilizzo dell'oggetto. Raccontare un oggetto sembra un'impresa facile, ma non è così. Nell'esempio qui a lato alcune scelte di composizione determinano per questa foto un esatto modo di lettura. Vediamo com'è costruita nell'immagine sotto. Dal centro del campo, qualsiasi direzione di lettura si prende si finisce prima sui confini della forma della testa dell'uccello.

Secondo a quale punto si arriva, si può proseguire: sui confini della piastra su cui è montata la testa, lungo una delle diagonali oppure lungo l'asse di simmetria della piastra che non casualmente è una sezione aurea perfetta. E' vero che giunti sui confini della testa possiamo proseguire all'interno della piastra, ma alla fine ne dovremo uscire così come, quando navighiamo all'interno della testa.

Quando si esce, si trovano i confini delle forme che per il montaggio conducono sui percorsi che ho già detto. Sullo sfondo ci si può capitare, ma si sosta per poco e non ci si ritorna perché è omogeneo e con scarsissimi elementi significativi.

Vediamo alcuni percorsi possibili.

Il primo dal centro del campo percorre la diagonale inclinata a sinistra fino a giungere in una zona priva d'interesse. Da qui possiamo tornare indietro oppure spostarci verso destra o verso il basso. Se torniamo indietro, praticamente ricominciamo il percorso.

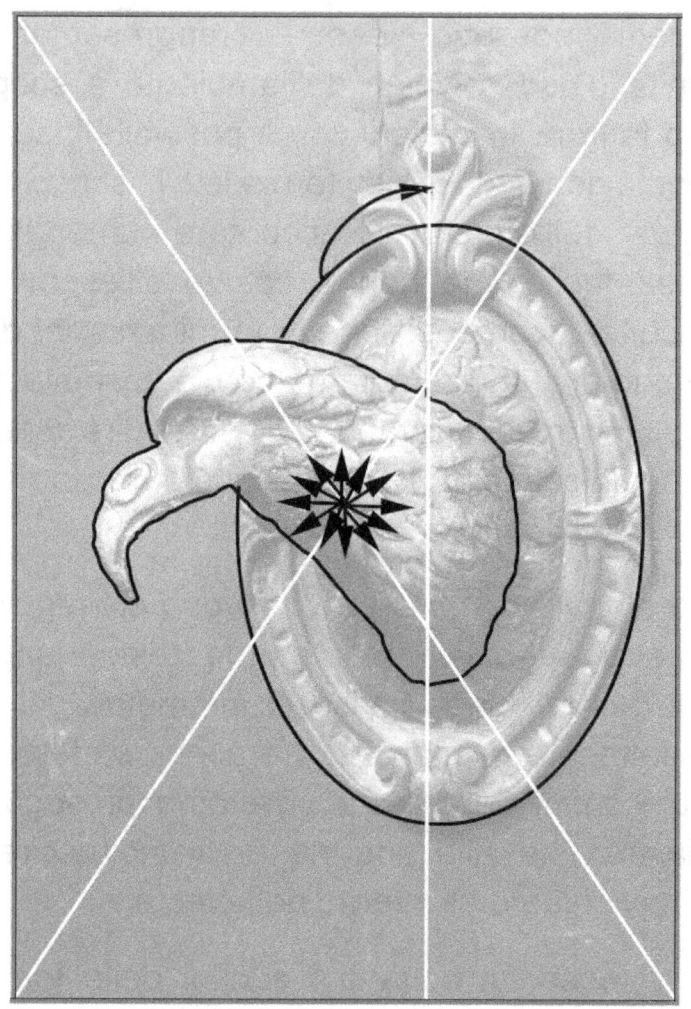

Se andiamo verso destra, possiamo agganciarci a una parte della piastra in questo caso si prosegue sull'asse di simmetria per effetto di due regole congiunte la simmetria e la sezione aurea. Questo moto ci riporta verso l'interno dell'oggetto da cui saranno possibili altre innumerevoli direzioni. Se proseguiamo oltre l'asse, finiamo in una zona vuota, da cui possiamo tornare lungo la diagonale, inclinata a destra, verso il centro dell'oggetto. Lo stesso discorso vale ogni qualvolta si finisce su di una diagonale o si finisce in una zona vuota o si torna indietro verso il centro dell'oggetto.

Quando si capita sui confini della piastra, ci si può agganciare ai confini della testa o alle diagonali o all'asse di simmetria. Poiché l'asse di simmetria è una sezione aurea, le due aree sono percepite separatamente. Quando il cervello percepisce contemporaneamente due aree con elementi diversi, ma con parti in comune procede a quel calcolo per cui dall'elemento che occupa più spazio sottrae le parti in comune dell'elemento che occupa meno spazio. Poiché le due parti della piastra sono uguali quello che rimane dopo quest'operazione nella parte di sinistra della sezione aurea è soltanto la testa. Quindi il cervello percepisce per la parte di sinistra una testa, per la parte di destra, una piastra. E' anche per questo motivo che i confini della testa e della piastra funzionano così efficacemente come linee guida.

Chiamiamo:

A l'asse di simmetria nella parte superiore e Ab in quella inferiore,

P i confini della piastra,

T quelli della testa,

D1 la diagonale inclinata a sinistra nella parte superiore e con D1a quella inferiore,

D2 la diagonale inclinata a destra nella parte superiore e con D2a quella inferiore,

C il centro del campo.

Ecco un percorso reale di lettura. Seguite sull'immagine per capire cosa succede.

Da C a D1, da D1 a T, da T a P, da P ad Ab, da Ab a T, da T a D2, da D2 a P, da P a D1, da D1 a T, da T ad Ab, da Ab a P, da P a D2, da D2 a T, da T a C.

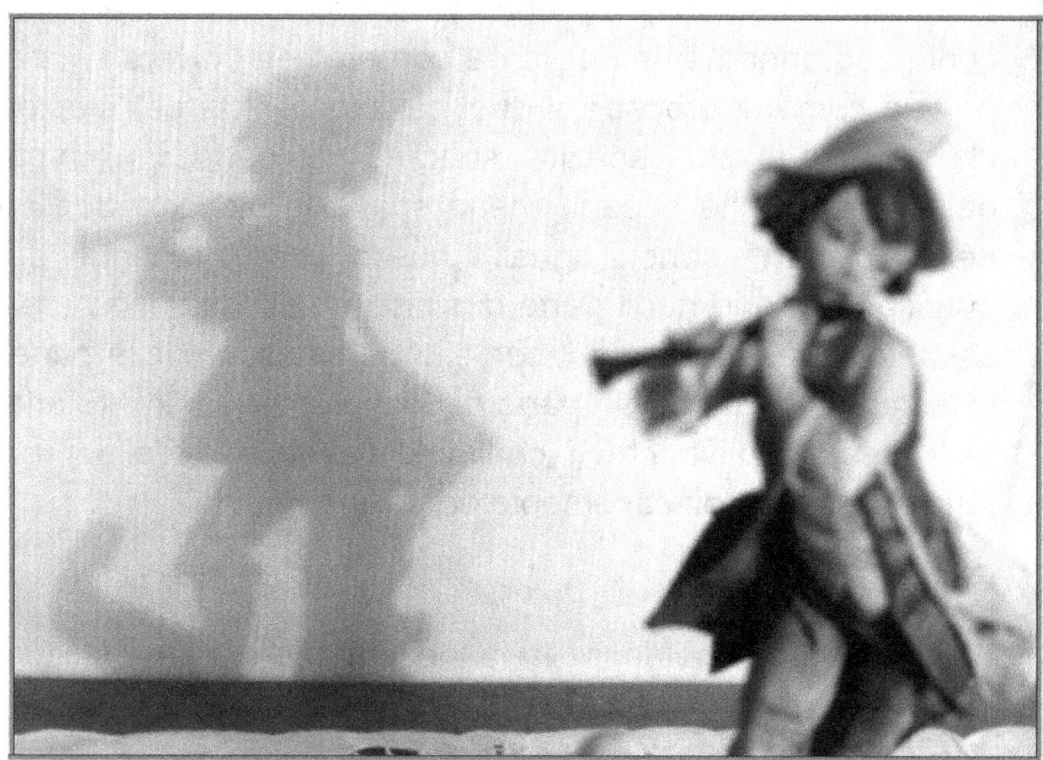

Si può comporre l'immagine anche rompendo gli schemi classici con sufficiente accortezza e intelligenza. Così rompiamo quello che dice che le foto sfuocate sono sbagliate, quello che dice che nelle fotografie d'oggetti bisogna utilizzare luce diffusa e ben disposta per eliminare le ombre, quello che dice che è meglio fotografare l'oggetto in sala posa con fondali opportuni.

Nella foto sopra, tutti questi errori sono palesemente visibili eppure la fotografia ha una narrazione sua che riguarda l'ombra. La statuina rappresenta il Dio Pan con il suo flauto e quando l'attenzione si concentra sulla sua ombra, diviene, perché unico elemento definito, vera la magia e il mistero legati a questa leggenda.

La costruzione è la divisione a due, passante per la mezzadria dei lati orizzontali, e un centro del campo posto tra i due elementi in una zona povera di significazioni.

Nelle prossime pagine riporto altre riprese d'oggetti, provate voi a scoprire quali tecniche di ripresa ho impiegato, quale metodo di composizione e quale struttura sintattica.

Magari poi prendete il mio indirizzo elettronico di posta in fondo a questo libro e mi scrivete la soluzione così da discuterne insieme.

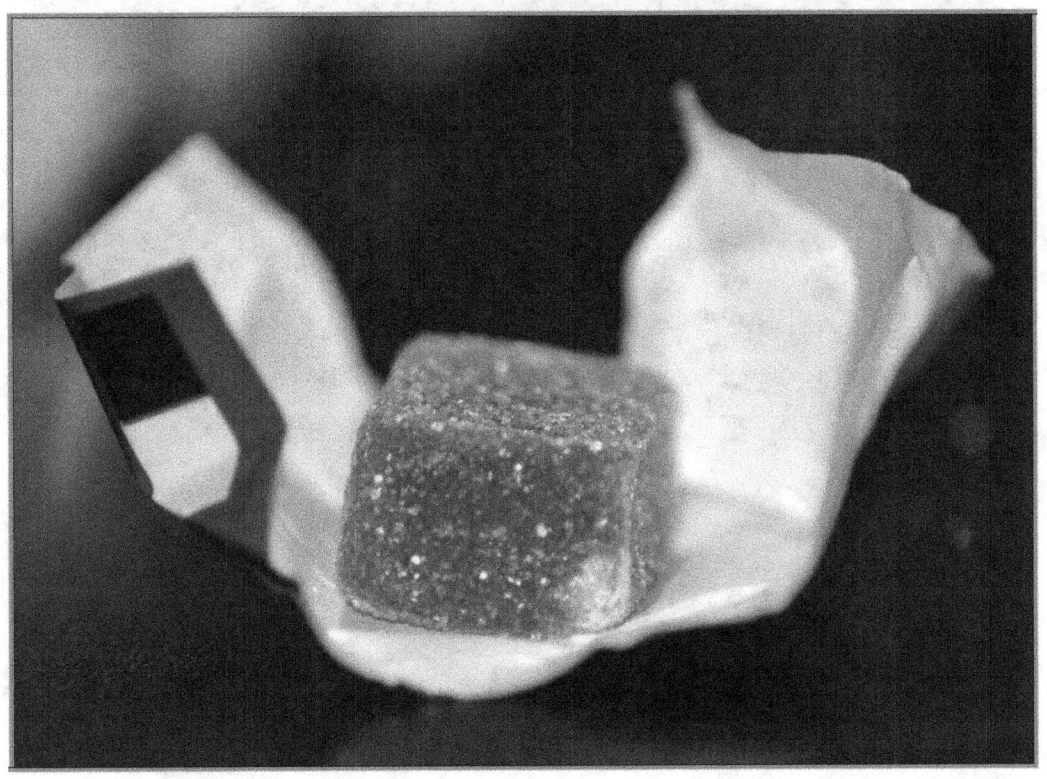

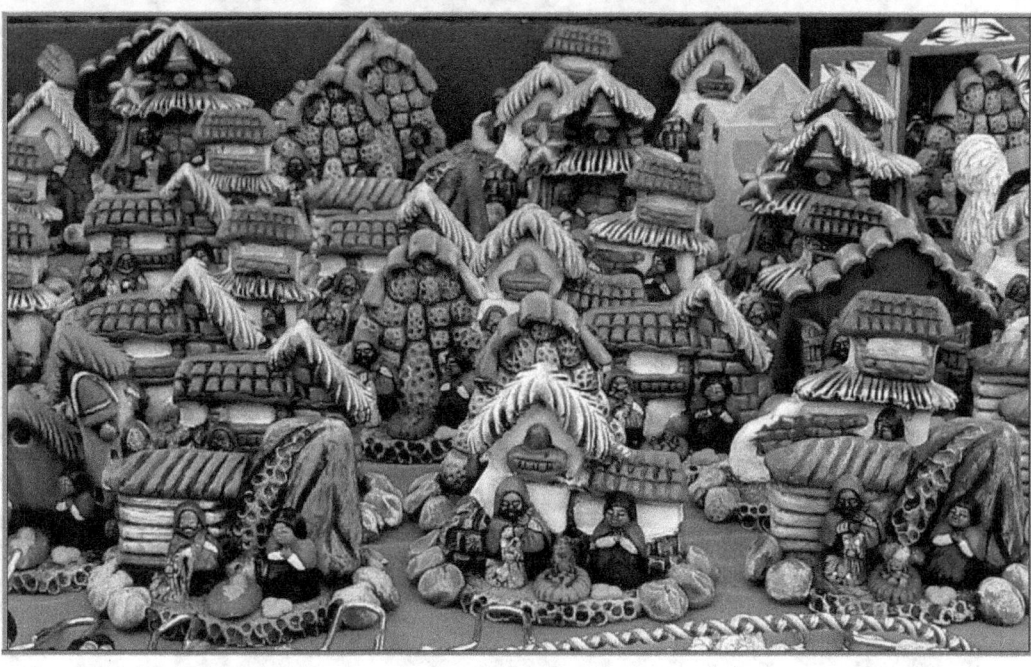

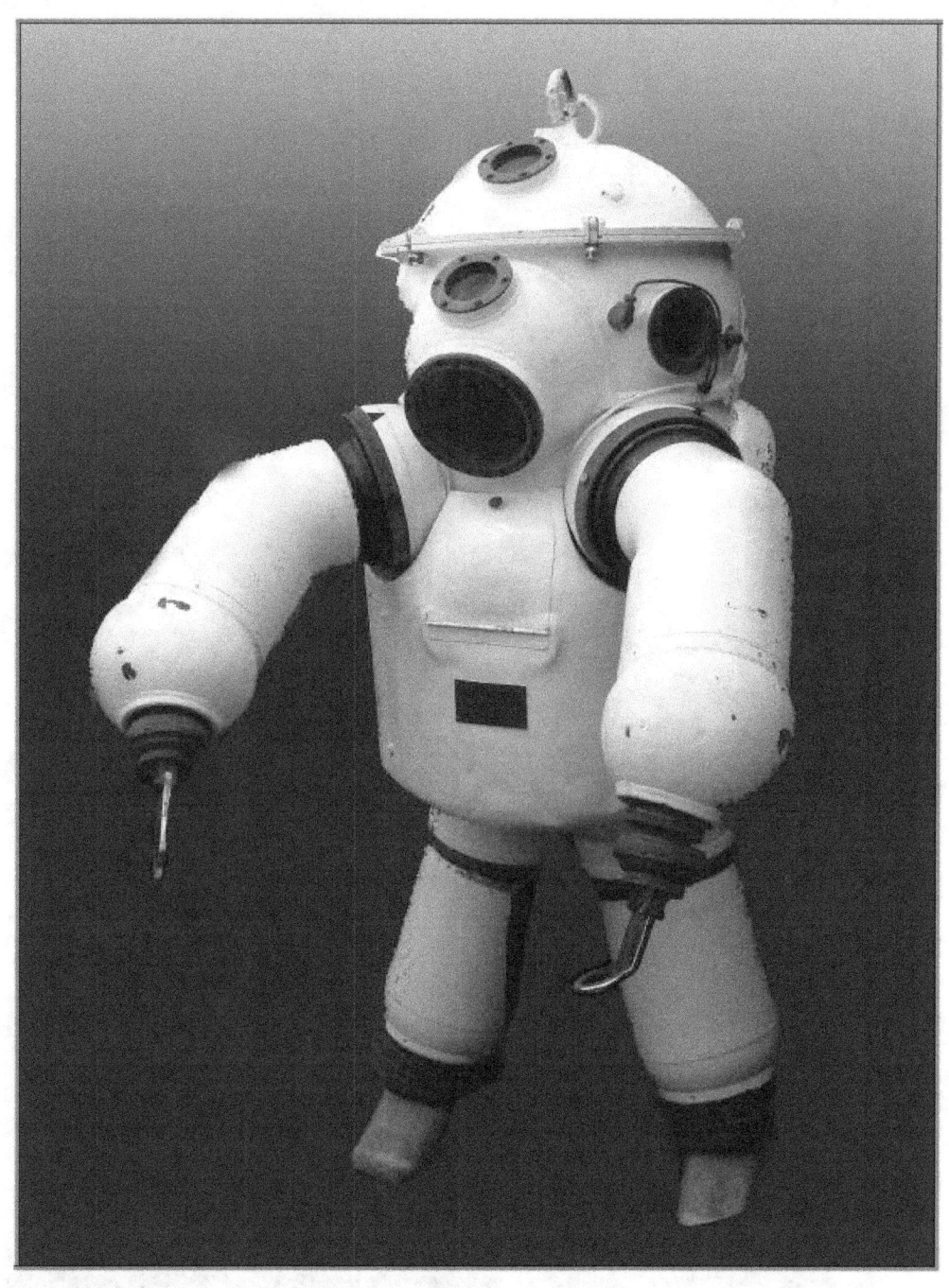

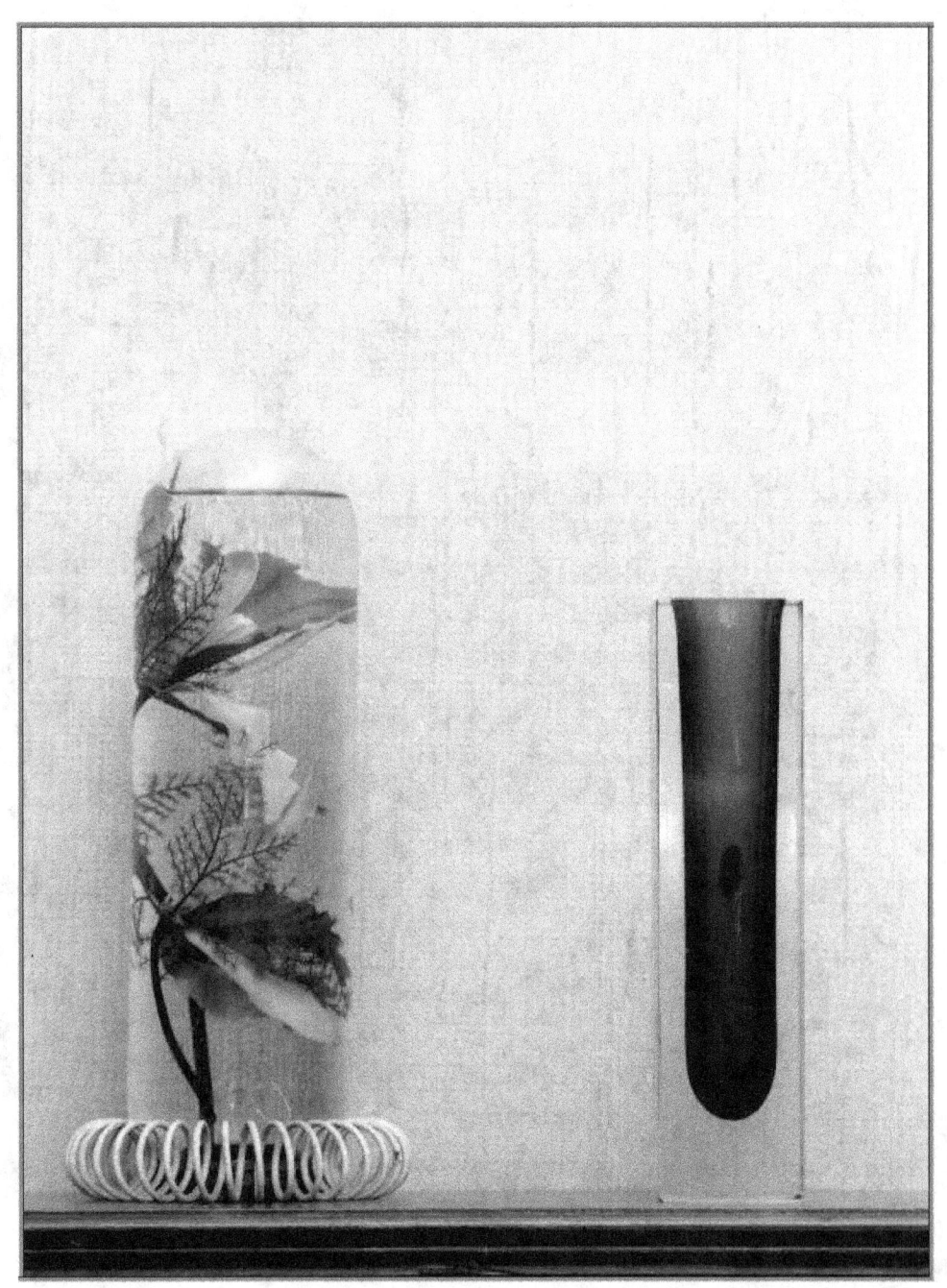

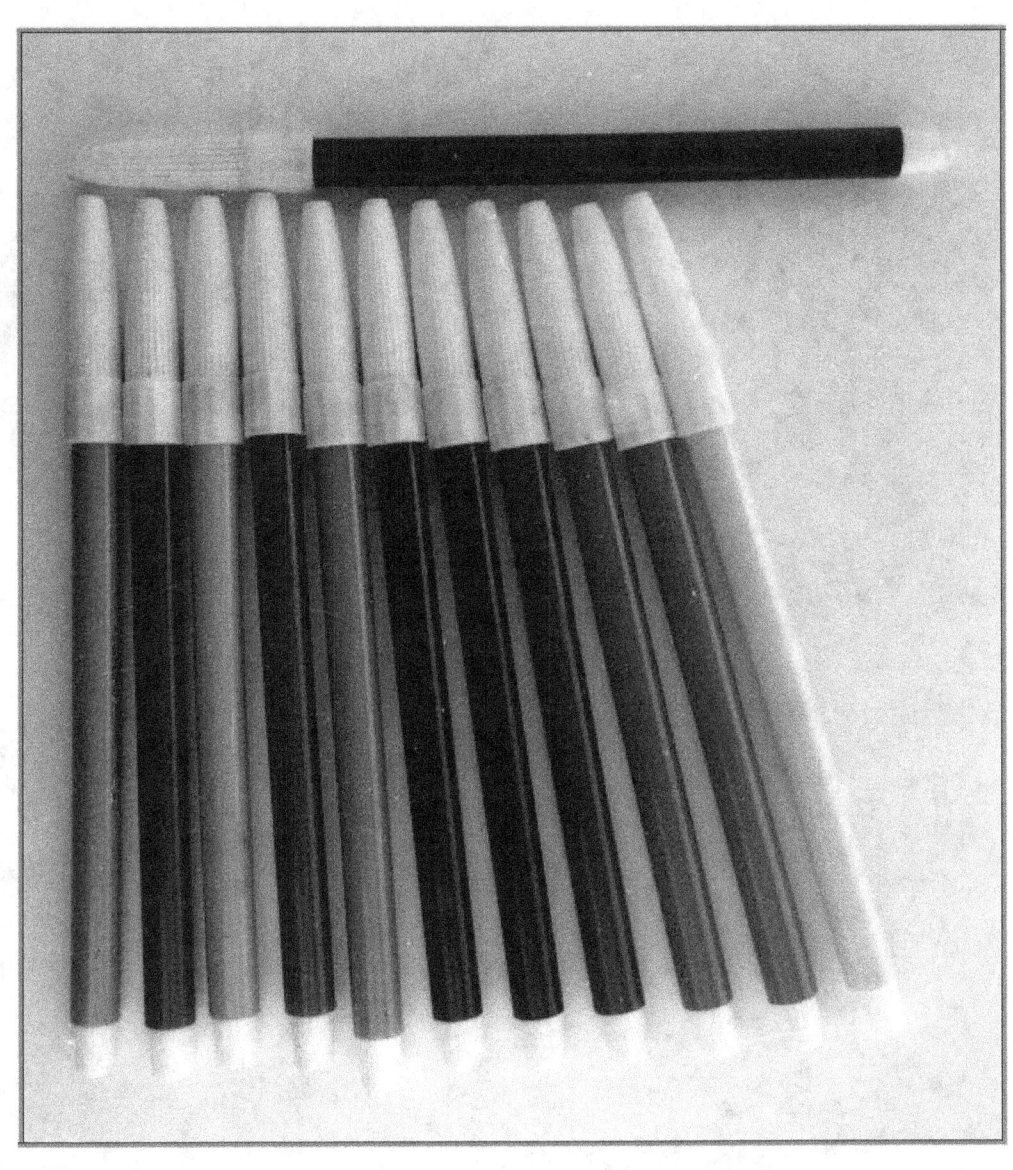

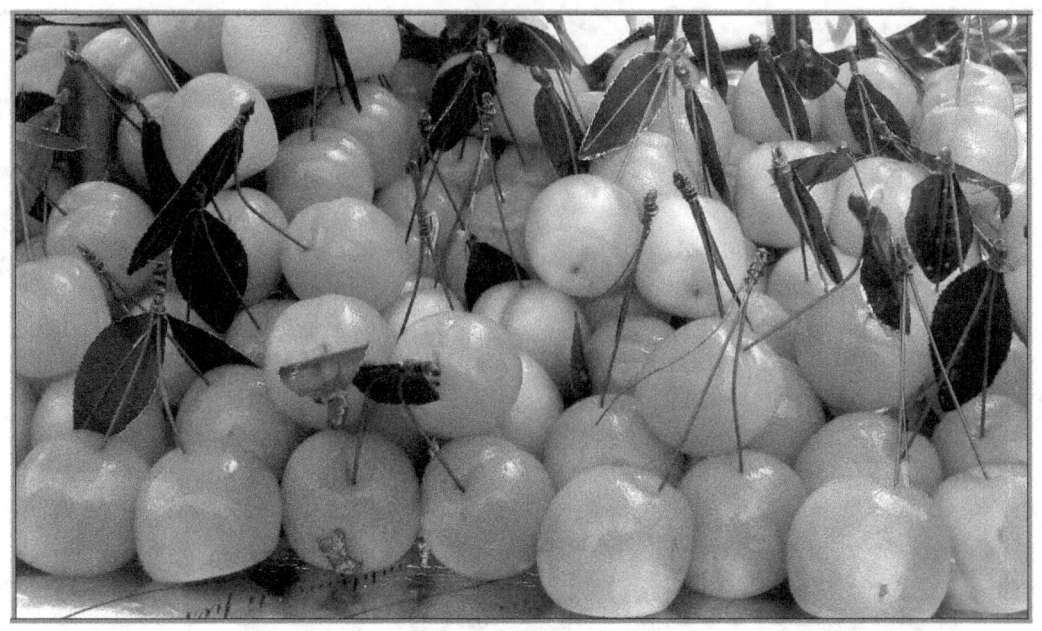

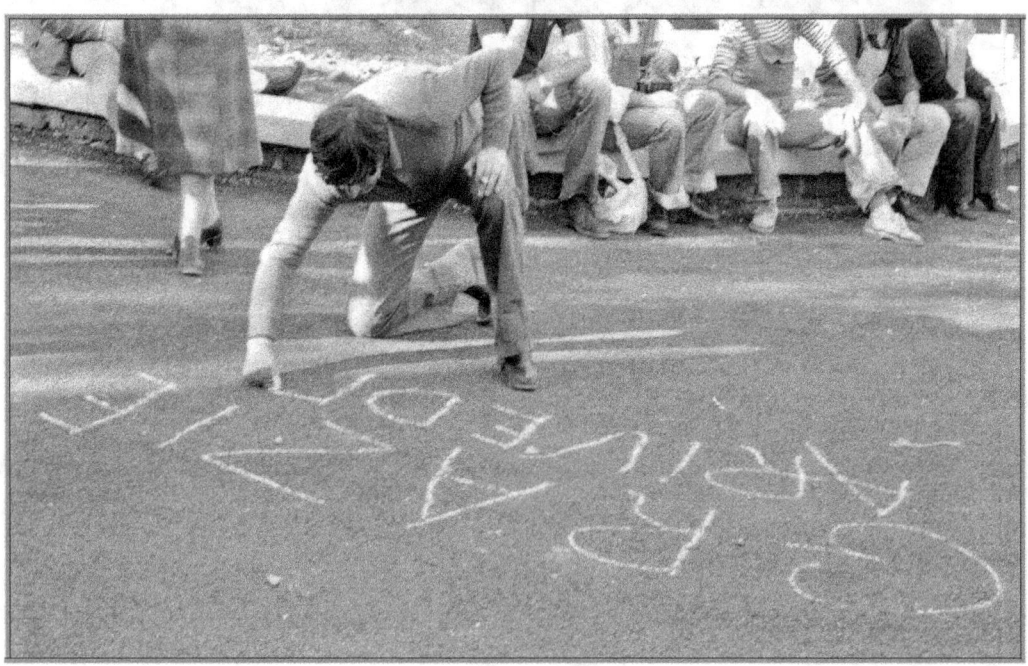

Documentazione tecnica integrativa

Informazioni di base

Il principio su cui si basa la fotografia è rappresentato nella figura sotto.

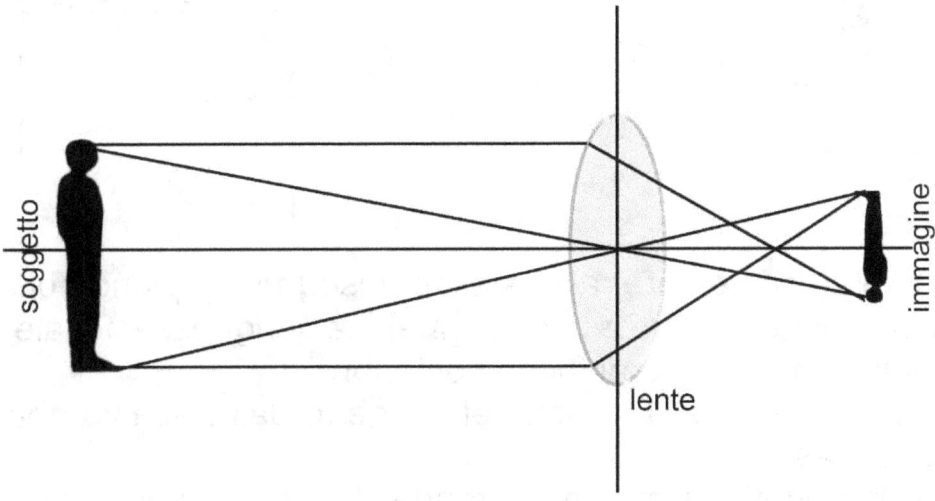

La lente converge i raggi su di un piano dove si forma l'immagine capovolta.

Le regole di formazione dell'immagine per una lente sottile convergente sono:

a) la luce che viaggia parallelamente all'asse ottico passa per il punto focale posteriore della lente,

b) la luce che passa per il centro ottico della lente non è deviata,

c) la luce che passa per il punto focale anteriore riemerge parallela all'asse ottico.

Riferendoci alla seconda figura, le regole a, b, c, sono illustrate rispettivamente dai raggi a b c.

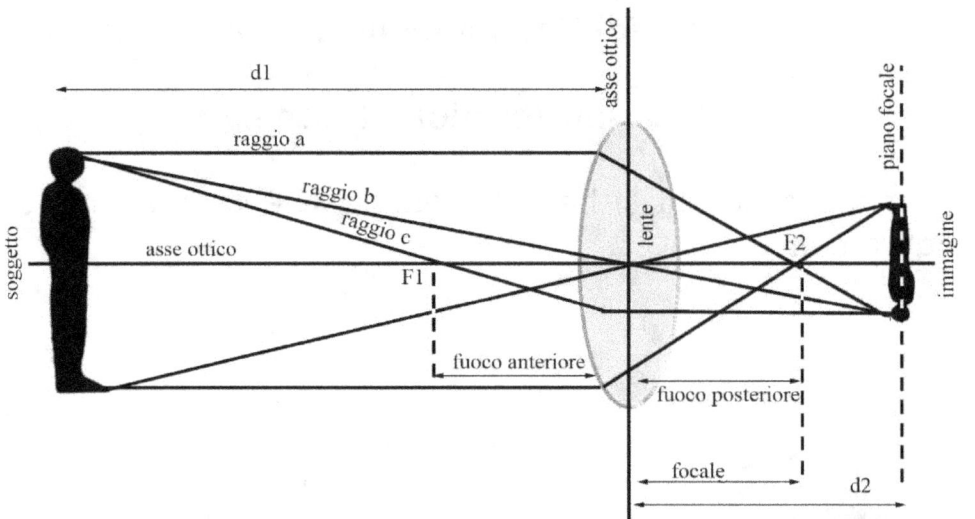

Riferendoci sempre allo stesso disegno, il piano focale è quello dove si forma l'immagine. La lunghezza focale è la distanza dalla lente al fuoco posteriore.

In funzione della distanza del soggetto dall'obiettivo abbiamo questi casi:

- a) soggetto a media o grande distanza comunque a una misura maggiore di due lunghezze focali (in questo caso si ottiene un'immagine reale, invertita e più piccola del soggetto),
- b) soggetto alla distanza di due lunghezze focali (in questo caso si ottiene un'immagine reale, invertita e delle stesse dimensioni del soggetto),
- c) soggetto a distanza compresa tra una e due lunghezze focali (in questo caso si ottiene un'immagine reale, invertita e più grande del soggetto)
- d) soggetto a distanza inferiore a una lunghezza focale (in questo si ottiene un'immagine virtuale, diritta e ingrandita).
- e)

Se indichiamo con d1 la distanza del soggetto all'asse ottico e con d2 la distanza dall'asse ottico al piano focale abbiamo la seguente relazione:

$1/d1 + 1/d2 = 1/f$

Se d1 tende a infinito →∞ allora f=d2.

Dove f indica la focale dell'obiettivo.

Se indichiamo con m il rapporto d'ingrandimento, con I le dimensioni dell'immagine e con O le dimensioni dell'oggetto abbiamo la seguente relazione: m = I/O.

Nelle situazioni standard, equivale a d2/d1.

Da cui si ottengono le equazioni che possono tornare utili nella maggior parte dei casi:

d1 = f(1 + 1/m)

d2 = f(1+m)

m = f/d1

L'immagine può essere formata anche con il metodo del foro stenopeico. Se in una stanza a tenuta di luce o in una scatola su una delle pareti pratichiamo un piccolo foro, su quell'opposta si formerà un'immagine. Il diametro del foro deve essere opportuno e in via sperimentale si è trovato che questo corrisponde alla seguente relazione:

d = 1/125($\sqrt{D}$)

Dove con d è indicato il diametro del foro e con D la distanza dal foro alla parete opposta. Ad esempio se la distanza dal foro alla parete opposta è di 4 metri, allora il foro più opportuno sarà quello che ha diametro di 1,6 cm.

L'immagine che si ottiene con un foro stenopeico non ha mai una buona nitidezza, in compenso la profondità di campo si estende all'infinito e non ci sono aberrazioni ottiche.

I principi di formazione dell'immagine con il foro stenopeico sono conosciuti fin da tempi antichi e quello che è sempre mancato è la possibilità di fissare l'immagine in maniera stabile.

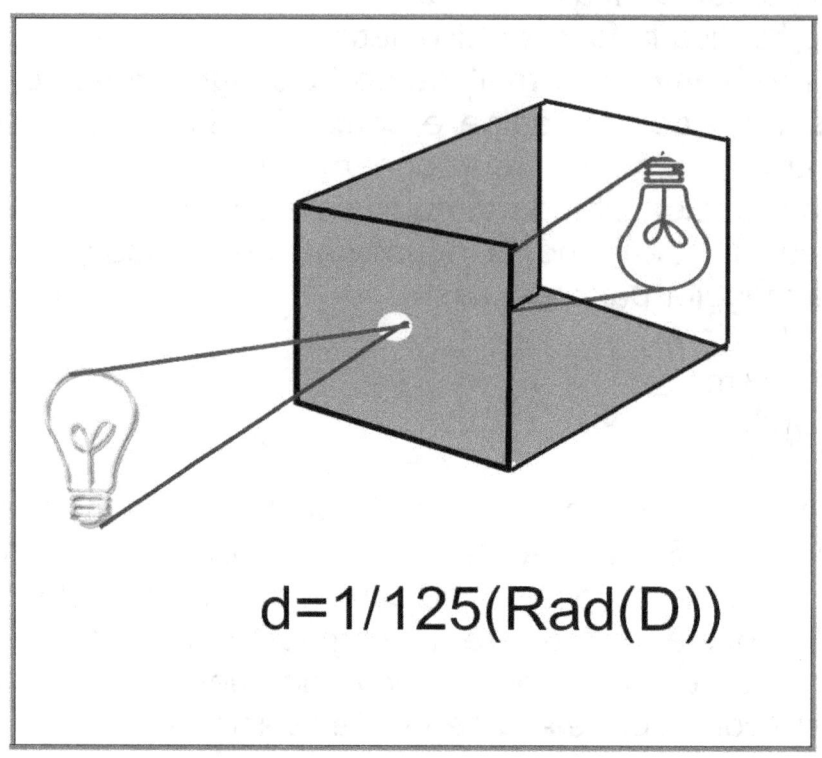

$$d=1/125(Rad(D))$$

Tralasciamo, in questa sede, tutte quelle tecniche fiorite alla fine dell'ottocento e sopravvissute fino all'inizio della seconda guerra mondiale e caliamoci tra gli anni settanta e metà degli ottanta del novecento.

La macchina fotografica era essenzialmente meccanica e se c'era qualcosa non tale, era di natura elettrica non certo digitale. Una fotocamera completa aveva questi elementi essenziali: un corpo per ospitare la pellicola fotografica, il sistema d'otturazione e quello dell'esposimetro, il sistema reflex e quello del riavvolgimento della pellicola, la leva d'avanzamento, il mirino, il contafotogrammi e la baionetta per connettere diversi tipi d'obiettivi. L'altro elemento della fotocamera era l'obiettivo che conteneva il sistema dei diaframmi e di messa a fuoco oltre al gruppo di lenti che permettevano la ripresa della scena. Il sistema di visione era quello reflex, vale a dire quello che permetteva di vedere la scena attraverso l'obiettivo e non attraverso un mirino esterno che, seppure in parallasse con l'obiettivo, era comunque impreciso. Il formato di pellicola più usato era il 35 mm che aveva una superficie sensibile utile per ogni foto di 24X36 mm. Al formato 35 mm si fa riferimento ancora oggi con le fotocamere digitali. Nelle immagini seguenti, vedete una tipica fotocamera biottica e una reflex dell'epoca con indicati i principali elementi che le compongono.

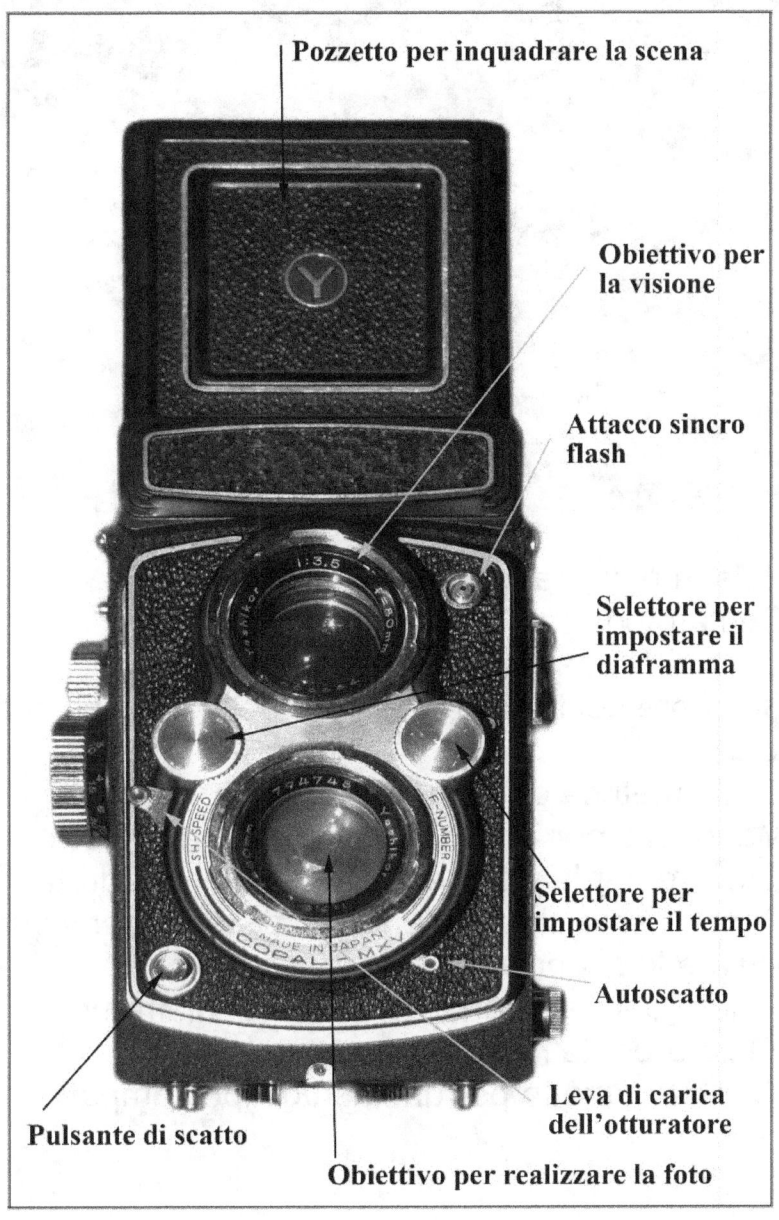

Pozzetto per inquadrare la scena

Obiettivo per la visione

Attacco sincro flash

Selettore per impostare il diaframma

Selettore per impostare il tempo

Autoscatto

Leva di carica dell'otturatore

Pulsante di scatto

Obiettivo per realizzare la foto

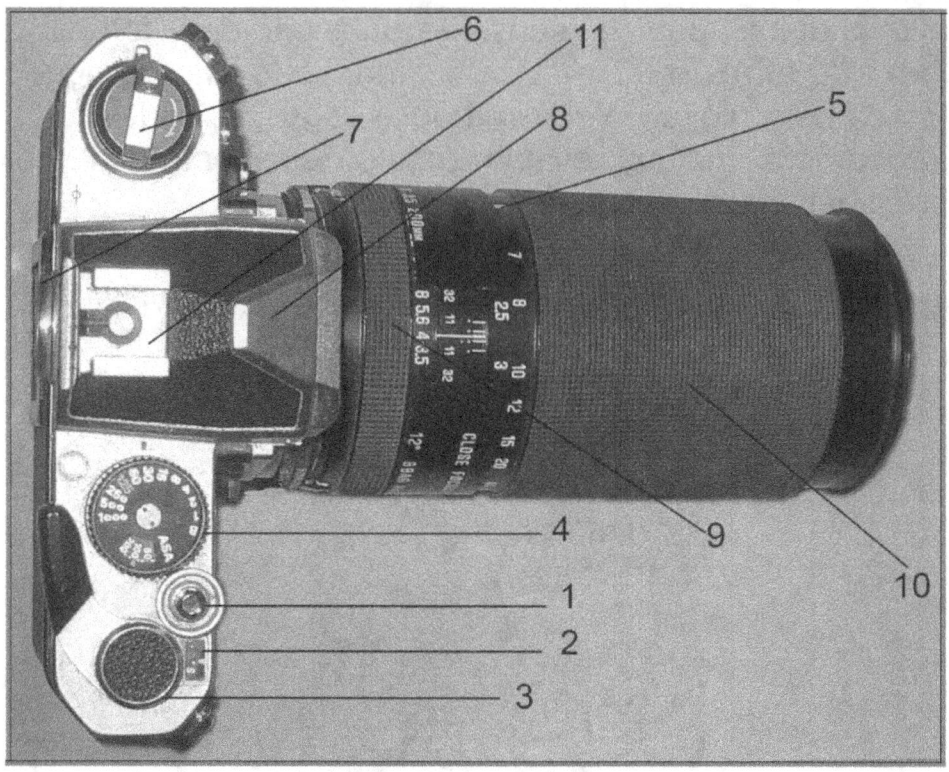

1 -- Pulsante di scatto.

2 -- Contafotogrammi

3 -- Leva di carica

4 -- Selettore dei tempi di scatto e della sensibilità della pellicola

5 -- Scala metrica della messa a fuoco

6 -- Manovella per il riavvolgimento della pellicola

7 -- Oculare per la visione della scena inquadrata

8 -- Pentaprisma che conteneva il sistema per visualizzare nell'oculare la scena

9 -- Ghiera per selezionare il valore di diaframma

10 -- Ghiera per la messa a fuoco

11 -- Contatto diretto per un flash di tipo compatto

L'obiettivo

L'obiettivo è quel sistema di lenti che convoglia la luce e forma un'immagine a una certa distanza dietro di se. Gli obiettivi sono classificati in funzione della loro lunghezza focale che è uguale in condizioni normali alla distanza che c'è tra il punto nodale posteriore del gruppo ottico e il piano su cui si forma l'immagine. Questa misura è espressa in millimetri, perciò ci sono obiettivi, ad esempio di focale 50 mm o 100 mm. L'obiettivo abbraccia una porzione della scena e questa sua capacità è indicata con l'angolo di campo. Poiché la superficie sensibile dove è registrata l'immagine può essere di diverse dimensioni, lo stesso obiettivo utilizzato su superfici diverse avrà un angolo di campo differente. La classificazione standard fa riferimento a una pellicola formato 35 mm. I quattro gruppi principali di suddivisione degli obiettivi sono: grandangolari, normali, teleobiettivi e zoom (a focale variabile).

Poi si parla di grandangolare medio o spinto, così come di teleobiettivo medio e spinto. Le corrispondenti focali, riferite al formato 35 mm, sono: grandangolari da 22 a 40 mm circa (sotto i 22 mm si parla di grandangolari spinti o fisheye) obiettivi normali da 45 a 55 mm circa, teleobiettivi dai 60 in poi.

Ovviamente la suddivisione non è così rigida da poter affermare che un obiettivo di 45 mm è normale e uno da 44 mm non lo è. Bisogna essere elastici e capire che le caratteristiche che ora descriveremo si accentuano o si mitigano in maniera continua su questa scala di focali comuni che va dai 18 mm fino a 2000 mm di focale.

Il corpo dell'obiettivo è provvisto di una ghiera per intervenire sul gruppo ottico in maniera tale da riprodurre precisamente i soggetti in funzione della distanza cui sono. Quest'operazione si definisce messa a fuoco. Questo significa che se il soggetto è a 5 metri di distanza io devo mettere a fuoco a quella distanza.

In teoria, tutti gli altri soggetti che non sono a quella distanza dovrebbero essere sfuocati e non ben dettagliati. In realtà non è così perché la profondità di campo, cioè la misura su cui si estende il fuoco da noi impostato, si estende sia verso di noi sia verso l'infinito. La profondità di campo è legata essenzialmente a due fattori: la focale dell'obiettivo, il valore di diaframma. Tralasciamo un attimo il diaframma e vediamo la focale. Più ci si sposta verso i grandangolari, maggiore è la profondità di campo. Per fare un esempio con un grandangolare di 28 mm, mettendo a fuoco a 8 metri, la profondità di campo si estende all'infinito, quindi saranno ben definiti anche soggetti a 60 metri. Più ci spostiamo verso i teleobiettivi tanto la profondità di campo diminuisce. L'altra caratteristica fondamentale di un obiettivo è l'angolo di campo abbracciato. Più ci spostiamo verso i grandangolari, maggiore sarà la porzione di scena inquadrata, mentre più ci spostiamo verso i teleobiettivi, tanto più piccola sarà la porzione inquadrata. Questo fatto comporta che i soggetti della scena ripresi con un grandangolare sono piccoli, mentre uno dei soggetti inquadrati con il teleobiettivo sarà ingrandito così come si vede con un cannocchiale.

Quindi se fissiamo la fotocamera in un punto e mettiamo un grandangolare, riprenderemo, ad esempio, le montagne sullo sfondo, i prati, gli alberi vicino a noi e così via. Se poi mettiamo un teleobiettivo nella stessa posizione, riprenderemo, a seconda, della potenza solo parte di una montagna. Quindi rispetto alla visione umana, il teleobiettivo *avvicina* i soggetti, il grandangolare li *allontana*. Gli altri obiettivi ottengono la definizione di normale perché l'angolo di campo è simile a quello dell'occhio umano e sono quelli che rendono la prospettiva più simile all'occhio. La seguente tabella, sempre riferita al formato 35 mm, fa capire la relazione tra angoli di campo e lunghezza focale. Nella colonna D è indicato l'angolo di campo riferito alla diagonale del negativo, nella colonna L quello relativo alla larghezza e nella colonna A quello relativo all'altezza.

Nell'uso comune si considera quello della diagonale (43,2 mm). I valori sono approssimati alla cifra intera o alla prima decimale. Se volete calcolare i valori per una focale che non è in tabella, la formula è: 2* (arctan (lunghezza del lato del fotogramma / il doppio della focale)), arctan sta per la funzione trigonometrica arcotangente.

Formato 24X36	Angoli di campo		
Focale (in mm)	D (diagonale) in °	L (larghezza) in °	A (altezza) in °
17	103,59	93	70
18	100,38	90	67
19	97,32	87	64
20	94,40	84	62
22	88,94		
24	83,97	74	53
25	81,65		
26	79,43		
27	77,31		
28	75,29	65	46
35	63.36	54	38
40	56,73		
45	51,28	43	29
50	46	39	27
55	42,82		
70	34	29	19
75	32,13		
80	30,21		
85	29	24	16
105	23	19	13
135	18	15	10
180	14	11	8
200	12	10	7
250	9,87		
300	8	7	5
400	6	5	3
500	5	4	3
600	4	3	2
1000	2,4	2	1
1200	2	1,7	1
2000	1,2	1	0,6

Il diaframma

Il diaframma è in pratica un foro di grandezza variabile che regola la quantità di luce che arriva sulla pellicola.

Questo meccanismo costituito da un'iride che varia è insieme all'otturatore quello che determina la giusta esposizione del materiale sensibile alla luce.

I diaframmi sono identificati da un numero posto sul corpo dell'obiettivo in quanto attualmente sono inglobati in questo.

Il numero che contrassegna il diaframma è relativo nel senso che non indica la misura dell'apertura. E' ricavato dal rapporto tra la focale dell'obiettivo e l'effettiva misura dell'apertura. Se indichiamo con f la focale espressa in millimetri e con d la misura del diametro dell'apertura in millimetri otteniamo il numero N cercato con la seguente relazione: $N=f/d$.

Il numero ottenuto è indicato con questo simbolo f/.

Ad esempio, se stiamo usando un obiettivo di 80 mm di focale e impostiamo il diaframma indicato con f/8, significa che l'effettiva apertura sarà di 10 mm (80/8=10). I numeri f/, che trovate su un obiettivo sono in rapporto uno con l'altro in maniera tale che la quantità di luce che passa è la metà del numero precedente. Questo serve a facilitare i calcoli per determinare la giusta esposizione. Poiché la luce che passa attraverso l'obiettivo è inversamente proporzionale al valore del quadrato di quello del diaframma, i numeri della serie aumentano con un fattore uguale alla $\sqrt{2}$. La serie di numeri generalmente adottata per i diaframmi è:

f/1,1 – f/1,4 – f/2 – f/2,8 – f/4 – f/5,6 – f/8 – f/11 – f/16 – f/22 – f/32 – f/45

Più il numero è grande minore è la quantità di luce che passa.

Quindi f/1,1 è la maggiore quantità e f/45 la minore.

Passare da un diaframma più grande a uno più piccolo (ad esempio da f/16 a f/11) si chiama apertura di uno stop, mentre passare da un diaframma più piccolo a uno più grande (ad esempio da f/8 a f/11) si chiama chiusura di uno stop.

Si chiamano apertura e chiusura perché, rispettivamente, aumentano o diminuiscono la quantità di luce.

Oltre a determinare la giusta esposizione, il diaframma serve qualora siamo nella situazione che lo consente, ad aumentare la profondità di campo. Più il numero di diaframma è grande (l'apertura effettiva è più piccola) maggiore è la profondità di campo. Questo significa che la messa a fuoco da noi impostata su di una certa distanza si estende avanti e dietro oltre i limiti che il sistema ottico in uso ci consentiva. Vediamo nelle tabelle della pagina seguente le profondità di campo per alcune focali in funzione del diaframma e della distanza del soggetto. Nella prima riga di ogni tabella è riportato il valore della focale dell'obiettivo. Inoltre è indicato il valore del circolo di confusione adottato. Questo elemento indica il grado di sfocatura che riteniamo accettabile come nitido. 1/1000 della misura della focale è un valore realistico. Le intestazioni della seconda riga sono: per la prima colonna i diaframmi e per le successive i vari metraggi cui si è messo a fuoco. Ognuna di queste misure è poi suddivisa in due colonne intestate con dp e dl. Il primo indica la distanza più prossima all'obiettivo su cui si estende la profondità di campo, il secondo quella più lontana. Le misure di dp e dl sono in metri (inf.=infinito).

Obiettivo normale

Focale 50 mm—circolo di confusione = 1/1000 della focale							
f/	d = 50 cm.		d = 1 metro		d = 2 metri		d = 4 metri
	dp	dl	dp	dl	dp	dl	dp
1,4	0,493	0,507	0,97	1,029	1,89	2,119	3,597
2	0,490	0,510	0,96	1,042	1,85	2,174	3,448
2,8	0,486	0,514	0,94	1,059	1,79	2,252	3,268
4	0,481	0,521	0,92	1,087	1,72	2,381	3,030
5,6	0,473	0,530	0,89	1,126	1,63	2,577	2,762
8	0,463	0,543	0,86	1,190	1,51	2,941	2,439
11	0,450	0,562	0,82	1,282	1,38	3,571	2,128
16	0,431	0,595	0,75	1,471	1,22	5,556	1,754
22	0,410	0,641	0,69	1,786	1,06	16,66	1,449

Focale 50 mm—circolo di confusione = 1/1000 della focale						
f/	d = 8 metri		d =16 metri		d=20 metri	
	dp	dl	dp	dl	dp	dl
1,4	6,536	10,30	11,05	28,98	12,82	45,45
2	6,061	11,76	9,756	44,44	11,11	100,0
2,8	5,525	14,49	8,439	153,8	9,434	inf.
4	4,878	22,22	7,018	inf.	7,692	inf.
5,6	4,219	76,92	5,731	inf.	6,173	inf.
8	3,509	inf.	4,494	inf.	4,762	inf.
11	2,899	inf.	3,540	inf.	3,704	inf.
16	2,247	inf.	2,614	inf.	2,703	inf.
22	1,770	inf.	1,990	inf.	2,041	inf.

Obiettivo grandangolare

Focale 28 mm—circolo di confusione = 1/1000 della focale						
f/	d = 50 cm.		d = 1 metro		d = 2 metri	
	dp	dl	dp	dl	dp	dl
1,4	0,488	0,513	0,952	1,053	1,81	2,222
2	0,483	0,519	0,933	1,077	1,75	2,333
2,8	0,476	0,526	0,909	1,111	1,66	2,500
4	0,467	0,538	0,875	1,167	1,55	2,800
5,6	0,455	0,556	0,833	1,250	1,42	3,333
8	0,438	0,583	0,778	1,400	1,27	4,667
11	0,418	0,622	0,718	1,647	1,12	9,333
16	0,389	0,700	0,636	2,333	0,93	inf.
22	0,359	0,824	0,560	4,667	0,77	inf.
Focale 28 mm—circolo di confusione = 1/1000 della focale						
f/	d = 8 metri		d =16 metri		d=20 metri	
	dp	dl	dp	dl	dp	dl
1,4	5,714	13,33	8,889	80,00	10,00	inf.
2	5,091	18,66	7,467	inf.	8,235	inf.
2,8	4,444	40,00	6,154	inf.	6,667	inf.
4	3,733	inf.	4,870	inf.	5,185	inf.
5,6	3,077	inf.	3,810	inf.	4,000	inf.
8	2,435	inf.	2,872	inf.	2,979	inf.
11	1,931	inf.	2,196	inf.	2,258	inf.
16	1,436	inf.	1,577	inf.	1,609	inf.
22	1,098	inf.	1,179	inf.	1,197	inf.

Teleobiettivo

f/	Focale 100 mm—circolo di confusione = 1/1000 della focale							
	d = 50 cm.		d = 1 metro		d = 2 metri		d = 4 metri	
	dp	dl	dp	dl	dp	dl	dp	dl
1,4	0,497	0,504	0,986	1,014	1,94	2,058	3,788	4,237
2	0,495	0,505	0,980	1,020	1,92	2,083	3,704	4,348
2,8	0,493	0,507	0,973	1,029	1,89	2,119	3,597	4,505
4	0,490	0,510	0,962	1,042	1,85	2,174	3,448	4,762
5,6	0,486	0,514	0,947	1,059	1,79	2,252	3,268	5,155
8	0,481	0,521	0,926	1,087	1,72	2,381	3,030	5,882
11	0,474	0,529	0,901	1,124	1,63	2,564	2,778	7,143
16	0,463	0,543	0,862	1,190	1,51	2,941	2,439	11,11
22	0,450	0,562	0,820	1,282	1,38	3,571	2,128	33,33

f/	Focale 100 mm—circolo di confusione = 1/1000 della focale					
	d = 8 metri		d = 16 metri		d = 20 metri	
	dp	dl	dp	dl	dp	dl
1,4	7,194	9,009	13,07	20,61	15,62	27,77
2	6,897	9,524	12,12	23,52	14,28	33,33
2,8	6,536	10,30	11,05	28,98	12,82	45,45
4	6,061	11,76	9,756	44,44	11,11	100,0
5,6	5,525	14,49	8,439	153,8	9,434	inf.
8	4,878	22,22	7,018	inf.	7,692	inf.
11	4,255	66,66	5,797	inf.	6,250	inf.
16	3,509	inf.	4,494	inf.	4,762	inf.
22	2,899	inf.	3,540	inf.	3,704	inf.

Teleobiettivo spinto

f/	Focale 300 mm—circolo di confusione = 1/1000 della focale							
	d = 50 cm.		d = 1 metro		d = 2 metri		d = 4 metri	
	dp	dl	dp	dl	dp	dl	dp	dl
1,4	------	------	------	------	1,98	2,019	3,927	4,076
2	------	------	------	------	1,97	2,027	3,896	4,110
2,8	------	------	------	------	1,96	2,038	3,856	4,155
4	------	------	------	------	1,94	2,055	3,797	4,225
5,6	------	------	------	------	1,92	2,078	3,722	4,323
8	------	------	------	------	1,89	2,113	3,614	4,478
11	------	------	------	------	1,86	2,158	3,488	4,688
16	------	------	------	------	1,80	2,239	3,297	5,085
22	------	------	------	------	1,74	2,344	3,093	5,660

Focale 300 mm—circolo di confusione = 1/1000 della focale						
f/	d = 8 metri		d =16 metri		d=20 metri	
	dp	dl	dp	dl	dp	dl
1,4	7,712	8,310	14,88	17,29	18,29	22,05
2	7,595	8,451	14,45	17,91	17,64	23,07
2,8	7,444	8,646	13,92	18,80	16,85	24,59
4	7,229	8,955	13,18	20,33	15,78	27,27
5,6	6,961	9,404	12,32	22,81	14,56	31,91
8	6,593	10,16	11,21	27,90	13,04	42,85
11	6,186	11,32	10,08	38,71	11,53	75,00
16	5,607	13,95	8,633	109,0	9,677	inf.
22	5,042	19,35	7,362	inf.	8,108	inf.

Nella tabella della focale 300 mm, i valori per le distanze, di mezzo e di un metro, non sono riportate perché un normale teleobiettivo di questa focale sicuramente non mette a fuoco a queste distanze. Esistono 300 mm con funzioni macro, ma non è il caso che volevo illustrare.

Qualora vogliate approfondire e calcolare le profondità di campo, per una focale qui non riportata, le formule sono:

Dv = D / (1+ (D*f) / (1000*F))
Dl = D / (1- (D*f) / (1000*F))

Dv è il valore della distanza più prossima all'obiettivo su cui si estende la profondità di campo.
Dl è il valore della distanza più lontana dall'obiettivo su cui si estende la profondità di campo.
D è la distanza del soggetto dall'obiettivo.
f è il numero di diaframma adottato
F è la focale dell'obiettivo
1000 è una costante che deriva dall'aver adottato il circolo di confusione uguale a 1/1000 della focale.

Esaminate le tabelle attentamente perché queste vi consentiranno di crearvi un quadro generale dell'andamento della profondità di campo in relazione al diaframma e alla focale scelta.

Ad esempio se prendiamo i valori per una distanza di 8 metri e per un diaframma f/8 vediamo la seguente situazione: grandangolo -- la profondità si estende da 2,435 metri all'infinito, normale — la profondità si estende da 3,5 metri all'infinito, teleobiettivo -- la profondità si estende da 4,8 a 22,2 metri, teleobiettivo spinto — la profondità si estende da 6,5 a 10,1 metri.

È subito evidente come cambiando focale (passando da un grandangolo a un teleobiettivo spinto) la profondità di campo si riduce in maniera considerevole. Anche passando da un teleobiettivo piccolo a uno spinto, il salto è rilevante.

Infatti, si passa da una zona di definizione di circa 17,4 metri per il 100 mm a una di appena 3,6 metri per il 300 mm. Vediamo l'influenza del diaframma.

0,908	0,598
1,314	0,856
1,887	1,202
2,852	1,726
4,484	2,443
8,671	3,567
31,202	5,134
∞	8,343
∞	14,308

Nella colonna di sinistra ci sono i valori delle zone di definizione per il 50 mm e a destra quelle per il 300 mm per una distanza di 8 metri. Per diaframmi molto aperti la differenza non è tanta, ma man mano che chiudiamo il diaframma, il valore della zona di definizione per il 50 mm sale esponenzialmente e giunge all'infinito, mentre quella del 300 mm continua ad aumentare gradualmente, ma non giunge mai né all'infinito né a valori grandi.

Quindi anche il diaframma ha un peso considerevole nell'ampliamento o nella restrizione della zona di definizione.

Non è da trascurare la distanza che influisce in maniera determinante sul valore della profondità di campo.

Più le distanze dall'obiettivo del soggetto sono corte minore è la zona su cui si estende la profondità di campo. Infatti, se esaminate la tabella, non c'è un caso dove, ad esempio per la distanza di mezzo metro, il limite più lontano DI è un valore alto e distante da quello di messa a fuoco. Non c'è un DI che valga infinito o 50 metri, ma neppure uno che valga 2 metri.

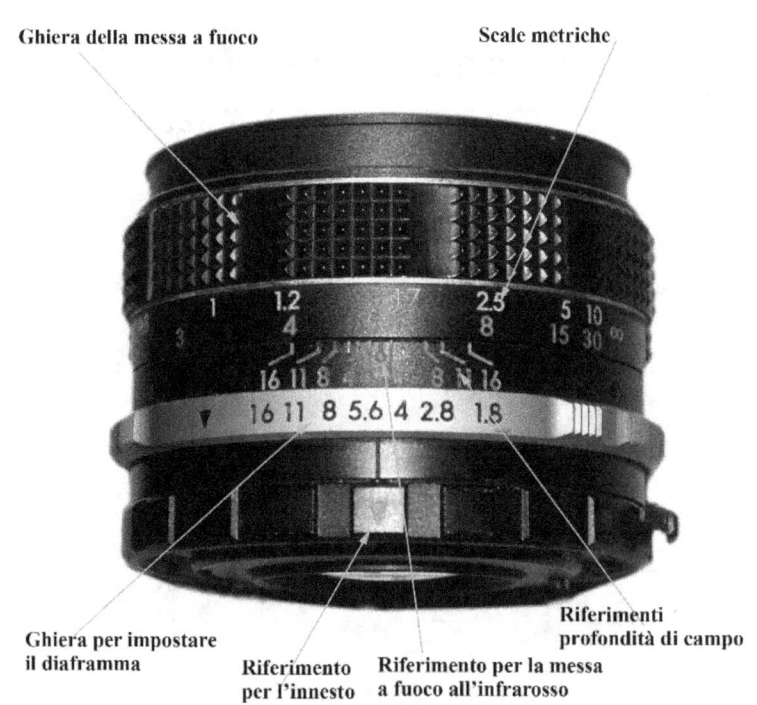

Ghiera della messa a fuoco   Scale metriche

Ghiera per impostare il diaframma

Riferimento per l'innesto

Riferimento per la messa a fuoco all'infrarosso

Riferimenti profondità di campo

L'otturatore

L'otturatore è un meccanismo che determina il tempo d'otturazione, cioè per quanto l'elemento sensibile rimane esposto alla luce. Nel corso del tempo sono stati realizzati molteplici tipi di otturatori. Quello che però m'interessa farvi capire non è la tecnologia meccanica o elettronica dell'apparato, ma la sua funzione per ottenere il risultato desiderato. Qualsiasi è il metodo d'impostazione del tempo d'otturazione, c'è la possibilità di scegliere tra una serie di valori ben determinati. Questi valori, similmente ai diaframmi, sono in relazione fra loro in maniera tale che passando da un valore a quello successivo o precedente è una differenza d'effetto pari al doppio della quantità di luce. Quindi anche per il tempo di posa si parla di aprire uno stop o di chiuderlo rispettivamente se si passa da un tempo a uno più lungo o viceversa. Premetto che l'elemento sensibile ha una sua capacità propria di reagire alla luce (detta sensibilità) e che esiste per questa sua capacità e per una certa condizione di luce una coppia tempo-diaframma che ci consente di realizzare una fotografia tecnicamente valida. I valori di tempi più comuni sono multipli o sottomultipli di 1, dove nel secondo caso sono scritti in forma frazionaria (1/15 1/30...). La scala dei tempi più comune è la seguente:

8 – 4 – 2 – 1 – 1/2 – 1/4 – 1/8 – 1/15 – 1/30 – 1/60 – 1/125 – 1/250 – 1/500 – 1/1000

8 si legge otto secondi, 1/2 come mezzo secondo, 1/125 come un centoventicinquesimo di secondo e così via.

Ovviamente bisogna stabilire prima di fotografare quale è la coppia tempo-diaframma giusta. Questo dipende dalla sensibilità della pellicola o comunque dell'elemento sensibile alla luce. La sensibilità si misura in un formato internazionale ISO e la scala dei valori più utilizzati è la seguente:

25 – 50 – 100 – 200 – 400 – 800 – 1600 – 3200 – 6400

Più il numero della sensibilità della pellicola è grande, maggiore è la sua reattività alla luce che comporta la possibilità di utilizzare, per la stessa condizione ambientale, diaframmi più chiusi e tempi più rapidi. Quando la sensibilità della pellicola è grande, sorgono inconvenienti che vedremo in seguito, per ora ci riferiamo a un valore standard di 100 ISO che corrisponde a un tipo di pellicola che consente agevolmente riprese in esterno.

Importante è capire che per una condizione di luce e di sensibilità della pellicola non esiste soltanto una coppia tempo-diaframma che produce un risultato tecnico soddisfacente.

Facciamo un caso pratico.

Vogliamo fotografare un paesaggio in una giornata limpida. Scegliamo l'obiettivo che ci sembra idoneo, inquadriamo la scena e a questo punto dobbiamo stabilire quale è la coppia tempo-diaframma da utilizzare. Per far questo dobbiamo sapere a quanto ammonta la luce a nostra disposizione, certo possiamo anche eseguire l'operazione a occhio in base alla nostra esperienza, ma se questo in lontani decenni aveva un senso, oggi è uno sforzo inutile perché tutte le fotocamere sono dotate di un sistema di misurazione della luce con un esposimetro. L'esposimetro, stabilità la sensibilità, ci fornisce una coppia tempo-diaframma valida.

Però non siamo soddisfatti del suggerimento dell'esposimetro perché volevamo una profondità di campo elevata, mentre ci ha fornito un diaframma molto aperto. Mettiamo il caso che l'esposimetro ci indica 1/250 f/4 mentre noi vogliamo usare un diaframma 11.

Possiamo usare il diaframma 11 se compensiamo la variazione da noi introdotta variando il tempo. Se passiamo da f/4 a f/11, stiamo chiudendo il diaframma di 3 stop; per compensare dobbiamo aumentare il tempo di 3 stop quindi da 1/250 torniamo indietro di 3 posizioni e passiamo al tempo di 1/30.

Ci sarà giusta esposizione sia con la coppia 1/250 f/4 sia con quella 1/30 f/11.

Nella seguente tabella si fa l'ipotesi che l'esposimetro ci suggerisce la coppia 1/125 f/4. Nelle prime due righe trovate, come promemoria, le scale dei diaframmi e dei tempi. Con sfondo grigio è indicata la coppia dell'esposimetro. Le prime due colonne *diaframma-compenso col tempo* indicano per un certo diaframma desiderato la compensazione da fare col tempo. Nella seconda coppia di colonne *tempo-compenso col diaframma* indicano per un certo tempo desiderato la compensazione da fare col diaframma. Tutte le coppie che vedete in tabella sono equivalenti dal punto di vista dell'esposizione a 1/125 f/4.

scala diaframmi	f/1,1 – f/1,4 – f/2 – f/2,8 – f/4 – f/5,6 – f/8 – f/11 – f/16 – f/22 – f/32 – f/45		
scala tempi	1 – 1/2 – 1/4 – 1/8 – 1/15 – 1/30 – 1/60 – 1/125 – 1/250 – 1/500 – 1/1000		
coppia tempo-diaframma indicata dall'esposimetro per 100 Iso 1/125 f/4			
diaframma	**compenso col tempo**	**tempo**	**compenso col diaframma**
2	1/500	1/1000	1,4
2,8	1/250	1/500	2
4	1/125	1/250	2,8
5,6	1/60	1/125	4
8	1/30	1/60	5,6
11	1/15	1/30	8
16	1/8	1/15	11
22	1/4	1/8	16
32	1/2	1/4	22
45	1	1/2	32

Quali sono le differenze sostanziali fra le coppie?
Sappiamo già che la profondità di campo della coppia 1/125 f/4 è minore di quella della coppia 1/8 f/16 quindi se

volevamo un'elevata profondità di campo, la coppia suggerita dall'esposimetro è poca adatta.

Ci sono però questioni legate al tempo di posa.

Il primo problema sorge dal fatto che se vogliamo realizzare la fotografia tenendo in mano la fotocamera cioè senza appoggiarla su un supporto idoneo come un cavalletto, il tempo non può essere lungo. Questo perché, per quanto possiamo tentare di restare immobili, faremo dei movimenti involontari con le mani che consentiranno, se il tempo è lungo, alla pellicola di registrarli con il risultato d'offuscamento della definizione dell'immagine con l'effetto che si chiama foto vibrata. Molto dipende da quanto pesa la fotocamera e se è possibile impugnarla in maniera idonea, in ogni modo la maggior parte delle persone, con tempi inferiori a 1/30 a mano libera, ottiene fotografie vibrate.

Quindi nel caso prospettato non dovremmo scendere sotto la coppia 1/30 f/8 e accontentarci della profondità di campo conseguente.

L'effetto vibrato è legato anche alla focale dell'obiettivo, nel senso che maggiore è la focale, maggiore è il rischio di produrre vibrazioni con lo stesso tempo di posa. Questo dipende dal fatto che un piccolo spostamento della fotocamera con un grandangolare produce una piccola variazione sulle posizioni delle parti della scena, mentre con un teleobiettivo le coinvolge tutte.

Il secondo problema dipende dal soggetto che stiamo fotografando. Un paesaggio solitamente è immobile e distante o quantomeno le parti che si muovono nella panoramica che stiamo realizzando compaiono piccole tanto da essere comunque ben definite. Se fotografiamo il volo di un uccello con un tempo di posa lungo, allora l'immagine risultante avrà l'effetto di confusione sulle parti in movimento e la foto sarà definita mossa.

Questo fatto succede perché, con un tempo di posa lungo, la pellicola ha il tempo sufficiente a registrare tutto lo spostamento invece di una singola posizione di volo, come se l'uccello fosse immobile nel cielo.

Anche il mosso è legato alla focale dell'obiettivo, più è grande maggiore è il rischio che l'immagine sia mossa. Questo perché l'immagine del soggetto in movimento impiega meno tempo a tracciare l'area del fotogramma.

Nel grafico della prossima pagina, per degli oggetti tutti uguali, larghi due quadretti e alti uno, che si muovono alla stessa velocità, è mostrata quanta traccia lasciano sul fotogramma se lo scatto è eseguito alla partenza che avviene contemporaneamente per tutti.
Tutta l'area quadrettata è quella pellicola e si considerano gli oggetti alla stessa distanza dalla fotocamera e in asse con questa.
Si nota subito che maggiore è il tempo di posa, tanto più è lunga la traccia lasciata sulla pellicola dall'oggetto. Ovviamente il fatto di quanta traccia l'oggetto lascia dipende anche da altri fattori che qui abbiamo equiparato uguali per tutti perché m'interessava evidenziare la relazione con il tempo di posa.

L'esperienza insegna a valutare quale tempo di posa è necessario a congelare il movimento o a far sì che l'effetto di mosso sia solo su alcune parti del soggetto.
Ad esempio, la rappresentazione di un uccello in volo è accettabile se il suo corpo è perfettamente nitido e le ali hanno un effetto di mosso non eccessivo.

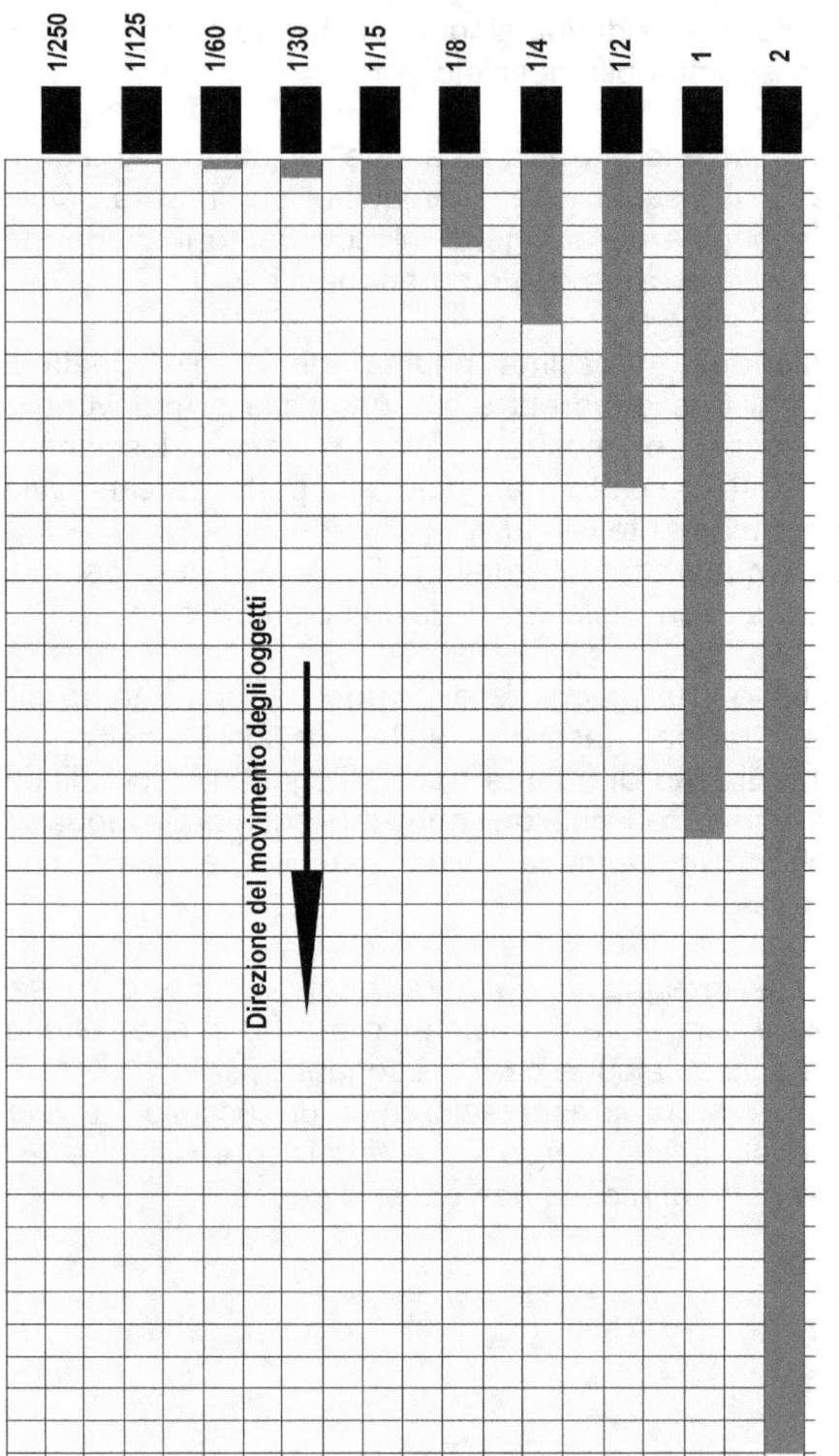

1/250 1/125 1/60 1/30 1/15 1/8 1/4 1/2 1 2

Direzione del movimento degli oggetti

1 3 5 7 9 11 13 15 17 19 21 23 25 27 29 31 33 35 37 39

1 quadretto = 1 metro nella scena e 0,9 mm. sul fotogramma. Gli oggetti rappresentati dai rettangoli neri sono lunghi 2 quadretti e alti 1 quindi nella scena reale sono lunghi 2 metri e alti 1 mentre sul fotogramma sono 1,8 mm e alti 0,9. Tutta la scena è larga 40 quadretti quindi 40 metri. La scena sul fotogramma è larga 3,6 cm. Gli oggetti si muovono tutti alla stessa velocità (20 m/s) e le 10 fotografie, con tempi di otturazione diversi, sono eseguite tutte nel momento che gli oggetti cominciano ad entrare sul fotogramma. Gli oggetti sono allineati anche in senso verticale.

222

E' necessario che possiate comparare focale, tempo di scatto e diaframma, sensibilità della pellicola in diverse situazioni perciò qui di seguito vi propongo una serie d'immagini dove sono per ognuna forniti questi dati.

t = tempo, d = diaframma, s = sensibilità e f = focale.

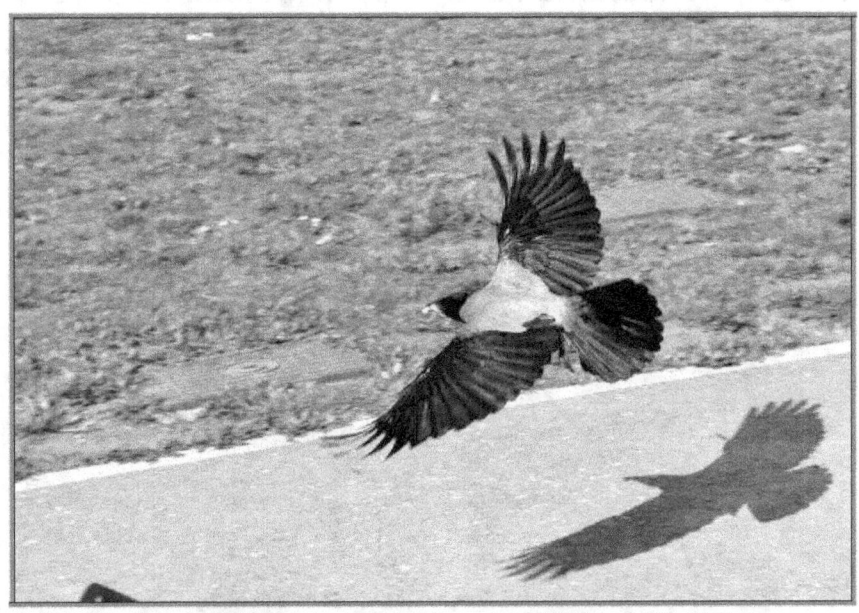

t = 1/400 --- d=10 --- s=200 --- f=70

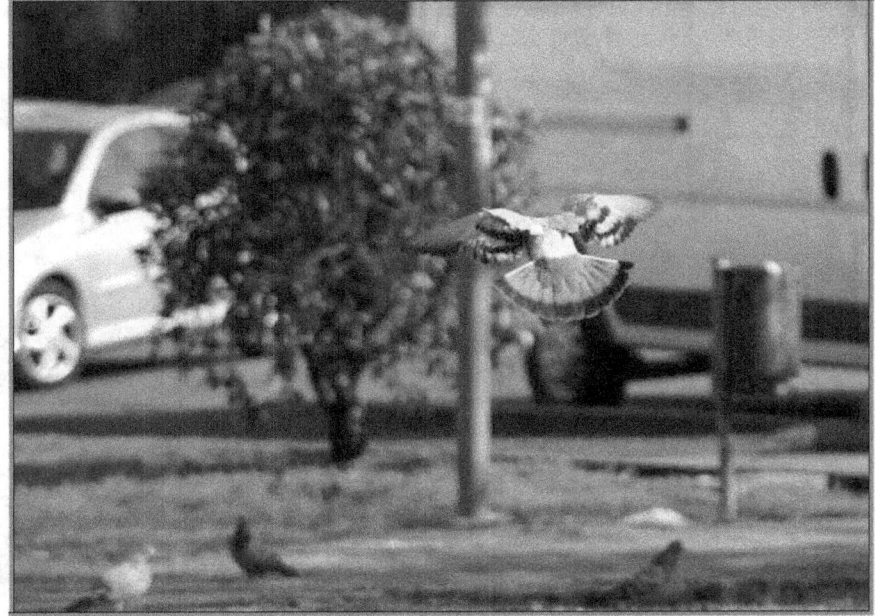

t = 1/250 — d=5 — s=200 — f=160

Entrambi gli uccelli di queste fotografie non sono mossi, anche se il tempo di scatto è differente. Nella prima foto, l'uccello occupa gran parte del fotogramma, quindi il tempo di percorrenza con cui lascerebbe la traccia di mosso è breve. Nella foto, nonostante l'uso di un teleobiettivo, risulta distante e occupa una piccola porzione del fotogramma quindi il tempo di percorrenza sarà più lungo. Inoltre si muove quasi perpendicolare all'asse di ripresa e questo comporta un ulteriore rallentamento.

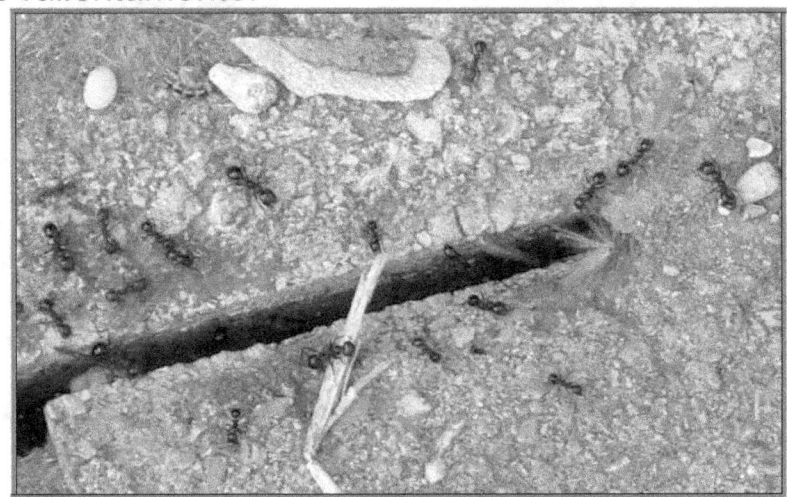

t = 1/40 — d=4,9 — s=80 — f=35

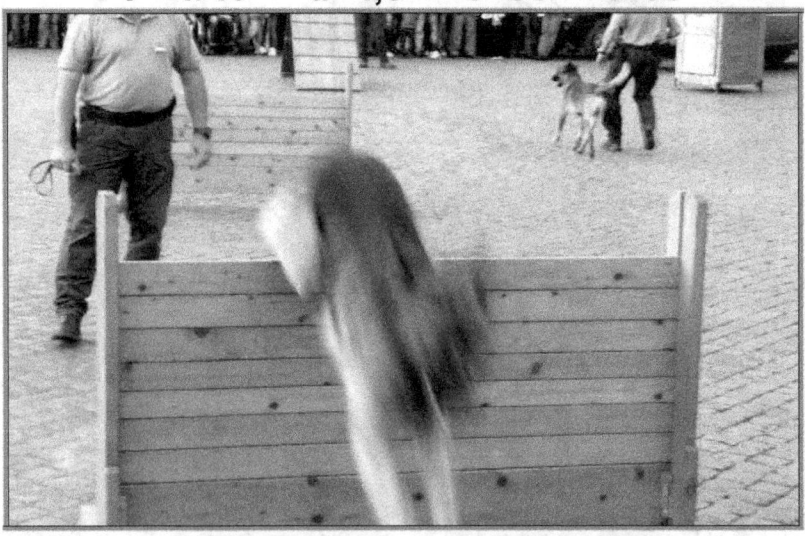

t = 1/30 — d=4 — s=400 — f=80

Questo è il caso classico di soggetto mosso. Il tempo di 1/30 è sufficiente per evitare vibrazione e per fermare il movimento del cane sullo sfondo, ma quello che salta si muove troppo velocemente e le immagini che crea, attraversando il fotogramma, diventano una scia confusa.

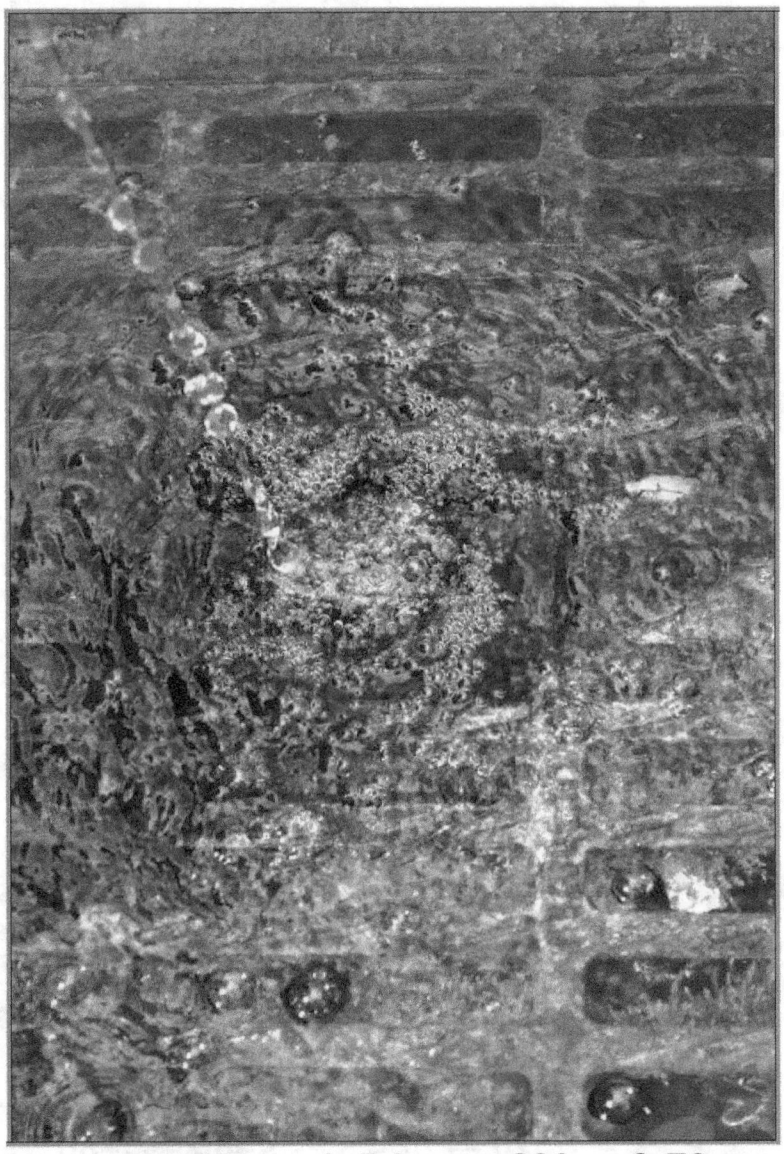

t = 1/1600 — d=5,6 — s=800 — f=70

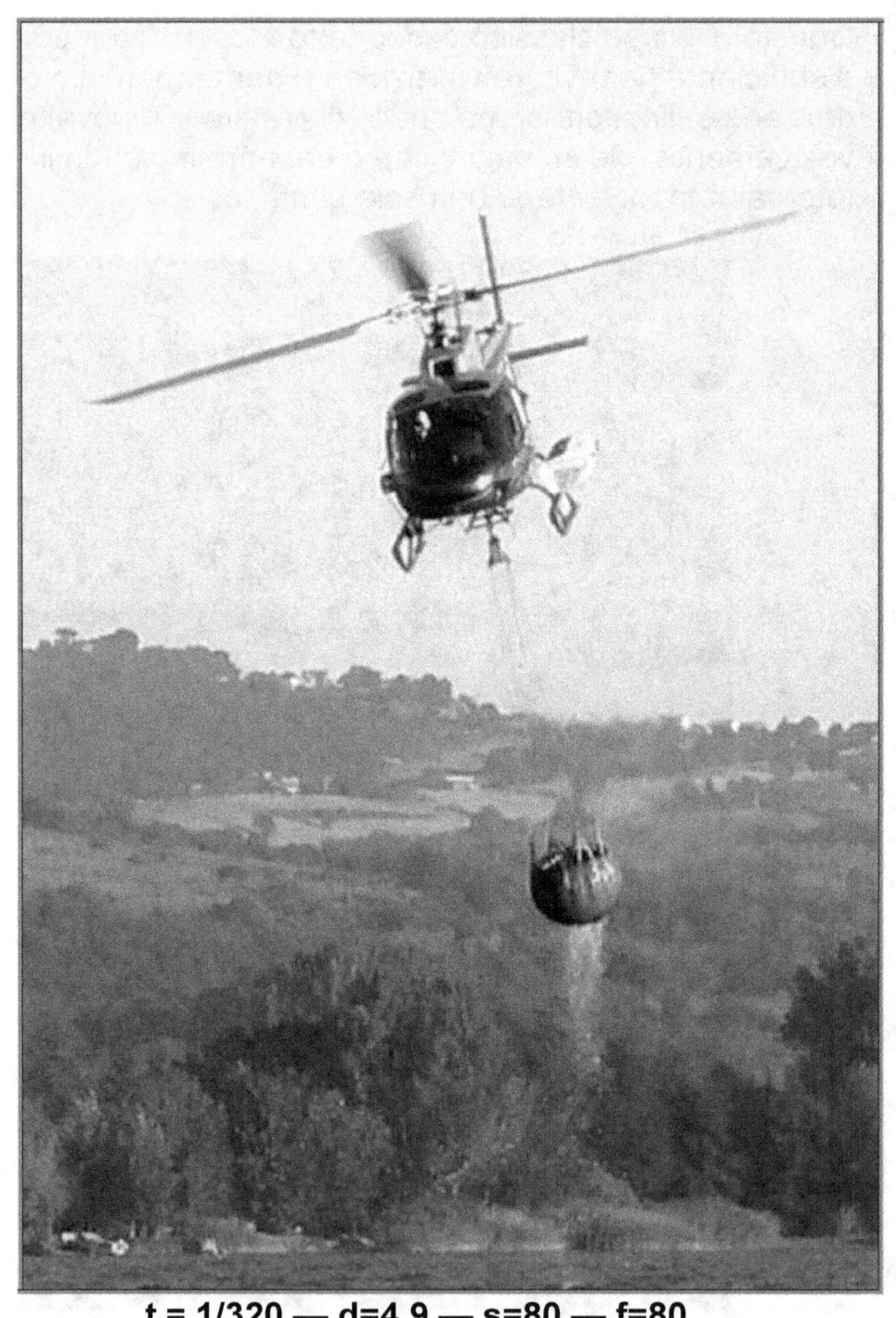

t = 1/320 — d=4,9 — s=80 — f=80

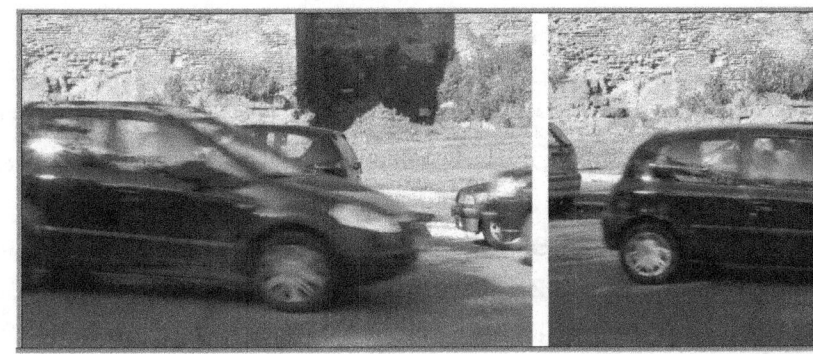
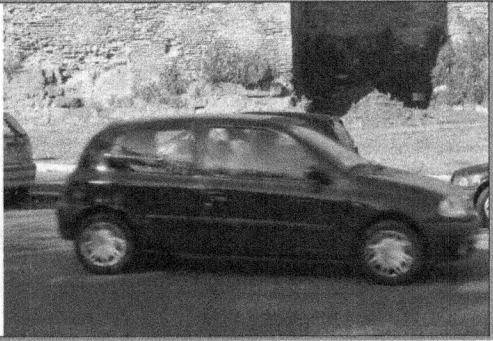

t=1/50--d=29--f=80--dist=6mt. t=1/100--d=18--f=80--dist=6mt.

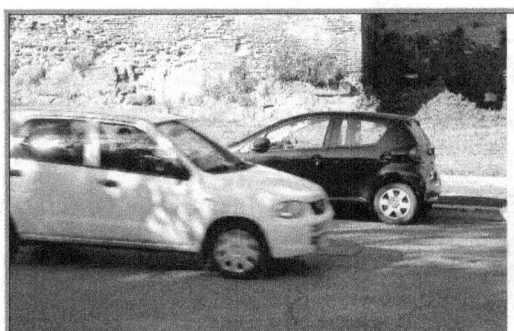
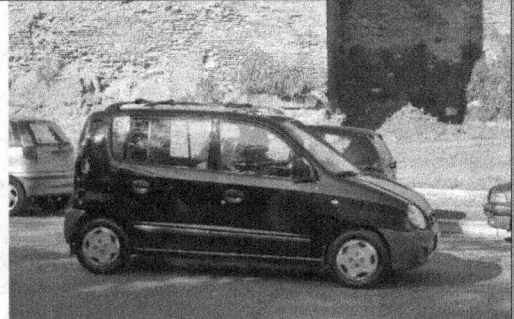

t=1/160--d=7,1--f=80--dist=6mt. t=1/640--d=5,6--f=80--dist=6mt.

Nell'ultimo esempio vedete come, per un'auto che viaggia a circa 50 km/h, basti un tempo di posa di 1/60 di secondo. Il fatto si verifica perché l'auto, rispetto alla fotocamera, viaggia di fronte e per la ripresa si è usato un grandangolo. Queste scelte hanno fatto si che l'immagine dell'auto attraversa il fotogramma in maniera più lenta.

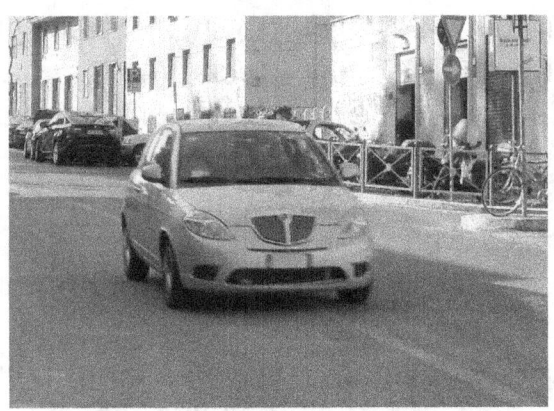

t=1/60-d=20-dist=6 mt-f=20

Compensazione con la sensibilità

Si può raggiungere la coppia tempo-diaframma desiderata variando la sensibilità della pellicola. Nella tabella per un'esposizione esatta di 1/30 f/8 con una pellicola di 100 Iso, vedete le possibilità in funzione della sensibilità scelta.

25	1/8—f/8
	1/30—f/4
50	1/15—f/8
	1/30—f/5,6
100	1/30—f/8
	1/30—f/8
200	1/60—f/8
	1/30—f/11
400	1/125—f/8
	1/30—f/16
800	1/250—f/8
	1/30—f/22
1600	1/500—f/8
	1/30—f/32
3200	1/1000—f/8
	1/30—f/45

Le caselle con lo sfondo grigio indicano l'esposizione determinata con l'esposimetro che si vuole adattare variando la sensibilità a disposizione. Nella colonna di sinistra sono indicate le sensibilità e in quella di destra le coppie tempo diaframma equivalenti per la nuova sensibilità adottata. Notate che i valori ISO, ognuno doppio del precedente, corrispondono alla variazione di uno stop o sulla scala dei tempi o su quella dei diaframmi. In pratica si può usare la pellicola a 100 ISO e impostare una coppia tempo-diaframma come se avessimo una pellicola da 200 ISO. La compensazione poi si fa in fase di sviluppo aumentando il tempo di permanenza nel bagno rivelatore. Questa procedura si chiama tiraggio della pellicola. Non si può eccedere con il tiraggio (massimo consigliato due stop) perché subentrano effetti di granulosità dell'immagine con decadimento della definizione della stessa. Similmente è sconsigliabile l'utilizzo di pellicole con sensibilità maggiore di 400 ISO perché la qualità tecnica decade e l'effetto di un'immagine a grani non è piacevole salvo che non si voglia ottenere come effetto.

L'effetto di granulosità per le alte sensibilità si ha anche con i sensori elettronici anche se i motivi sono diversi.

Maggiore è la sensibilità della pellicola, tanto più l'immagine sarà morbida. Quindi una pellicola di sensibilità 25 ISO è molto più contrastata di una da 400 ISO.

Quindi il quadro generale è una relazione tra questi elementi: focale-tempo-diaframma-sensibilità.

Non usate mai una sensibilità elevata se non ce n'è bisogno.

Priorità dei tempi o dei diaframmi?

Quasi tutte le fotocamere di un certo livello tecnico (sia analogiche sia digitali) consentono di fotografare con due modalità differenti: la priorità dei tempi e quella dei diaframmi.

La priorità dei tempi consente al fotografo di scegliere il tempo di posa più adatto mentre la macchina, misurando in automatico l'esposizione, sceglie il valore di diaframma. Questo fatto ci consente di concentrarci sull'inquadratura sapendo che il tempo che abbiamo scelto è giusto e non ci interessano i vantaggi derivanti dall'uso di un diaframma piuttosto che un altro. Questo modo è certamente da preferire nelle foto d'azione dove ci sono movimenti veloci da seguire e non possiamo perdere tempo nell'impostare i vari valori e vogliamo essere sicuri che il tempo d'otturazione sia sufficiente per i nostri scopi.

La priorità dei diaframmi consente al fotografo di scegliere il diaframma più adatto mentre la fotocamera, misurando l'esposizione in automatico, sceglie il tempo di otturazione. Questo modo è adatto, ad esempio, quando si vuole ottenere un'elevata profondità di campo e quindi dobbiamo essere sicuri che il valore sia proprio quello e il tempo di posa è ininfluente ai fini della nostra composizione.

Lavorare in semiautomatico può essere utile, ma è meglio operare sempre in manuale se questo è possibile.
In realtà il fotografo dovrebbe sempre sapere quale foto scatterà mentre giunge o si muove nell'ambiente, almeno la maggior parte. Così la scelta tecnica più opportuna è fatta prima di cominciare a fotografare e non mentre.

Facciamo un esempio.

Andate a vedere una gara d'ippica e volete realizzare delle fotografie della competizione. La gara si svolge all'aperto e c'è molta luce quindi non avete limitazione. Sapete che ci saranno azioni veloci, quando il cavallo salta l'ostacolo, quindi vi serve un tempo di posa rapido e un diaframma abbastanza chiuso. La scelta della sensibilità è in relazione proprio a ottenere una buona profondità di campo e un movimento congelato.

Nel caso abbiniate le due priorità all'uso del flash dovete tenere conto che il dispositivo vi fornirà un lampo molto veloce (se la distanza del soggetto è nei limiti di copertura del flash) e che quindi è inutile la priorità dei tempi quando ci serve un tempo di posa rapido.

La priorità dei diaframmi, invece si abbina bene con un flash perché ci consente di scegliere il diaframma più adatto lasciando alla fotocamera l'incombenza di dosare la durata e la potenza del lampo in funzione della nostra scelta.

Bisogna fare attenzione però che ogniqualvolta si usa il flash, è richiesto un tempo di sincronizzazione. Le fotocamere, nella maggior parte dei casi, hanno un valore di sincronizzazione che va da 1/30 a un 1/250 di secondo. Quindi secondo del livello d'illuminazione, la luce dell'ambiente potrebbe creare una sua immagine della scena oltre a quella creata dal lampo del flash. Nel caso del soggetto in movimento, si otterrà una fotografia con il soggetto ben congelato, formato dal lampo del flash e un'immagine, più o meno, mossa, sfuocata, sfilacciata, creata dalla luce ambiente.

Nel caso invece che il soggetto sia fermo o che il suo movimento sia congelato dal tempo di sincronizzazione, si otterrà un'immagine illuminata in modo molto più uniforme.

Il tempo impossibile

Il tempo di otturazione per quanto sia tecnologicamente avanzato il meccanismo che lo determina non supera certi limiti. Un millesimo di secondo è un tempo disponibile comunemente, ma già quelli di due o quattro millesimi sono meno comuni. Però ci sono azioni che durano delle frazioni di secondo talmente brevi che i normali tempi d'otturazione non riescono a congelare il movimento. Per realizzare questo genere di riprese si può ricorrere a una luce ausiliare elettronica chiamata flash. Quando si usa un flash, il tempo di posa è fisso in quanto deve essere sincronizzato sul tempo d'emissione del lampo. Quindi il tempo reale d'esposizione è determinato dalla durata d'emissione del flash. I flash o le fotocamere che lo pilotano sono provvisti di un sensore che rileva la luce riflessa dal soggetto e interrompe l'emissione quando questa è sufficiente in funzione del diaframma impostato, della sensibilità della pellicola e della distanza del soggetto. Quindi maggiore è la vicinanza del soggetto o l'apertura del diaframma tanto sarà più breve la durata del lampo. I moderni flash incorporati nelle fotocamere leggono la quantità di luce in modalità TTL (trought the lens—attraverso le lenti) che consente la valutazione della luce che effettivamente giunge sulla pellicola.

Gli attuali lampeggiatori elettronici possono raggiungere tempi che vanno da 1/1000 a 1/50000 di secondo. Poiché comunque c'è un'esposizione determinata dal tempo impostato di sincronizzazione, se la luce dell'ambiente è sufficiente e il soggetto è in movimento, risulterà, oltre all'immagine congelata del flash, un'altra fantasma. Facciamo il caso che il tempo di sincronizzazione è 1/125 e che stiamo usando un diaframma f/4 e fotografiamo un soggetto in movimento come degli spruzzi, un proiettile o qualsiasi cosa che si sta muovendo.

Il flash congela il movimento del soggetto e produce

un'immagine nitida, ma prima che l'otturatore si chiude, se la luce è sufficiente, il tempo di 1/125 registrerà un'immagine, più o meno mossa, del soggetto.

Azioni quotidiane viste alla velocità del flash

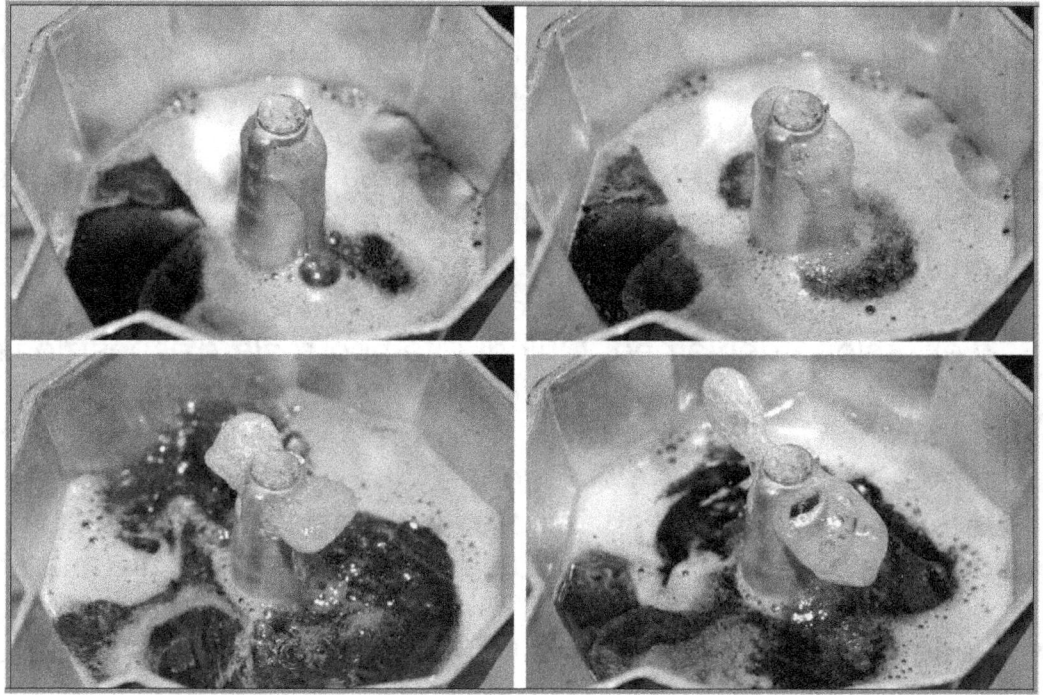

Le fasi dello zampillare del caffè dal beccuccio della caffettiera, (il flash è a breve distanza dal soggetto).

Nella prossima pagina:
il getto d'acqua del rubinetto impatta sul lavello,
il momento in cui si versa lo zucchero in una tazzina.

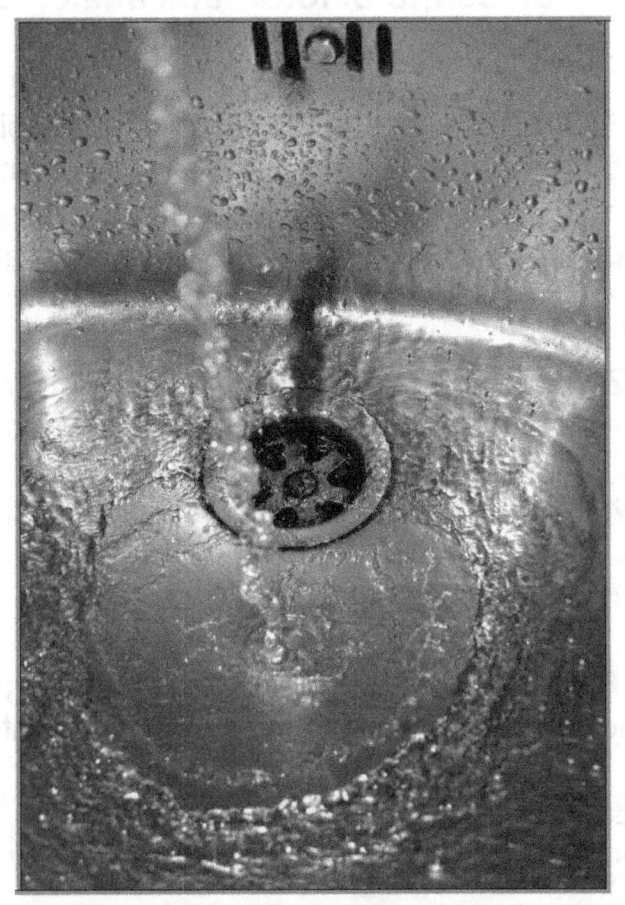

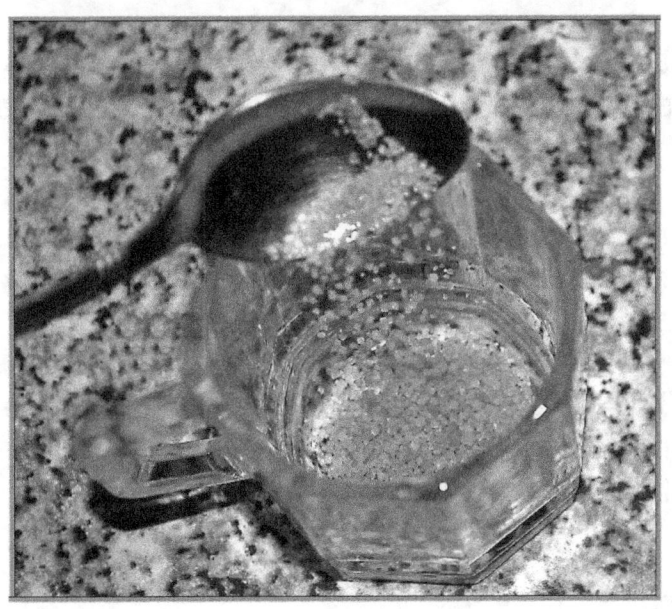

Glossario di fotografia analogica

ABERRAZIONE. Sono state individuate 5 tipi di aberrazioni ottiche: asferica, coma, astigmatismo, curvatura di campo, distorsione. In generale si parla di aberrazione quando un punto è riprodotto come un circolo e un segmento come una curva.

ABERRAZIONE SFERICA. Quando i raggi che passano nei bordi esterni della lente non sono a fuoco nel punto esatto.

ACUTANZA. Misura la definizione di una pellicola basandosi sulle densità maggiori e quelle minori. In pratica vede quanto è netta la diffusione della luce nell'emulsione.

AGENTE RIDUCENTE. In fotografia questi agenti riducono in argento metallico i cristalli d'alogenuro d'argento esposti.

ALONE. La luce, durante l'esposizione, può attraversare l'emulsione e riflettere sul supporto trasparente creando un alone.

ALTE LUCI. Sono le aree più chiare dell'immagine. In gergo sono dette *bruciate* se mancano di qualunque dettaglio.

ANELLI DI NEWTON. Quando due superfici simili non sono perfettamente a contatto, si formano degli anelli. In fotografia, sono comuni quando il negativo è messo nel porta-negativi con i vetri dell'ingranditore.

ANELLO ADATTATORE. Serve ad adattare filtri o altri accessori con diametro diverso davanti alla lente frontale dell'obiettivo.

ANELLO D'INVERSIONE. Serve a montare l'obiettivo rovesciato in modo tale da ottenere rapporti di riproduzione superiori.

ANGOLO DI CAMPO. E' il campo inquadrato da un obiettivo di una determinata lunghezza focale. L'unità di misura sono i gradi.

ANGOLO DI COPERTURA. E' l'angolo tra il punto nodale posteriore di un obiettivo e il diametro dell'immagine. L'unità di misura sono i gradi.

APERTURA DEL DIAFRAMMA. La dimensione dell'apertura dell'obiettivo attraverso cui passa la luce.

ARGENTO COLLOIDALE. Sospensione di piccole particelle d'argento che si formano sul fondo delle bacinelle o nelle bottiglie contenenti fissaggio esaurito.

ASFERICA, LENTE. Sono lenti con aberrazioni ridotte.

ASTIGMATISMO. E' un'aberrazione che trasforma un punto in un segmento.

AUTOFOCUS. E' un sistema elettronico di messa a fuoco automatica.

AUTOSCATTO. Dispositivo meccanico o elettronico che permette di impostare lo scatto ritardato dell'otturatore della fotocamera, ad esempio, per auto fotografarsi o ridurre il rischio di vibrazioni con i tempi lunghi d'esposizione usando il treppiede.

BAGNO D'ARRESTO. E' una soluzione acida che blocca l'azione dello sviluppo. Inoltre evita che il fissaggio sia contaminato dagli alcali dello sviluppo.

BANK. Gruppo di lampade flash molto potenti che forniscono un'elevata intensità luminosa molto diffusa.

BASCULAGGIO. In una fotocamera grande formato è possibile muovere, sull'asse, il piano pellicola o il piano ottico. Molto utile per correggere le linee cadenti.

BOBINATRICE. Apparecchio ermetico alla luce che serve a caricare la pellicola nei rullini standard 35mm.

BRACKETING. Tecnica d'esposizione con cui si realizzano più scatti dello stesso soggetto variando l'esposizione tra il primo e l'ultimo.

CARTA A CONTRASTO VARIABILE. Carta sensibile per la stampa in bianconero il cui contrasto è in funzione del colore della luce usata. Le gradazioni sono da 0 a 5, dove 0 è la più morbida e 5 la più contrastata.

CARTA BARITATA. Carta in fibra naturale trattata con solfato di bario che esalta il bianco del fondo. Si trova in versione lucida o mat.

CARTA POLITENATA. Carta da stampa con base rivestita con polietilene per impedire al supporto di assorbire i bagni di trattamento. Si trova principalmente lucida, mat, semi-mat o con superfici particolari tipo quella perla.

CAMPO INQUADRATO. E' la copertura del mirino rapportata all'immagine che si formerà sulla pellicola. Percentuale superiore al 95% indica un mirino di grande precisione.

CARICATORE. E' l'involucro nel quale è contenuta la pellicola vergine. Nel formato 35 mm il caricatore è di metallo e la coda della pellicola sporge da una fessura protetta da feltri.

CARTA SENSIBILE. E' la carta su cui si formano le immagini positive dei negativi sia in bianconero sia a colori.

CIRCOLO DI CONFUSIONE. Il limite oltre il quale l'occhio non riesce più a discernere un circolo da un punto, è detto circolo di confusione. Il valore del suo diametro è utilizzato per realizzare le tabelle della profondità di campo degli obiettivi.

CODICE DX. Codice per l'impostazione automatica delle caratteristiche di una pellicola leggendolo sui caricatori di pellicola 35 mm.

COMA. E' un'aberrazione ottica per cui un punto, lontano dall'asse ottico, è riprodotto con una coda simile a quella di una cometa.

CONDENSATORE. Sistema di lenti piane convesse che concentra e dirigere la luce in un proiettore per diapositive o in un ingranditore a luce condensata.

CONTAPOSE. Indica il numero dei fotogrammi che sono stati scattati.

CONTATTO CALDO. Consente, attraverso un contatto elettrico, la sincronizzazione del flash con l'otturatore della fotocamera.

CONTRASTO. E' la quantità di toni intermedi che ci sono tra il bianco e il nero assoluto in un'immagine. Più il contrasto è alto, minore è la presenza di toni intermedi.

CONTROLUCE. Se il soggetto è tra la fotocamera e la fonte luminosa, si dice che la fotografia è realizzata in controluce.

CURVA CARATTERISTICA. Il grafico risultante dalla correlazione del logaritmo dell'esposizione con la densità dell'immagine. Il piede della curva è dove la densità inizia a crescere, il tratto rettilineo che corrisponde all'immagine correttamente esposta e la spalla dove ha inizio la sovraesposizione.

CURVATURA DI CAMPO. E' un'aberrazione per cui l'immagine invece di essere a fuoco sul piano focale, è a fuoco su una superficie curva.

DEFINIZIONE. E' la capacità di un obiettivo, una pellicola di mostrare i dettagli più minuti del soggetto.

E' una caratteristica che può nascere da valutazioni soggettive come la nitidezza e la granulosità, oppure con caratteristiche oggettive come l'acutanza, il potere risolvente e la granularità.

DIAFRAMMA. E' un'iride che regola la quantità di luce che attraversa l'obiettivo. Il diaframma è automatico o manuale. La ghiera che imposta il diaframma è fornita di scatto per mantenere la posizione scelta.

DIAPOSITIVA. Fotogramma trasparente in bianconero o a colori. Si ottiene con un procedimento chimico che inverte l'immagine negativa in positiva. Si osserva per trasparenza o proiezione.

DIFETTO DI RECIPROCITA'. La pellicola fornisce risultati sempre costanti per un'esposizione eseguita con coppie-tempo diaframma equivalenti (ad esempio 1/30-f/5,6 equivale a 1/15-f/8). Quando l'esposizione ha tempi molto lunghi (superiori a 1 secondo) o molto brevi (oltre 1/5000 di secondo) mantiene la sensibilità solo entro una stretta gamma mentre negli altri diminuisce.

DIFFRAZIONE. Quando i raggi luminosi passano vicini a un bordo opaco come le lamelle del diaframma cambiano direzione.

DIFFUSIONE. Quando i raggi di luce passano attraverso un materiale traslucido, sono suddivisi in tanti piccoli raggi che riducono il contrasto originale.

DIN. Standard tedesco per indicare la sensibilità delle pellicole. E' stato usato molto in Europa, ma attualmente è stato sostituito dalle norme ISO.

DIOTTRIA. Il potere diottrico di una lente si ottiene dividendo un metro con la sua lunghezza focale. Una lente di 400 mm di focale ha un potere di 2,5 diottrie (1000: 400 = 52,5).

DISTANZA IPERFOCALE. Quando la messa a fuoco è regolata su infinito, è la distanza dall'obiettivo al soggetto nitido più vicino.

DISTORSIONE. Aberrazione ottica. Si dice a barilotto quando l'immagine di un quadrato e più ingrandita al centro che ai bordi. Si dice a cuscinetto quando un soggetto quadrato, è riprodotto con un maggiore ingrandimento ai bordi rispetto al centro.

DOMINANTE. Definisce quella coloritura monocromatica che ha invaso tutta l'immagine.

DOPPIE ESPOSIZIONI. E' possibile eseguire intenzionalmente due o più esposizioni sullo stesso fotogramma. Non tutte le fotocamere prevedono la possibilità di questa tecnica.

DORSO. Negli apparecchi fotografici analogici è lo sportello posteriore che consente l'apertura per inserire la pellicola.

EMULSIONE. E' una gelatina animale in cui sono sospesi uniformemente sali d'argento sensibili alla luce.

ESPOSIMETRO. Strumento per la misurazione dell'intensità luminosa che fornisce la coppia tempo/diaframma che, per una data sensibilità, determina la giusta esposizione. La misurazione può essere eseguita con due tecniche: a luce incidente o riflessa. Il primo metodo misura nei pressi la quantità della luce che illumina il soggetto. Il secondo misura la quantità di luce che riflette il soggetto. L'esposimetro incorporato nelle fotocamere misura la luce riflessa. Gli esposimetri separati possono di solito utilizzare entrambi i metodi.

ESPOSIZIONE, TEMPO DI. E' il tempo per cui la pellicola rimane esposta alla luce.

f/. Questo simbolo indica il valore delle aperture del diaframma di un obiettivo. Il numero f si ottiene dividendo la lunghezza focale per il diametro. Una lente di 100 mm di focale e del diametro di 50 mm ha un'apertura relativa 2. I numeri, con cui s'indicano sugli obiettivi le aperture, derivano dalla moltiplicazione del diametro per la radice quadrata di 2 (1,4142). E' utilizzata questa relazione perché l'area del cerchio raddoppia. Quindi la progressione dei numeri f/ sono 1X1,4142=1,4142 --1,4142×1,4142=2 (o f/2) e così proseguendo per i valori successivi. In pratica, la quantità di luce varia di un fattore 2 a ogni stop cioè aprendo o chiudendo il diaframma di un valore, l'esposizione aumenta o si riduce di 2 volte rispettivamente. I valori f/ sono riportati sulla ghiera dei diaframmi degli obiettivi. Più è piccolo il numero, maggiore è l'apertura. Quindi f/8 fa passare più luce di f/22.

FILTRI. I filtri fotografici sono degli elementi materiale trasparenti (vetro...) che si applicano davanti all'obiettivo di una fotocamera per correggere la qualità della luce. In bianconero variano il contrasto.

FISSAGGIO. Soluzione che trasforma i sali d'argento non sviluppati, in sali solubili. La pellicola o la carta entrano in questo bagno dopo lo sviluppo e prima del lavaggio finale. La funzione del fissaggio è di rimuovere dalla pellicola i sali d'argento ancora sensibili alla luce, per rendere stabile l'immagine nel tempo.

FLASH ANULARE. E' un flash elettronico che ha la lampada di forma circolare, e si monta sull'obiettivo della fotocamera. E' indicato per la macrofotografia perché fornisce immagini prive d'ombre.

FLASH ELETTRONICO. Il flash elettronico è costituito da una batteria che carica un condensatore che tramite un circuito d'innesco scarica tra due elettrodi di una lampada riempita di gas producendo un lampo.

La durata del lampo di un flash varia in funzione del diaframma usato e della sensibilità della pellicola, da 1/800 a 1/50.000 di secondo.

FOCALE. E' la lunghezza focale di una lente e quindi di un obiettivo. Si misura in millimetri.

FORMATO. Indica il tipo di pellicola adatto alla fotocamera cioè le dimensioni del fotogramma. Il formato 135 è il più comune (fotogramma 24x36). Il formato 120 in rullo (fotogrammi 4,5x6 mm, 6x6, 6x7, 6x9). I formati di pellicola piana sono: 7X10, 10X12, 13X18, 20X25.

FOTOCAMERA PANORAMICA. Due tipi d'apparecchi: quello panoramico che monta un obiettivo ultra-grandangolare che realizza un fotogramma 6x12 o 6x17 cm, oppure il tipo panoramico che adotta un obiettivo rotante.

FOTOCAMERA REFLEX. S'intende quella fotocamera che permette di osservare la scena attraverso l'obiettivo piuttosto che attraverso un mirino.

FOTOGRAFIA IMMEDIATA. E' un sistema inventato che permette di ottenere stampe immediate dopo lo scatto senza bisogno di camera oscura.

FOTOGRAFIA STROBOSCOPICA. E' la tecnica che consente, utilizzando un flash elettronico, di registrare il movimento sfruttando un solo fotogramma. Ponendoci nella situazione dell'open flash e utilizzando un flash stroboscopico, che emette una serie di lampi separati da brevissimi intervalli di tempo, è possibile registrare l'evoluzione del movimento.

FOTOGRAMMA. E' ogni immagine di un'intera pellicola.

FOTOMETRO. Misuratore del livello d'illuminazione.

FOTOMICROGRAFIA. E' quella ripresa fotografica che utilizza microscopi ad alto ingrandimento.

GABBIA DI LUCE. Quando il soggetto è molto riflettente, si può circondare con un'ampia struttura rivestita con materiale chiaro o traslucido, in modo che la luce sia perfettamente diffusa e sul soggetto non appaiano riflessi.

GAMMA. Nel passato, era usato come misura del contrasto. Corrisponde alla tangente dell'angolo formato tra la base e la porzione rettilinea della curva caratteristica di una pellicola.

GRADAZIONE. E' un numero che indica il grado di contrasto delle carte da stampa. I numeri vanno da 0 a 5 dove 0 è la carta morbida e 5 quella contrastata.

GRANA. E' costituita da piccoli ammassi d'argento metallico che formano l'immagine dopo lo sviluppo.

IMMAGINE AL TRATTO. Immagine ad alto contrasto priva di mezzi toni.

IMMAGINE AL VIVO. Fotografia senza alcun margine.

IMMAGINE FLOU. La fotografia a fuoco che ha un dettaglio molto sfumato e morbido.

IMMAGINE LATENTE. L'esposizione alla luce produce nella pellicola fotografica un mutamento invisibile dello stato dei grani d'alogenuro d'argento sospesi nella gelatina dell'emulsione. Questa immagine latente diventa visibile dopo il trattamento di sviluppo.

INATTINICA, LUCE. E' la luce prodotta dalle lampade di sicurezza (rosse o gialle) per camera oscura che non ha effetto sulle emulsioni fotografiche.

INDEBOLITORE. Sostanza chimica capace di ridurre, totalmente o localmente, la densità di un'immagine già sviluppata.

INDICE DI CONTRASTO. Misura del contrasto preferita al gamma.

INDICE DI RIFRAZIONE. L'indice di rifrazione è la capacità di un vetro ottico di deviare, più o meno, i raggi che lo attraversano. Quando un raggio di luce monocromatica attraversa un cristallo, la sua velocità si riduce e devia dal suo andamento rettilineo: è il fenomeno della rifrazione. L'angolo costituito dal raggio incidente con la normale del mezzo che deve attraversare è detto angolo d'incidenza.

L'angolo formato in uscita del mezzo è detto angolo di rifrazione. Il rapporto tra il seno dell'angolo d'incidenza e il seno dell'angolo di rifrazione fornisce l'indice di rifrazione.

INFRAROSSO. Radiazione invisibile all'occhio umano. All'interno dello spettro elettromagnetico si estende da 720 a 1200 nanometri.

INGRANDIMENTO. Indica il rapporto fra le dimensioni di un negativo e la sua stampa. Un ingrandimento otto volte il formato del negativo s'indica con 8X.

INGRANDITORE. Apparecchio per la stampa del negativo. E' costituito da una lampada, un condensatore, un porta negativi e un obiettivo. La testa nella quale tutto ciò e incorporato può essere spostata in verticale su una colonna per variare l'ingrandimento.

INNESTO OBIETTIVI. Consente di cambiare l'obiettivo di una fotocamera.

INQUADRATURA. E' la parte della scena che il fotografo sceglie di fotografare.

INTENSIFICATORE. Soluzione chimica in grado di aumentare (rinforzare) la densità generale o il contrasto di un'immagine mediante aggiunta di sali d'argento metallico.

KELVIN (K). Unità di misura della temperatura assoluta il cui zero è posto a –273, 16 °C. E' usata in fotografia per misurare la temperatura di colore della luce. La luce diurna fotografica di 5500 °K equivale quindi a 5500°C –273,16°C.

LASTRA. Supporto in vetro per emulsioni sensibili utilizzato fino agli anni 60.

LATENSIFICAZIONE. Tecnica obsoleta che incrementa la sensibilità delle pellicole in bianconero.

LATITUDINE DI POSA. E' la capacità di una pellicola di fornire risultati accettabili in presenza di sovra o sottoesposizioni.

LENTE. Elemento in vetro lavorato che modifica il percorso rettilineo dei raggi di luce. Le lenti possono essere:

convergenti che concentrano i raggi verso lo stesso punto sul proprio asse; divergenti che divergono i raggi come se provenissero dallo stesso punto posto davanti alla lente; piano-convessa (una delle due superfici è piana), piano-concava, bi-convessa, bi-concava e concava-convessa.

LENTE ADDIZIONALE. Elemento ottico positivo da aggiungere davanti ad un obiettivo per ridurre la sua distanza minima di messa a fuoco.

LENTE DI FRESNEL. Condensatore ottico molto compatto, assimilabile a una lente condensatrice classica. Questo tipo di lente è utilizzata negli schermi di messa a fuoco delle fotocamere reflex.

LIMBO. Grande fondale da studio di tipo continuo chiuso da tre lati.

LINEE PER MILLIMETRO. Unità di misura del potere risolvente di un obiettivo. Si calcola riprendendo una speciale mira ottica a una determinata distanza. Utilizzato anche per le pellicole.

LUCE DI SICUREZZA. E' la luce delle lampade per camera oscura che è inattinica al materiale fotosensibile. Per la carta da stampa in bianco e nero, la luce di sicurezza è rossa o giallo-verde. La luce rossa è anche adatta al trattamento del materiale ortocromatico.

LUCE FREDDA. E' la luce speciale lampada fluorescente utilizzata in alcuni ingranditori professionali o per illuminare i set fotografici. E' un tipo di luce molto diffusa e morbida. Altri vantaggi sono: la potenza con basso consumo e la poca temperatura durante il funzionamento.

LUCE PARASSITA. E' quella generata dai riflessi tra le lenti dell'obiettivo e che non produce immagine, ma un'interferenza.

LUCE POLARIZZATA. Le radiazioni luminose vibrano in tutte le direzioni, ma quando è polarizzata vibra su un unico piano. Accade quando la luce è riflessa su una superficie lucida non metallica (acqua, vetro...) oppure se è filtrata attraverso un filtro polarizzatore.

LUCE SPOT. Si dice del fascio di luce concentrato su di un'area ristretta.

LUMINANZA. Indica l'intensità luminosa riflessa da una superficie. Il suo valore non cambia con la distanza. La luminanza è misurata in candele per metro quadrato (cd/m^2).

LUMINOSITA'. E' un valore soggettivo che indica l'apparente intensità di una sorgente di luce. Il termine è usato anche per indicare l'apertura massima relativa di un obiettivo.

LUNGHEZZA FOCALE. E' la distanza tra l'immagine sul piano focale e il punto nodale posteriore dell'obiettivo.

LUX. Unità di misura della luce incidente utilizzata in Europea. E' uguale all'illuminamento prodotto su una superficie posta a un metro da una candela.

MACROFOTOGRAFIA. Quando la ripresa è ravvicinata e il rapporto di riproduzione è uguale a 1 o maggiore, si parla di macrofotografia. Per riuscire a mettere a fuoco bisogna interporre tra fotocamera e obiettivo una prolunga sotto forma d'anelli o di un soffietto che ne allunghi la focale.

MAGAZZINO. Corpo posteriore delle fotocamere medio formato intercambiabile a tenuta di luce.

MARGINATORE. Accessorio che mantiene, sotto l'ingranditore, in piano la carta da stampa. Fornisce dei margini bianchi attorno all'immagine.

MASCHERATURA. S'intendono tutte le tecniche di camera oscura per correggere un negativo o una stampa o una diapositiva sia bianconero sia colore.

MEZZATINTA. Sono i toni di una fotografia riprodotti in un retino tipografico dove i punti nelle zone scure sono più ravvicinati e quelli nelle chiare più distanziati.

MEZZO FORMATO. Indica la categoria d'apparecchi fotografici che, pur utilizzando pellicola 35 mm, producono un fotogramma di 18x24 mm, esattamente la metà del formato standard 24x36 mm.

MICROFILM. Pellicola bianconero ad alta risoluzione adatta alla riproduzione di documenti per l'archiviazione e la consultazione.

MICROPRISMI. Piccolissime piramidi ottiche che scompongono l'immagine in quattro parti, quando il fuoco non è stato raggiunto.

Usati nei sistemi di messa a fuoco a immagine spezzata delle fotocamere reflex.

MIRINO. Sistema ottico per inquadrare la scena.

MOIRE'. Difetto che appare come una trama maculata quando due o più retini tipografici sono disposti l'uno sull'altro.

MOLTIPLICATORE DI FOCALE. Accessorio ottico privo di focale che, messo tra la fotocamera e l'obiettivo, incrementa la focale dell'obiettivo.

MONOBAGNO. Soluzione che sviluppa e fissa la pellicola contemporaneamente. Usato per procedimenti di trattamento rapido.

MONOCROMIA. Presenza di un solo colore (anche bianco-nero).

MONTAGGIO A SECCO. Sistema d'incollaggio di una stampa fotografica su di un cartone utilizzando uno speciale tessuto termoadesivo.

NUMERO GUIDA. Utilizzando il flash permette di sapere l'apertura di diaframma da utilizzare per un soggetto distante 1 metro (riferito a una sensibilità di 100 ISO). Il valore si ottiene dividendo il numero guida per la distanza. E' usato lavorando con il flash in manuale.

OLOGRAFIA. Tecnica per realizzare immagini che forniscono una visione tridimensionale del soggetto. Questa tecnica attualmente è utilizzata per realizzare marchi o sigilli di sicurezza non falsificabili.

OMBRA. E' il tono/i più scuro presente, nel quale è ancora leggibile un dettaglio.

OPEN FLASH. Tecnica che consiste nel far partire il lampo dopo aver aperto l'otturatore della fotocamera.

ORTHO. Con il termine utilizzato s'indicano materiali ortocromatici (non sensibili al rosso).

OTTURATORE. E' il meccanismo che determina per quanto tempo la pellicola resta esposta alla luce. I principali tipi sono: a tendina (costituito da due tendine che scorrono in orizzontale o in verticale sul piano focale), centrale (posto tra le lenti di un obiettivo nei pressi del diaframma).

PANNELLO RIFLETTENTE. E' un pannello che serve ad ammorbidire la luce che colpisce i soggetti. Qualunque superficie chiara può diventare un pannello riflettente.

PANNO ANTISTATICO. L'elettricità statica attrae polvere sui negativi. Questo tipo di panno elimina per un periodo il fenomeno.

PANNO NERO. E' un panno usato per impedire che la luce cada sullo schermo di messa a fuoco delle fotocamere di grande formato.

PARALLASSE. L'errore di parallasse si verifica negli apparecchi biottica o a mirino galileiano perché l'asse del mirino non coincide con quello di ripresa. Si presenta quindi come un errore nell'inquadratura.

PELLICOLA. La pellicola è il materiale su cui è registrata l'immagine. E' costituita da una base trasparente e flessibile sulla quale è stesa l'emulsione all'alogenuro d'argento sensibile alla luce.
Vi sono diversi tipi di pellicole: negativa (il risultato è un'immagine con i toni invertiti rispetto al soggetto), per diapositive (si ottiene direttamente un'immagine positiva), piana (sono fogli singoli per uso professionale), infrarossa (la sensibilità della pellicola si estende all'infrarosso), lith (non consente la registrazione dei mezzi toni), a sviluppo immediato (si ottiene il positivo senza l'uso di una camera oscura).

PENNELLO ANTISTATICO. Stesso utilizzo del panno antistatico.

PENTAPRISMA. E' un blocco ottico presente nel mirino della fotocamera reflex. Raddrizza l'immagine creata dall'obiettivo altrimenti rovesciata e con i lati invertiti.

PHOTOFLOOD. Lampada survoltata a incandescenza che fornisce una luce molto intensa.

PH. Scala delle acidità e delle alcalinità. Ha valori che vanno da 0 a 14. Valore 7 è neutro, inferiore è acido (fissaggio), superiore è alcalino (rivelatore).

PIANO FOCALE. E' il piano su cui si forma l'immagine nitida creata dall'obiettivo. La pellicola deve giacere su questo piano per registrare un'immagine nitida.

POSA B o T. Quando s'imposta la posa B, l'otturatore resta aperto fino a quando si preme il pulsante di scatto. La posa T, l'otturatore si apre alla prima pressione del pulsante di scatto e si chiude solo a una successiva pressione.

POTERE RISOLVENTE. Indica la capacità dell'obiettivo di separare i dettagli.

PRIORITA' DIAFRAMMI. Permette di scegliere l'apertura del diaframma lasciando che la fotocamera decida il tempo d'otturazione.

PRIORITA' TEMPI. Permette di scegliere il tempo di scatto lasciando che la fotocamera decida il diaframma.

PROFONDITA' DI CAMPO. E' la zona dell'immagine fotografica. E' possibile aumentare o diminuire l'ampiezza variando il diaframma: più il numero f/ è grande tanto maggiore sarà l'ampiezza della profondità di campo. La profondità di campo varia in funzione della distanza di ripresa (più è breve più è ridotta) e in funzione della lunghezza focale dell'obiettivo (più è corta più è ampia).

PROFONDITA' DI FUOCO. L'obiettivo messo a fuoco forma un'immagine nitida sul piano focale. Prima e dopo di questo piano c'è ancora una zona di nitidezza che è la profondità di fuoco.

PROGRAM. Automatismo dei valori dell'esposizione programmato in fabbrica. A ogni livello d'illuminazione corrisponde un'adeguata coppia tempo-diaframma.

PROIETTORE DIA. Apparecchio per la proiezione di diapositive montate su telaio.

PROVINO A CONTATTO. Stampa a contatto, di tutta la pellicola in strisce, per la ricerca del fotogramma desiderato o l'archiviazione.

PROVINO DI STAMPA. E' quello che si esegue per determinare il giusto tempo d'esposizione della carta sensibile. Si esporre una striscia di carta di (10 cm circa) uguale a quella che sarà utilizzata per la stampa finale. Si fanno esposizioni successive ad intervalli identici (esempio 2-4-6-8-10…). L'intervallo che appare giusto fornirà il tempo d'esposizione.

PULSANTE DI SCATTO. Comanda l'apertura dell'otturatore. Alcuni tipi hanno una filettatura sulla quale si avvita uno scatto flessibile.

PUNTO NODALE. Negli obiettivi si distinguono il punto nodale anteriore e il punto nodale posteriore. La lunghezza focale di un obiettivo è calcolata dal punto nodale posteriore, mentre la distanza di messa a fuoco dal punto nodale anteriore.

RAPPORTO DELLE DIMENSIONI. Fornisce la proporzione tra i lati di un fotogramma o di una fotografia. Ad esempio una stampa 20X30 cm. ha un rapporto di 1: 1,5.

RAPPORTO DI RIPRODUZIONE. E' l'ingrandimento o la riduzione dell'altezza o della larghezza dell'oggetto rispetto all'immagine. Si ottiene dividendo la dimensione dell'oggetto per quella della sua immagine. Se le dimensioni sono identiche il rapporto vale 1:1, se la dimensione dell'immagine è uguale o superiore al rapporto 1:1 siamo nel campo della macrofotografia.

REFLEX. Sistema di visione che permette di percepire la scena così come l'obiettivo la riprende.

REGOLA DEI TERZI. Vedi testo nel libro.

RETICOLATURA. Sono crepe che si formano nell'emulsione delle pellicole dovute ad un forte sbalzo di temperatura durante il trattamento di sviluppo.

RIAVVOLGIMENTO. Può essere automatico o manuale. Necessario per rimettere all'interno del caricatore la pellicola dopo che si sono esposti tutti i fotogrammi.

RIFERIMENTO IR. E' un indice di riferimento di colore rosso sull'obiettivo per mettere a fuoco, quando si usa pellicola

sensibile all'infrarosso.
Dopo che si è messo a fuoco come di consueto, si varia portando l'indice sul riferimento per evitare che l'immagine risulti sfocata.

RIFRAZIONE. Quando un raggio passa da un mezzo trasparente ad un altro subisce un cambiamento di direzione. Le lenti o i prismi si basano proprio su questo principio.

RIGENERATORE. E' quella soluzione che si aggiunge allo sviluppo per compensare l'esaurimento.

RINFORZO. E' una soluzione che aumenta la densità dell'immagine di un negativo che altrimenti risulterebbe non stampabile perché eccessivamente trasparente.

RISOLUZIONE. E' capacità della pellicola di riprodurre i dettagli più. Nella fotografia chimica-fisica è misurata in linee per millimetro o con la curva MTF.

RITOCCO. E' la correzione manuale delle stampe fotografiche che può essere eseguita a pennello o con l'aerografo.

RIVELATORE. E' quella soluzione che amplifica l'immagine latente in un'emulsione fotografica rendendola visibile.

SABATTIER, EFFETTO. E' una solarizzazione semplice. Si espone brevemente a luce bianca il foglio di carta, non del tutto sviluppato, e si ottiene un'inversione di toni nelle zone bianche dell'immagine.

SALI D'ARGENTO. Sono sali di vari alogeni (bromo, cloro, iodio…) utilizzati per sensibilizzare la carta fotografica.

SATURAZIONE. La saturazione di valore zero rappresenta un colore come nero. Poca saturazione produce colori pastello. Tanta saturazione rende i colori pieni e privi di grigi.

SBIANCA. E' una tecnica utilizzata prima di eseguire il viraggio o altri trattamenti d'elaborazione chimica. Il trattamento di sbianca rende quasi invisibile l'immagine all'alogenuro d'argento che diventa visibile dopo un nuovo bagno di sviluppo.

SCADENZA. E' la data entro la quale un'emulsione sensibile mantiene le sue caratteristiche e quindi può essere usata.

SCATTO FLESSIBILE. E' un cavetto che consente di poter azionare l'otturatore senza far vibrare la fotocamera.

SCHERMO DI MESSA A FUOCO. E' lo schermo, finemente smerigliato, dove si forma l'immagine che si vede nell'oculare. La luce che passa attraverso l'obiettivo, colpisce uno specchio inclinato di 45° e raggiunge lo schermo di messa a fuoco. Questo schermo permette la messa a fuoco e la composizione dell'inquadratura.

SEMIMATT. E' un tipo di superficie della carta da stampa leggermente opaca, al tatto liscia.

SENSIBILITA'. E' la velocità con cui un'emulsione sensibile reagisce quando è colpita dalla luce. L'unita di misura è standardizzata attualmente secondo i parametri stabiliti dall'ISO. La sensibilità è in relazione dalla dimensione dei grani d'argento utilizzati. Più i grani sono grandi più la pellicola è sensibile.

SERVOFLASH. Fotocellula che permette lo scatto sincronizzato di flash elettronici senza l'uso di cavi di collegamento.

SEZIONE AUREA. In un segmento, quando la parte più corta sta a quella più lunga, come questa sta all'intero segmento si parla di sezione aurea. E' una proporzione che si trova in natura.

SINCRO FLASH. E' il tempo d'otturazione più breve a cui può scattare l'otturatore, quando si usa il flash elettronico.

SINTESI ADDITIVA. Sommando differenti quantità di luce dei colori primari rosso, verde, blu, si possono rappresentare tutti i colori possibili.

SINTESI SOTTRATTIVA. Sommando differenti quantità di luce dei colori complementari ciano, Magenta, giallo si possono rappresentare tutti i colori possibili.

SOFFIETTO. Organetto, in stoffa o pelle, costruito in modo tale da potersi estendere e comprimere restando sempre a tenuta di luce. La sua flessibilità può consentire il basculaggio ed il decentramento. S'inserisce tra il corpo della fotocamera e l'obiettivo per aumentare il tiraggio quindi consentendo di mettere a fuoco a brevissima distanza.

SOLARIZZAZIONE. Effetto creativo che si ottiene esponendo alla luce bianca un negativo o una stampa bianconero per un tempo brevissimo durante lo sviluppo.

SOTTOESPOSIZIONE. Errore d'esposizione che si verifica quando si usa un tempo più breve o un diaframma più chiuso rispetto a quello necessario.

SOVRAESPOSIZIONE. Errore d'esposizione che si verifica quando si usa un tempo più lungo o un diaframma più aperto rispetto a quello necessario.

SPECCHIO. E' un elemento del sistema di visione reflex. Lo specchio inclinato di 45° rinvia la luce in alto verso lo schermo smerigliato dove si forma l'immagine che poi, attraverso un prisma, è convogliata all'oculare attraverso il quale il fotografo potrà inquadrare la scena abbracciata dall'obiettivo usato.

SPUNTINATURA. Eliminazione di puntini bianchi o neri dalle stampe bianconero causati da graffi o granelli di polvere sul negativo.

STAMPA A CONTATTO. E' la stampa ottenuta mettendo a contatto il negativo con la carta sensibile. L'emulsione della pellicola deve essere rivolta verso il basso.

STATIVO. Il termine si usa sia per i sostegni verticali per luci o flash da studio sia per i supporti a colonna con braccio regolabile in altezza cui fissare la fotocamera.

STIGMOMETRO. Dispositivo ottico che spezza l'immagine quando è fuori fuoco.

STILL LIFE. Termine che indica nella fotografia professionale la ripresa d'oggetti per pubblicità o comunque inanimati.

STRATO ANTIALONICO. È uno strato non sensibile della pellicola in bianco e nero oppure a colori.

Assorbe la luce in eccesso in modo che non sia riflessa verso l'emulsione.

SUPERFICIE MATT. Caratteristica della carta da stampa opaca e non riflettente.

TAGLIERINA. Attrezzo per rifilare le stampe con una lama azionata da una leva oppure con una lama rotante.

TAVOLO LUMINOSO. Tavolo con un'ampia superficie illuminata dal retro in maniera diffusa. Serve per osservare i materiali trasparenti.

TELAIO. Struttura centrale portante dell'apparecchio fotografico cui sono applicate le altre parti. I materiali usati sono: il policarbonato, la lega d'alluminio, metallo e plastica.

TELEMETRO AD IMMAGINE SPEZZATA. Sono due cunei ottici opposti, messi al centro dello schermo di messa a fuoco delle fotocamere reflex, che deviano l'immagine che cade in quel punto in opposte direzioni se il fuoco non è perfetto.

TELEMETRO. Dispositivo ottico con cui si mette a fuoco valutando la distanza per mezzo della sovrapposizione di due immagini provenienti da due punti diversi.

TEMPERATURA ASSOLUTA. E' la temperatura le cui misure iniziano dallo zero assoluto. Lo zero assoluto è la temperatura a cui cessa ogni movimento delle molecole. Lo zero assoluto vale -273°C. In fotografia, la temperatura colore delle sorgenti luminose è data in gradi Kelvin.

TEMPERATURA DI COLORE. La temperatura colore indica la qualità del colore ed è definita come la temperatura a cui bisogna portare un corpo nero teorico affinché, incandescente, emetta quel colore. Indicativamente una lampada al tunghesteno ha una temperatura di circa 2900 K, una lampada fotografica di 3200 K, la luce diurna di 5500 K.

TEMPO DI ESPOSIZIONE. Durata dell'esposizione durante la quale l'otturatore della fotocamera resta aperto.

TERMOCOLORIMETRO. E' lo strumento simile che fornisce la misura della temperatura di colore.

T-GRAIN. Cristallo d'alogenuro d'argento caratterizzato da una struttura piatta che garantisce una maggiore capacità d'assorbimento della luce.

TIRAGGIO. E' la distanza tra l'innesto dell'obiettivo intercambiabile ed il piano focale della fotocamera.

TONI MEDI. Tutti i toni che non sono alte luci od ombre.

TONO MEDIO. E' quel punto che illuminato dalla luce ne riflette il 18%. Sul tono medio sono tarati tutti gli esposimetri.

TREPPIEDI. Comunemente chiamato cavalletto è un supporto a tre gambe per fotocamere. Si può regolare in altezza allungando le gambe o una colonna centrale.

TRIACETATO. Supporto delle pellicole sul quale è stesa l'emulsione. Nel tempo ha sostituito il supporto in celluloide che risultava infiammabile.

TUBI DI PROLUNGA. Elementi tubolari che hanno la stessa funzione del soffietto.

ULTRAVIOLETTO. E' una radiazione invisibile che ha una lunghezza d'onda inferiore a 390nm.

VELO. Si usa questo termine per descrivere un velo accidentale sul negativo o sulla diapositiva.

VETRO OTTICO. E' il tipo di vetro usato per produrre obiettivi. Si differisce dagli altri per la sua trasparenza e le proprietà di rifrazione.

VIGNETTATURA. E' il difetto per cui gli angoli del fotogramma risultano oscurati. Solitamente si verifica con aggiuntivi agganciati alla filettatura dell'obiettivo o con i grandangolari spinti.

VIRAGGIO. Trattamento chimico con cui una fotografia in bianco e nero è intonata ad un colore specifico. Solitamente i viraggi aumentano la durata della stampa nel tempo. Tipici viraggi sono: il seppia, oro, verde, rosso, blu, al selenio.

VISORE A LUCE STANDARD. Visore che ha le stesse funzioni del tavolo luminoso.

VOLET. La pellicola caricata nei magazzini intercambiabili o negli chassis degli apparecchi medi e grande formato è protetta dalla luce da una sottile lamina.

WRATTEN. Serie di filtri di compensazione del colore.

Referenze iconografiche

L'autore di tutte le fotografie e i disegni di questo libro è Stefano Benedetti tranne che per le immagini delle seguenti pagine:

Pagina 33 sopra	Roberta Benedetti
Pagina 122 sopra	Roberta Benedetti
Pagina 164	Roberta Benedetti
Pagina 168	Roberta Benedetti
Pagina 169	Roberta Benedetti
Pagina 153	Roberta Benedetti

Altre opere pubblicate dall'autore

Libri sulla fotografia e pittura digitale

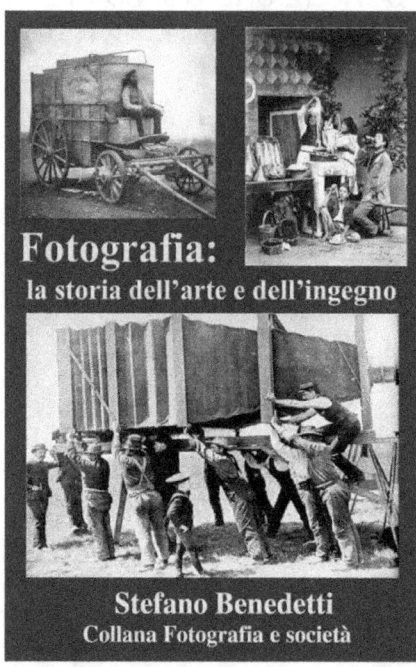

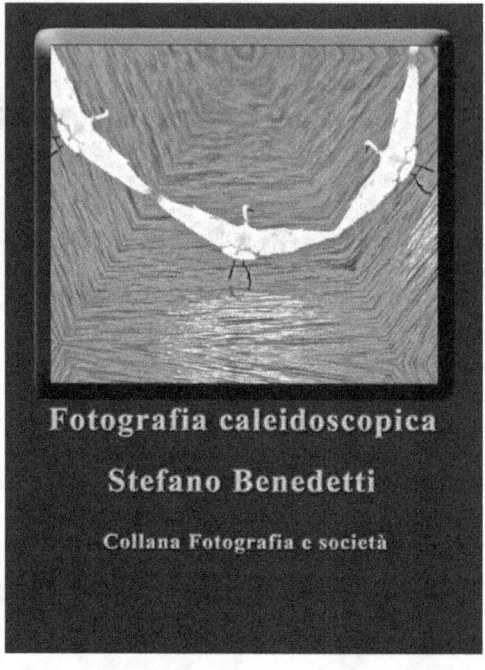

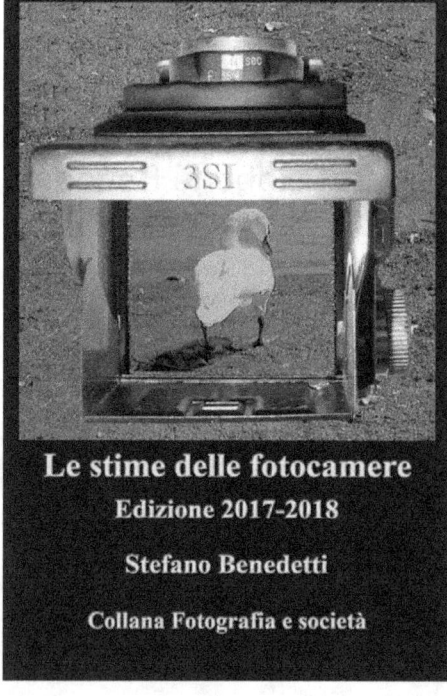

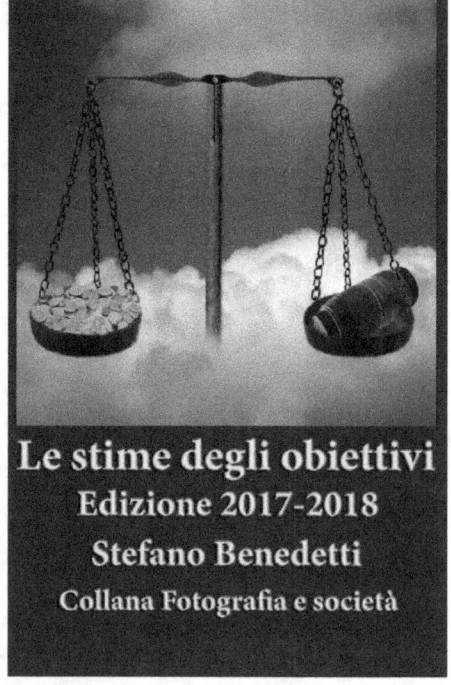

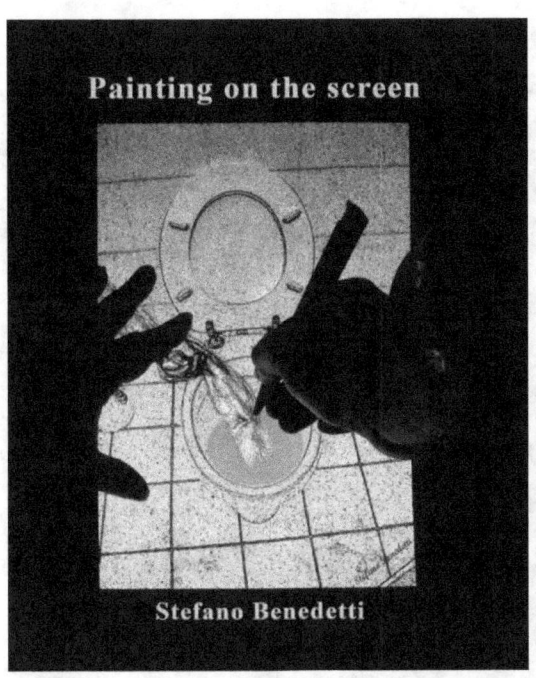

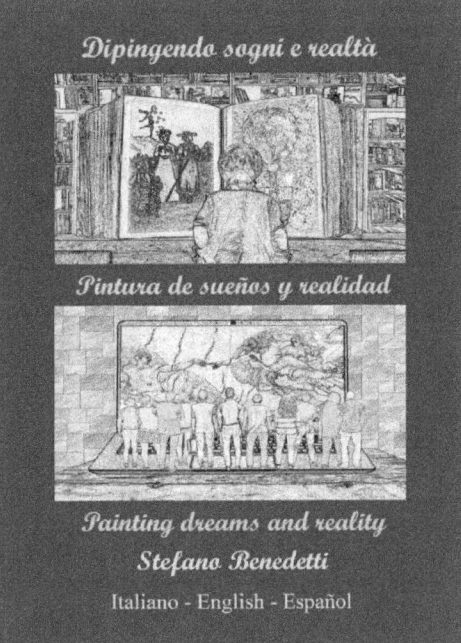

Libri di poesie

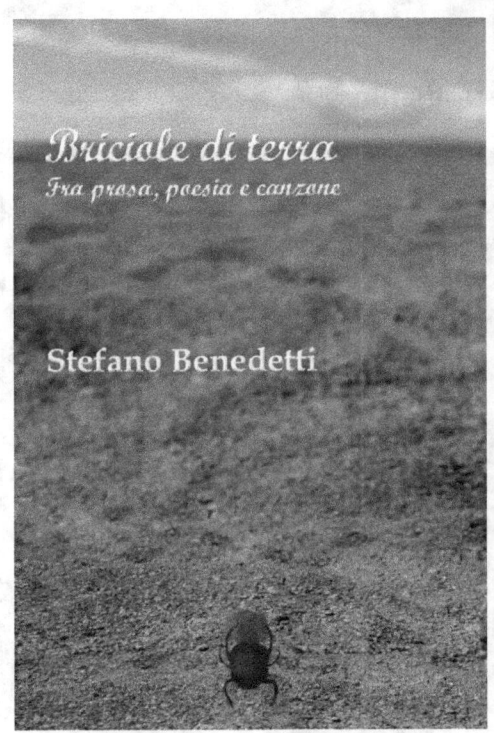

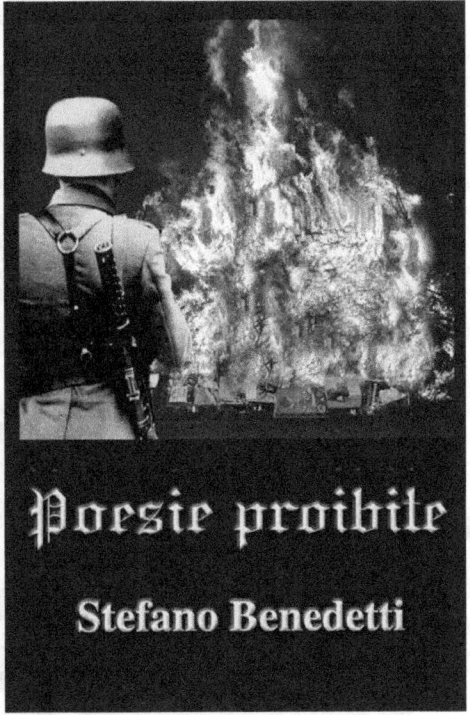

Libri di fiabe e favole

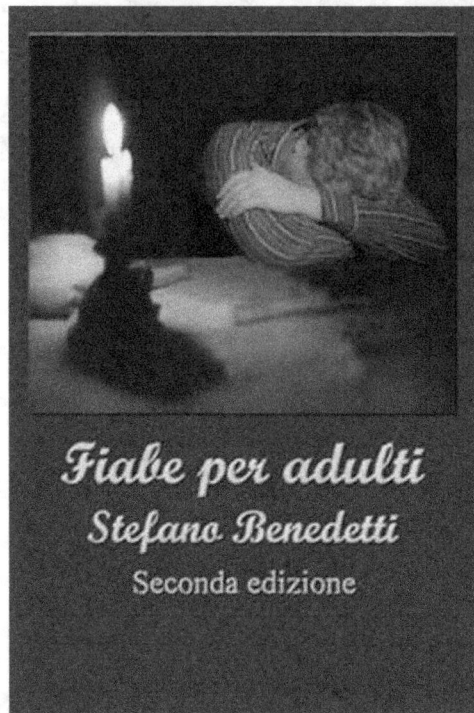

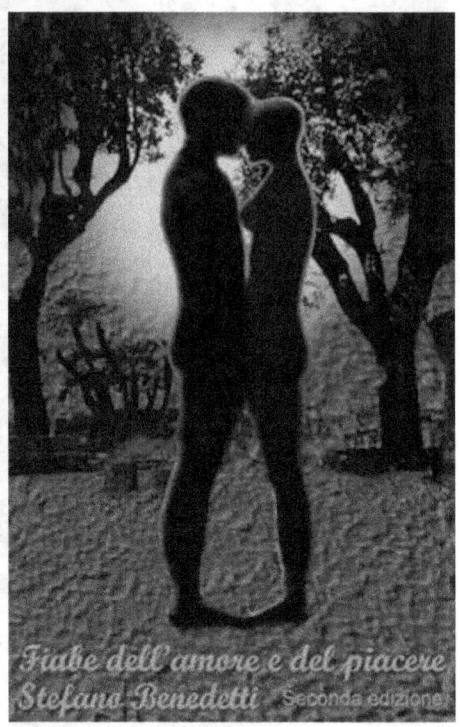

Libri sugli animali

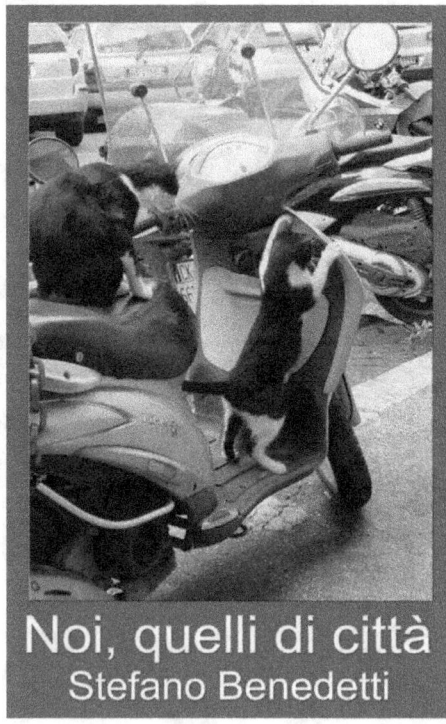

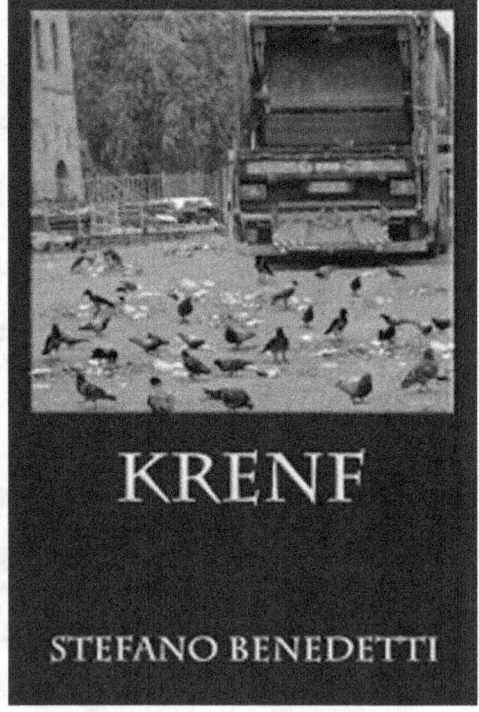

Libri sulla Street Art

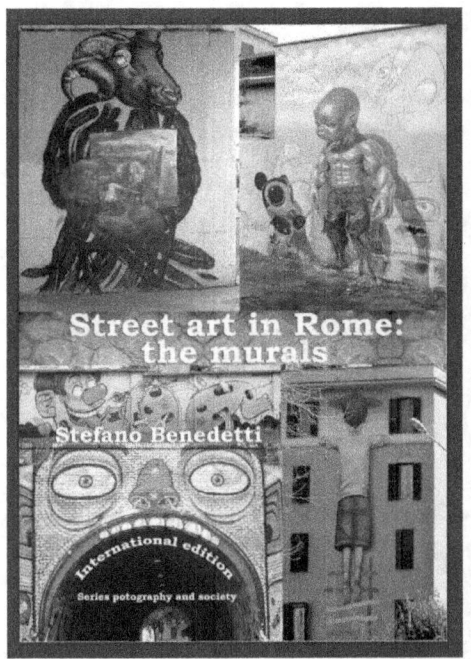

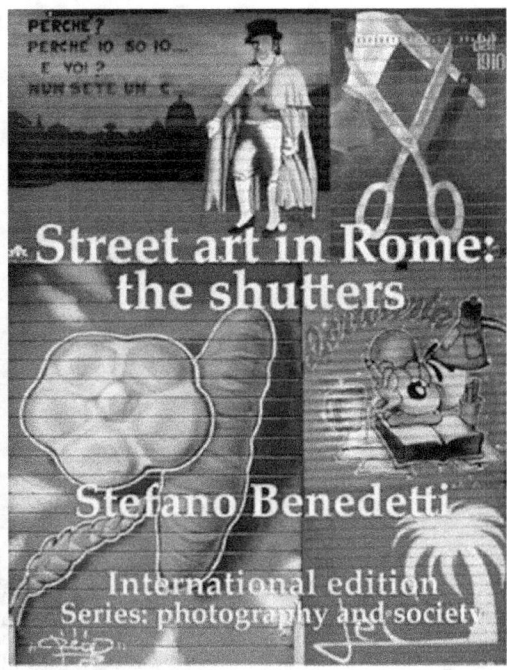

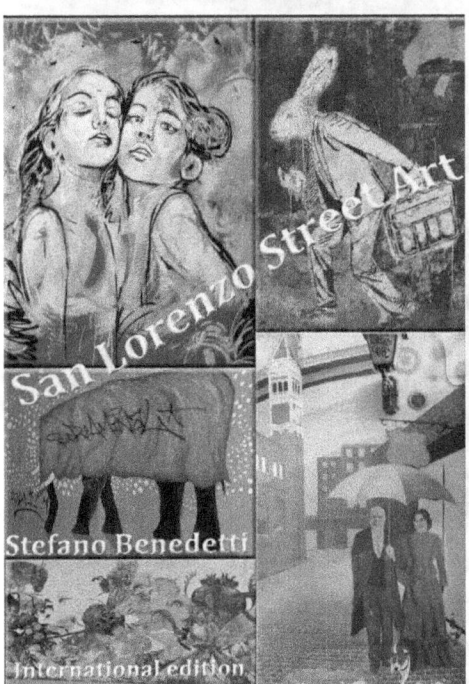

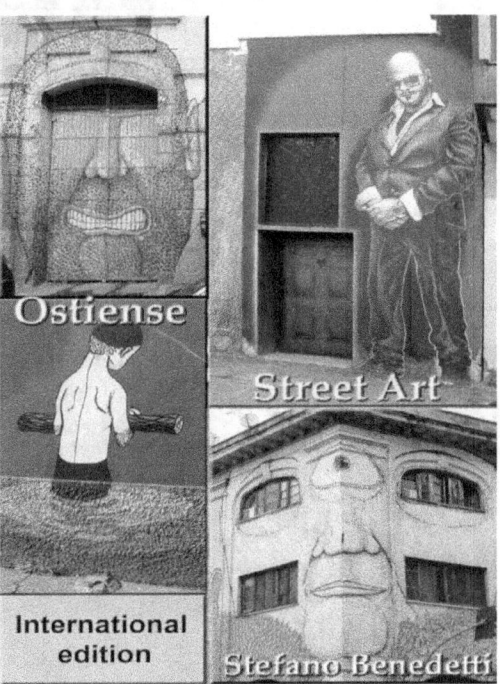

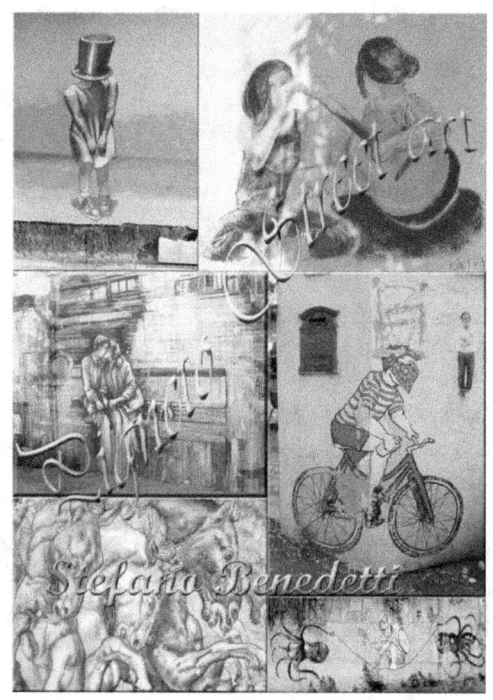

Libri sull'alimentazione e il benessere

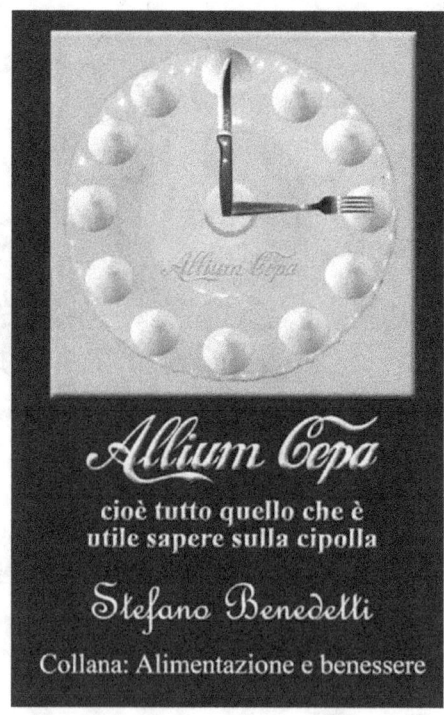

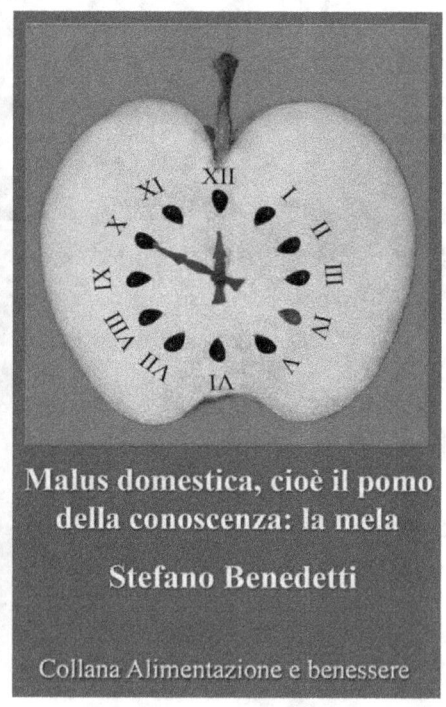

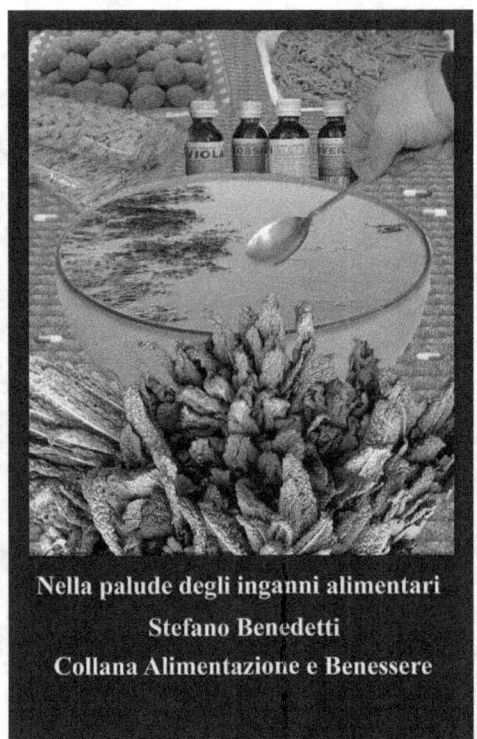

Nella palude degli inganni alimentari
Stefano Benedetti
Collana Alimentazione e Benessere

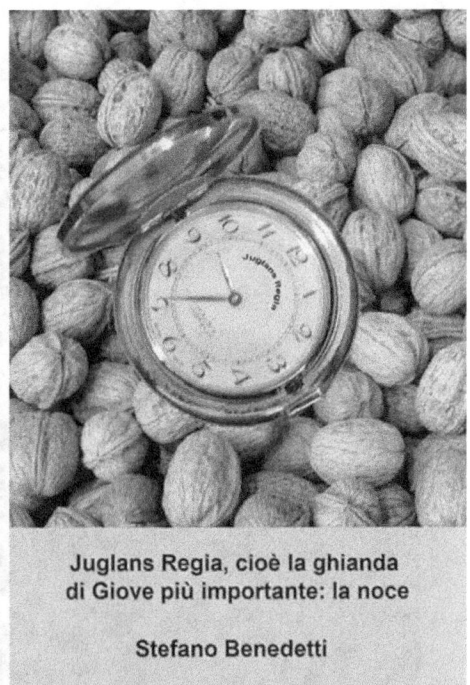

Juglans Regia, cioè la ghianda
di Giove più importante: la noce

Stefano Benedetti

Collana Alimentazione e benessere

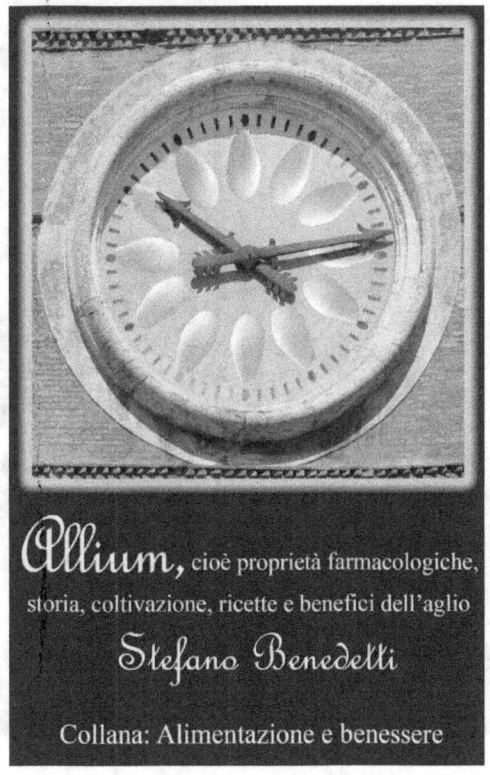

Allium, cioè proprietà farmacologiche,
storia, coltivazione, ricette e benefici dell'aglio
Stefano Benedetti

Collana: Alimentazione e benessere

Libri sulla città di Roma

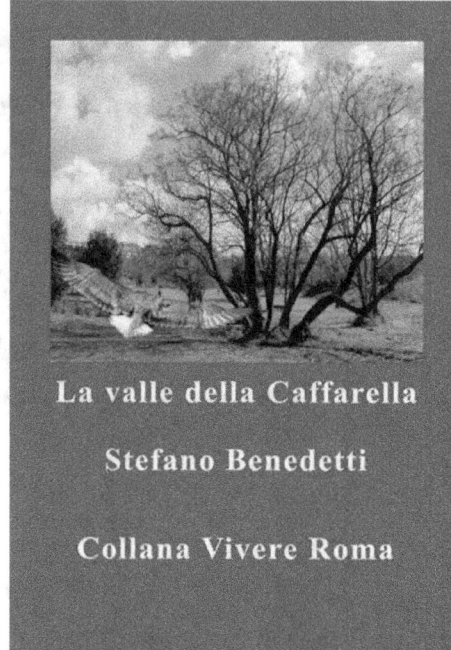

La valle della Caffarella

Stefano Benedetti

Collana Vivere Roma

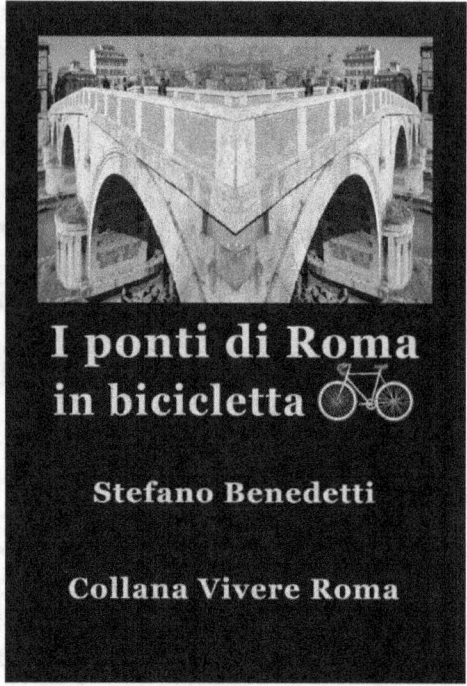

I ponti di Roma in bicicletta

Stefano Benedetti

Collana Vivere Roma

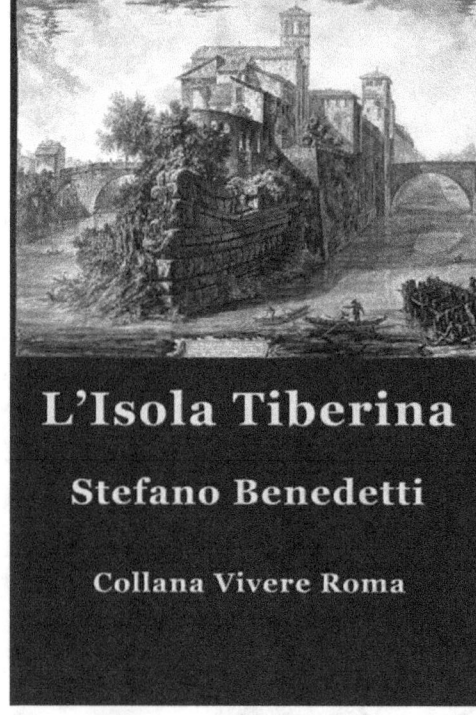

L'Isola Tiberina

Stefano Benedetti

Collana Vivere Roma

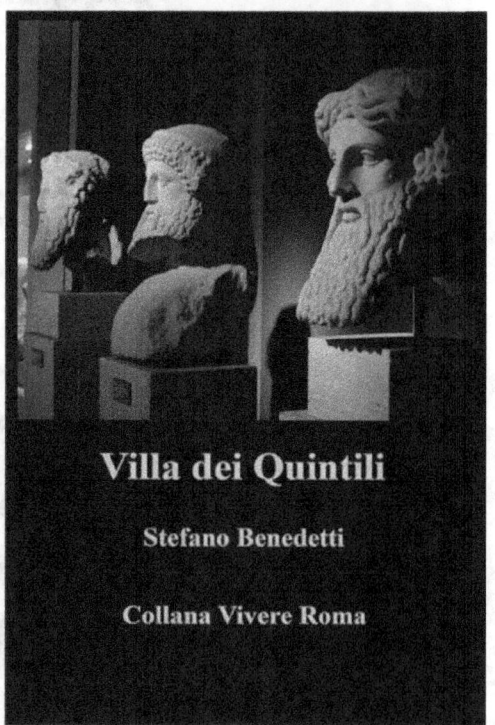

Villa dei Quintili

Stefano Benedetti

Collana Vivere Roma

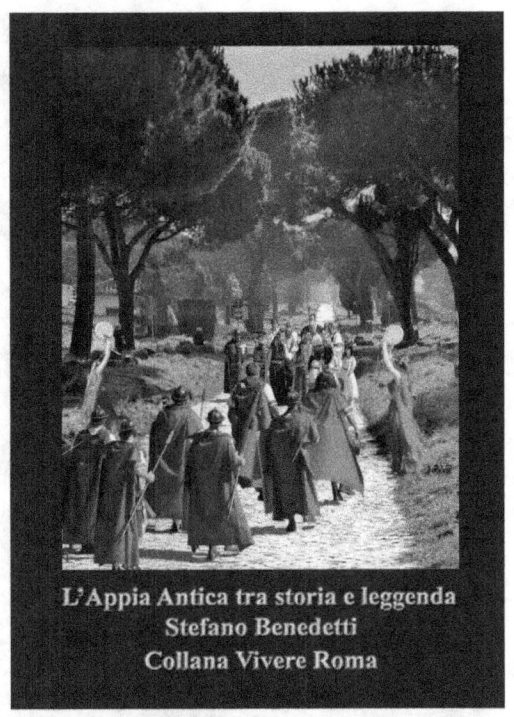

L'Appia Antica tra storia e leggenda
Stefano Benedetti
Collana Vivere Roma

Libri sugli elementi architettonici

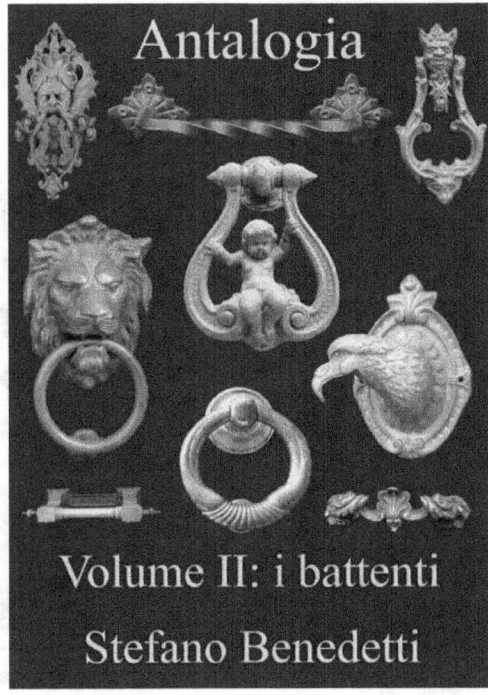

Antalogia

Volume II: i battenti

Stefano Benedetti

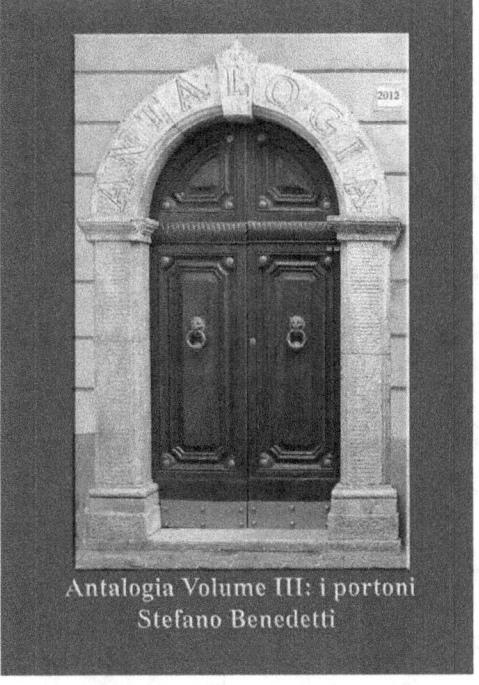

Antalogia Volume III: i portoni
Stefano Benedetti

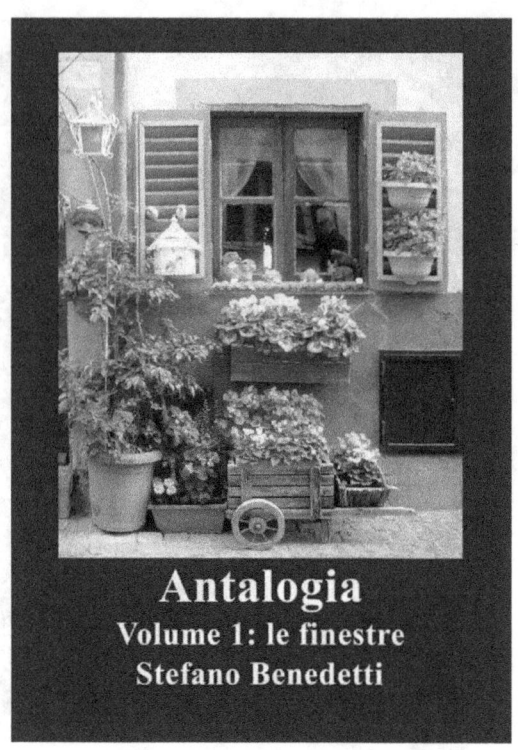

Antalogia
Volume 1: le finestre
Stefano Benedetti

Altri generi

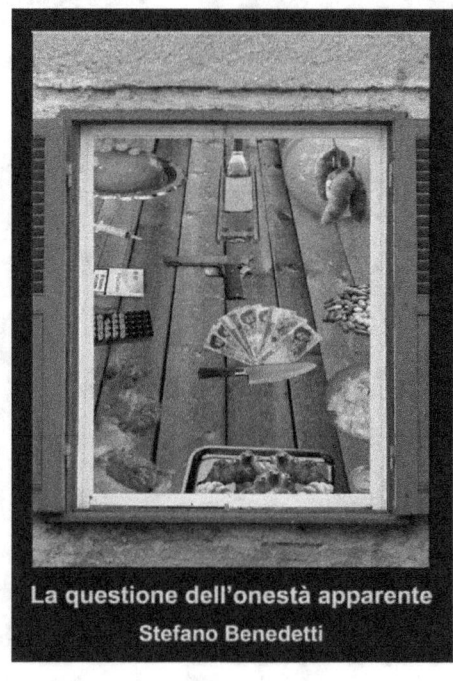

La questione dell'onestà apparente
Stefano Benedetti

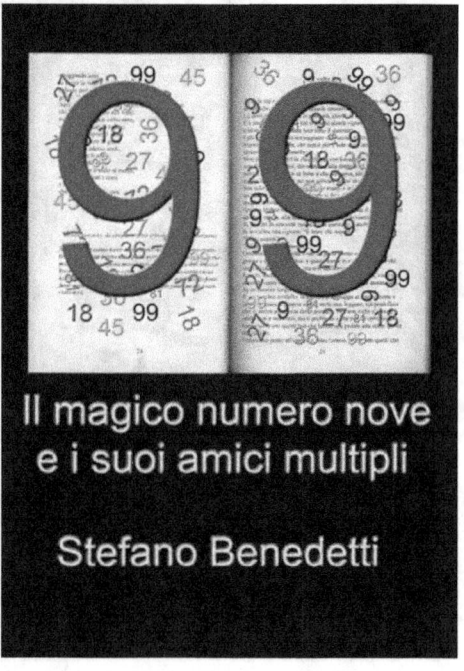

Il magico numero nove
e i suoi amici multipli

Stefano Benedetti

Libri in lingua inglese, bilingue o trilingue

Street art in Rime: the murals

Street art in Rime: the shutters

Dipingendo sogni e realtà

Cameras estimate Edition 2017-2018

Camera Lenses estimates Edition 2017-2018

The Caffarella Valley

Villa dei Quintili

Tiber Island

Bridges Rome riding a bicycle

Chi distribuisce i libri

Tutti i libri sono distribuiti in versione cartacea ed e-book in tutto il mondo da Amazon e Createspace. Alcuni sono distribuiti anche da Ilmiolibro, Kobo e molti store nazionali e internazionali.

Contattare l'autore

Potete contattare l'autore a questa casella email: arte@systemeuro.com

Specificate il titolo dell'email in modo tale che non sia scambiata per una pubblicità o una spam.

www.ingramcontent.com/pod-product-compliance
Lightning Source LLC
Chambersburg PA
CBHW081717220526
45468CB00008B/1880